Stuart Pigotts kleiner genialer Weinführer 2006

Neben den in diesem kleinen genialen Weinführer gedruckten Bewertungen von Stuart Pigott sind die persönlichen Bewertungen von

____

handschriftlich eingetragen. Sie sind gleichwertig und gleichberechtigt mit den Bewertungen von Stuart Pigott. Falls dieses Buch gefunden wird, bitte die Telefonnummer

____

anrufen, um diese Bewertungen zurück an ihren Besitzer zu leiten.

Stuart Pigotts
kleiner genialer Weinführer
2006

Scherz

www.fischerverlage.de

Erschienen im Scherz Verlag, einem Unternehmen
der S. Fischer Verlag GmbH, Frankfurt am Main

Umschlaggestaltung: Bauer + Möhring, Berlin
Satz: Ebner & Spiegel, Ulm
Druck und Bindung: Clausen & Bosse, Leck
Printed in Germany

ISBN 3-502-15024-9

Inhalt

Pigotts fünf Gesetze des Weins

Nach dem Erscheinen der ersten Ausgabe von »STUART PIGOTTs kleiner genialer Weinführer« vor einem Jahr haben viele Weinfreunde ihre Begeisterung zum Ausdruck gebracht. Vor allem die direkte Sprache ohne Fachjargon und die Nützlichkeit des Führers wurden häufig gelobt. Dagegen wurde das Wort »genial« im Titel heiß diskutiert. Manche Leser hatten leider den irrtümlichen Eindruck, dies beziehe sich auf die Person des Autors statt auf die Grundprinzipien des Werkes: eine radikale Basis-Demokratie des Geschmacks und die Ablehnung jedweden Anspruchs auf Vollständigkeit zugunsten der Übersichtlichkeit. Dass diese Prinzipien im Vergleich mit der überheblichen Pseudo-Objektivität und dem sinnlosen Fakten-Überfluss der meisten anderen Weinführer genial sind, glaube ich nach wie vor. Aber alles kann noch besser gemacht werden!

In einem anderen Punkt unterscheidet sich diese zweite Ausgabe von »STUART PIGOTTs kleiner genialer Weinführer« ebenfalls grundlegend von der Konkurrenz. Die zahlreichen Kommentare und Vorschläge, die mir per Antwortkarte (siehe S. 187), E-Mail, über Internet-Foren und im persönlichen Gespräch als Reaktion auf die erste Ausgabe zukamen, habe ich hier eingearbeitet. Der häufigste Wunsch waren Bezugsquellen. Mit Hilfe von Designer Robert Buchmüller habe ich einen Weg gefunden, diesem Wunsch nachzukommen, ohne den Führer zur Unhandlichkeit aufzublähen. Er wird nie dick werden und so weder Jacken- noch Handtasche ausbeulen.

Manches bleibt wie es war, weil manches sich auf Planet Wein einfach nicht ändert. Obwohl Wein-Moden kommen und gehen, bleibt der Wein – glücklicherweise! – immer noch vergorener Traubenmost (gelegentlich bietet auch der vergorene Most von anderen Früchten wie Äpfeln und Birnen besondere Geschmackserlebnisse, die hier berücksichtigt werden). Genauso ist es mit der Grundsituation des Weintrinkers, woraus sich »Pigotts fünf Gesetze des Weins« ergeben. Mit großer Überzeugung wiederhole ich sie wortwörtlich. Im Gegensatz zu vielen östlichen Kulturen hält die unsere wenig von Wiederholung. Manchmal muss man aber mehrmals auf einen Nagel hauen, bis er in einen Holzbalken geht. Das tue ich jetzt!

Gesetz 1

Wein ist genauso gut oder schlecht, wie er für Sie riecht und schmeckt.

Bei Wein gibt es keine Objektivität. Es kommt allein darauf an, was Ihnen am besten schmeckt. Grundsätzlich liegt jeder mit seinem eigenen Geschmacksurteil erst einmal richtig. Alle Gegenargumente, sei es »der hat aber über 50 € gekostet«, »das ist aber Château Lafite, der Lafite« oder »es ist aber Champagner, echter Champagner« usw. sind reiner Snobismus und Eitelkeit auf Seiten des vermeintlichen Kenners.

Gesetz 2

Bei Wein gibt es keine Relation zwischen Preis und Qualität.
Auch wenn es in höheren Preisklassen etwas einfacher ist, gute Weine zu finden als bei niedrigeren, gibt es einige Weine für über 100 €, die grausam sind, sowie Weine für unter 5 €, die richtig gut schmecken. Letztere wären sogar noch häufiger zu finden, wenn die Qualitätskontrollen von vielen deutschen Supermärkten und Discountern nicht so unglaublich nachlässig wären.

Gesetz 3

Wein ist nicht annähernd so kompliziert oder empfindlich, wie allgemein angenommen wird.
Auch wenn die richtige Trinktemperatur und gute Gläser (siehe Seiten 25–27) hilfreich sind, schmeckt ein guter Wein auch direkt aus der Flasche. Aus Statusgründen wird ein riesiger Zirkus um den Wein gemacht, bei dem das Meiste wirklich Blödsinn ist. Entgegen allerlei Gastro-Philosophien ist auch das Kombinieren von Wein und Essen reine Geschmackssache. Wenn Ihnen schwere Rotweine zum Vanilleeis am besten schmecken, dann ist das wunderbar.

Gesetz 4

Es gibt keine falschen Worte, um Weine zu beschreiben.
Das »offizielle« Weinfachvokabular beschreibt den Geruch und Geschmack von Wein nicht besser als Ihre eigenen Worte, oft handelt es sich sogar um eine sture, phantasielose Sprache, die das Erlebnis eines guten Weins kaum vermitteln kann. Ihre subjektive Beschreibung des Weins hat auch entschiedene Vorteile gegenüber dem ganzen Fachchinesisch; Wein ist schließlich eine subjektive Sache.

Gesetz 5

Es gibt nur einen Fehler, den man beim Wein machen kann: den anderen den Spaß zu verderben.
Nichts verdirbt den Spaß am Wein gründlicher als Dogmen. In dem Moment, in dem irgendein Besserwisser – sei er nun Profi oder Laie – seine persönliche Geschmacksempfindung zur absoluten Wahrheit erklärt, schmeckt kein Wein mehr. Dann ist alles nur eine einzige saure Brühe.

Beim Wein geht es alleine um *Trinkfreude*. Manche Weinliebhaber sind in meinen Augen schon ein wenig »freakig«, weil es ihnen scheinbar ausschließlich um Verkostung und Selbstdarstellung geht. Eine französische Spitzenwinzerin hat mir einmal gesagt: »Die Verkostung ist ein Umweg. Manchmal lohnt es sich, ihn zu nehmen, um eine Strecke, die einem unbekannt ist, kennen zu lernen, aber der direkte Weg ist Trinken.« In diesem Sinne und mit dem Ziel Ihrer Trinkfreude habe ich die folgenden Seiten verfasst. Bitte lassen Sie mich wissen, wenn Sie Lücken entdecken!

Die zehn größten, dümmsten und schlimmsten Wein-Irrtümer

Es schockiert mich immer wieder, wie hartnäckig eine völlig veraltete und von genussfeindlichen Vorurteilen geprägte Vorstellung vom Wein in unzähligen Köpfen festsitzt. Noch schlimmer finde ich es, wenn an sich intelligente und einfühlsame Menschen an ihrem eigenen Wein-Unglück festzukleben scheinen. Dann verkrusten sich die Vorurteile zu einem Panzer aus Hemmungen und Ängsten, durch den kaum neue Eindrücke dringen können. Dann ist es aus mit Freude am Wein!

Das Erleben eines guten Weins hat nicht nur eine befriedigende Wirkung, sondern kann auch befreiend sein. Das ist aber erst möglich, wenn man *offen* dafür ist. Um dahin zu kommen, muss man – muss genauso Stuart Pigott! – möglichst viel Ballast abwerfen, das heißt Vorurteile und Hemmungen abbauen. Folgende sind die am weitesten verbreiteten Wein-Irrtümer. Wenn einem diese bewusst sind, ist man schon ein gutes Stück weitergekommen und wesentlich genussfähiger!

Irrtum 1

Nur Männer können Wein verstehen oder richtige Weinkenner sein.

Totaler Blödsinn. Inzwischen ist es sogar wissenschaftlich bewiesen, dass Frauen genetisch bedingt besser riechen und schmecken können als Männer. Dass Wein Männersache sei, ist eine völlig überholte Vorstellung aus der Ur-Chauvi-Zeit, als Wein nur elitären Gruppen Eingeweihter zugänglich war. Heute werden weltweit zwei Drittel aller Weineinkäufe von Frauen getätigt.

Irrtum 2

Rotwein ist grundsätzlich besser und wichtiger als Weißwein.

Diese Fehleinschätzung ist ebenfalls so ein Relikt aus der Ur-Chauvi-Zeit, das neuerdings zur Modeerscheinung avanciert ist. Seit November 1991 herrscht eine globale Rotwein-Mode, was wohl eher gesundheitlichen Aspekten als geschmacklichen Gründen zuzuschreiben ist. Aber Moden vergehen und die Wahrheit bleibt, will sagen, beim Wein kann weiß genauso toll wie rot sein.

Irrtum 3

Süße Weine sind grundsätzlich minderwertiger als trockene Weine.

Weil seit Generationen alte Tanten und Omis (angeblich) immer süßen Wein getrunken haben, gilt der süße Wein bei vielen nach wie vor als »Un-Wein«. Viele der gesuchtesten Weißweine sowie einige der angesehensten roten Portweine besitzen jedoch eine bedeutende natürliche Süße, und es gibt viele Gründe zu meinen, süßer Wein sei geiler als trockener.

Irrtum 4

Französische oder italienische Weine sind grundsätzlich die besten.

Snobismus sowie das Verlangen nach einer einfachen Welt haben zu der weit verbreiteten Annahme geführt, der französische oder der italienische Wein seien das Nonplusultra auf Erden. Solche Vorurteile blenden die Wahrheit aus: In diesen Ländern werden nämlich auch viele schlechte Weine hergestellt; außerdem sind die Winzer vieler anderer Nationen gleichermaßen begabt.

Irrtum 5

Auf den richtigen Jahrgang kommt es unbedingt an.

In diesem Buch werden Sie keine Jahrgangstabellen finden, weil sie einfach irreführend sind. Die Weine eines Jahrgangs aus einem Gebiet sind immer qualitativ unterschiedlich. Auch wenn nicht jeder Jahrgang ein Jahrhundert-Jahrgang sein kann, ein tüchtiger Winzer ist wesentlich wichtiger für die Weinqualität als ein guter Sommer. *Wer* den Wein produziert hat, ist deshalb eindeutig die wichtigste Angabe auf dem Etikett!

Irrtum 6

Junge Weißweine sind besser und bekömmlicher als ältere Weißweine.

Selten gab es eine größere Kluft zwischen Vorstellung und Wahrheit als bei diesem Punkt. Nur die einfachsten Weißweine müssen ganz jung getrunken werden. Ansonsten gewinnen Weißweine sogar an Harmonie und Bekömmlichkeit durch Lagerung in der Flasche. Kein Wein ist bekömmlicher für den Körper als ein alter Weißwein!

Irrtum 7

Nur alte Rotweine können wirklich groß sein.

Ein Auslaufmodell wichtigtuerischen Gehabes, dessen schlimmste Ausführungen eine Selbst-Persiflage im Loriot-Stil sind! Auch wenn manche alten Rotweine großartig schmecken können, sind viele junge Rot- oder Weißweine diverser Geschmackstypen genauso toll. Und viele »ehrwürdige« alte Rotweine sind eigentlich nur flüssige Antiquitäten.

Irrtum 8

Junge Weine, die unharmonisch schmecken, werden mit zunehmendem Alter harmonischer.

Ein Wein kann heißen und kosten, was er will, wenn er hart und/oder sauer in der Jugend schmeckt, bleibt er auch fast immer hart und/oder sauer im Alter. Um positiv zu altern bzw. um zu

»reifen«, muss der Wein möglichst harmonisch in der Jugend schmecken sowie genug Inhaltsstoffe besitzen. Aber wenn ein Wein jetzt gut schmeckt, warum warten?

Irrtum 9

Gepanschte Weine schmecken schlecht, und schlecht schmeckende Weine sind gepanscht.

Schön wäre es, wenn die Welt des Weins so einfach wäre! Leider schmecken heutzutage viele Weine, die mit dubiosen oder illegalen Methoden hergestellt werden, vordergründig ansprechend, aber kitschig süßlich und aufdringlich fruchtig. »Plastico-Fantastico-Viagra« hat Reinhard Löwenstein von Heymann-Löwenstein an der Mosel einmal solche »Coca-Cola-Weine« treffend beschrieben.

Irrtum 10

Der Korken tut dem Wein gut.

Kork gilt als edles Naturprodukt, Schraubverschluss sowie neue Entwicklungen wie Glas- und Edelstahlverschluss dagegen als minderwertig und technisch. Aber ca. 5 % aller Weine werden durch den Korken deutlich beeinträchtigt, und weitere 10–15 % sind zumindest leicht beeinträchtigt. Dagegen liegt die Erfolgsquote beim Schraub- oder Glasverschluss bei fast 100 %.

Wie man Weinetiketten und Weinkarten liest

Wie man gute Weine einkauft

Lesen können Sie selbstverständlich schon, sonst würden diese Zeilen Ihnen wie Reihen merkwürdiger Zeichen vorkommen, ähnlich wie es den meisten Deutschen geht, wenn sie mit chinesischer Schrift konfrontiert werden. Stellt man diesen Menschen aber eine Weinflasche vor die Nase, reagieren sie beinahe, als ob sie in Chinesisch beschriftet wäre. Diese Verwirrung ist verständlich, da die Angaben auf dem Etikett wirklich nicht einfach zu entschlüsseln sind. Vor allem stellt sich sofort die Frage, wie der Wein eigentlich heißt.

Experten und Laien denken in Weinbau-Ländern, daher wird den geographischen Bezeichnungen auf dem Etikett üblicherweise die allergrößte Bedeutung zugeschrieben. Auch wenn das Verlangen nach solch einer klaren Sortierung der Weine verständlich ist, ist diese Denkweise nicht immer hilfreich. Genauso, wie es z. B. nicht »den« deutschen Charakter gibt, gibt es auch nicht »den« französischen Wein. In der Tat gibt es eine genauso große Vielfalt an Weinen aus Frankreich wie charakterliche Vielfalt unter den Deutschen. Nein, die wichtigste Angabe auf dem Etikett ist ganz eindeutig, *wer* einen bestimmten Wein produziert hat bzw. der Erzeugername. Sie sagt am zuverlässigsten etwas darüber aus, ob der Wein gut, schlecht oder Spitze sein wird. Deswegen ist dieser Führer zuerst nach Weintypen – trockener Rotwein, süßer Weißwein etc. – geordnet, dann alphabetisch nach Produzenten.

Um einen Weg durch das Labyrinth des Weinangebots zum Genuss zu finden, sollte man zuerst nach dem Erzeugernamen auf dem Etikett suchen und sich vorwiegend daran orientieren. Wenn Sie auf einen Wein stoßen, der Ihnen gefällt, merken oder notieren Sie sich zuerst den Namen des Erzeugers und dann erst, in welchem Land und Gebiet er/sie zu Hause ist. Dann werden Sie später diesen Wein recht leicht wieder finden können.

Wenn der Name des Produzenten die zuverlässigste Aussage bezüglich der Qualität des Weins ist, dann ist die Rebsorte die zuverlässigste Aussage bezüglich des Charakters des Weins. Die typischen Merkmale der Weine der am meisten verbreiteten Qualitäts-Rebsorten sind auf den nächsten Seiten beschrieben. Sie sollen Ihnen u. a. dabei helfen, die Namen von Rebsorten und Weingebieten auseinander zu halten, was auch keine Selbstverständlichkeit ist. Dass Sancerre und Soave keine Rebsorten sind – es handelt sich um Weinanbaugebiete in Frankreich bzw. Italien – und dass Pinot Grigio und Merlot keine Weinanbaugebiete sind – es handelt sich um zwei Rebsorten –, weiß niemand auf Anhieb, bevor er es gelernt hat.

Der Konsument, der genau weiß, was er oder sie kaufen möchte, wird es beim Einkaufen einfach haben. Oftmals wissen wir aber nicht so richtig, was wir wollen. In dieser Situation ist es gut, sich beraten zu lassen. Wenn es sich um den Weineinkauf handelt, ist im Discounter, Supermarkt oder gar im normalen Kaufhaus kaum eine Beratung zu erwarten, beim Weinfachhandel hingegen schon. Leider haben die meisten Konsumenten eine gehörige Schwellenangst vor Weinhandlungen, fast so, als ob es sich um die Kernphysik-Abteilungen von bedeutenden Universitäten handeln würde. Viele fürchten anscheinend, vom Weinhändler abgezockt zu werden, als ob diese dubiose Gebrauchtwagenhändler wären!

Eine Flasche aus dem Supermarkt-Regal zu nehmen ist ein anonymer Vorgang, der relativ risikofrei zu sein scheint. Leider ist das Risiko, dass der so eingekaufte Wein anonym ausfällt, aber sehr groß. Der Grund dafür liegt im fast kompletten Mangel einer Vorstellung von Weinqualität seitens der Supermarkt- und Discount-Einkäufer. Typischerweise geht es bei der Produktauswahl allein um das billigste Angebot, völlig unabhängig vom Geschmack. Eine seltene Ausnahme stellt diesbezüglich der Drogeriemarkt Rossmann dar, wo beim Einkauf tatsächlich auch nach Qualität gesucht wird.

Die Vielfalt in den Regalen von Discounter oder Supermarkt ist oft weitgehend illusorisch. Wenige Großkellereien haben sich die Vorherrschaft über diese Regale erkämpft (oder erkauft), und in ihren Produktionsstätten herrscht geschmacksnivellierende Gleichmacherei. Noch schlimmer, es wird zu diesem Zweck mit hochmanipulativen Methoden gearbeitet, die einer gesetzlich abgesegneten Panscherei gleichkommen oder zur Grauzone der Halblegalität gehören. Das führt zu einer Situation, in der die Weine aus verschiedenen Kontinenten, Rebsorten oder gar Farben kaum mehr geschmacklich auseinander zu halten sind.

Viele deutsche Weinhändler verfügen über ein beeindruckendes Wissen sowie viele Jahre Erfahrung. Sie sind manchmal etwas eigenwillige Menschen, aber selten penetrante Verkäufer. So gut wie jedem von ihnen ist bewusst, dass er seine Kundschaft schnell durch absurde oder enttäuschende Empfehlungen verlieren könnte. Die Wahrscheinlichkeit, abgezockt zu werden, ist daher eher gering. Auf der anderen Seite veranstalten viele Weinhändler kostenlose oder günstige Weinverkostungen für ihre Kunden, bei denen Sie in einer ungezwungenen Atmosphäre viele interessante Weine probieren können.

Die Weinabteilungen mancher Kaufhäuser, z. B. Kaufhof, sind kaum weniger gut bestückt als viele Fachhändler. Auch gibt es einige Weinladenketten, z. B. Rindchens Weinkontor oder Mövenpick Weinland, die ein sehr interessantes Sortiment haben und dazu gute Kundenberatung leisten. Die Auswahl einiger Versandhäuser, z. B. Hawesko, umfasst ebenfalls viele gute Weine. Gute Weine einzukaufen ist gar nicht so schwierig oder aufwendig.

Die wichtigsten Rotwein-Rebsorten

Blauburgunder* siehe *Pinot Noir

Blaufränkisch* siehe *Lemberger

Cabernet Sauvignon
Edle und robuste Rebsorte aus Bordeaux/Frankreich (wo sie nie auf dem Etikett steht), inzwischen mit enormer internationaler Verbreitung, aus der meistens kräftige, tieffarbige Rotweine gewonnen werden. Die typischen Trauben-Aromen sind schwarze Johannisbeeren und Paprika (grün oder rot). Nur mit viel Geschick (so z. B. in Chile) lassen sich weiche oder leichte Weine aus der Traube gewinnen. Normalerweise fallen sie mehr oder minder herb aus, in Kalifornien und Australien dazu oft üppig. Es gibt zahlreiche sehr gute Weine aus dieser Rebsorte, gut und günstig ist hier jedoch eine eher seltene Kombination.

Dornfelder
Modische neue Rebsorte, die quasi nur in Deutschland zu finden ist. Meistens tieffarbige Weine mit betonter bis kitschiger Beerenfrucht, dabei leider oft von recht derber, rustikaler Art. Die Versuche, hochwertige Dornfelder zu produzieren, führen meistens zu überteuerten, schwerfälligen Weinen.

Lemberger
Aus Ungarn stammende Sorte (wo sie Kékfrankos heißt), die überwiegend in Württemberg und Burgenland/Österreich (wo sie Blaufränkisch heißt) angebaut wird. Meistens mittelgewichtige Weine von angenehmer Frische, im besten Fall gleichzeitig ausdrucksstark und lebendig. Die guten Weine sind oft in einem sehr interessanten Preis-Leistungs-Verhältnis zu bekommen.

Merlot
Weit verbreitete Sorte aus Bordeaux, die um den ganzen Erdball hinter runden bis weichen Alltagsweinen und jeder Menge überteuerter Möchtegern-Spitzenweinen steckt. Die typischen Trauben-Aromen sind Brombeeren und Blaubeeren. Wahre Spitzenweine dieser Rebsorte sind selten und teuer. Langsam, aber stetig, sinkt dieser Stern.

Pinot Noir
Die edle rote »Sideways«-Rebsorte stammt aus Burgund (wo sie selten auf dem Etikett steht) und wird in Deutschland Spätburgunder genannt. Wegen ihres geringen Gerbstoffgehalts werden aus ihr häufig leichte und seidige Weine gewonnen, wobei die Säure manchmal recht ausgeprägt sein kann (z. B. im Burgund, in

Deutschland, in Neuseeland). Die typischen Trauben-Aromen sind alle Arten von Waldbeeren. Die Spitzenweine haben eine nicht zu übertreffende Feinheit, Sinnlichkeit und Tiefgang. Günstige und gute Weine dieser Sorte gibt es kaum.

Sangiovese
Die Qualitätssorte der Toskana (wo sie fast nie auf dem Etikett steht). Tieffarbige, meistens mittelgewichtige Weine mit ausgeprägter Säure (außer Brunello di Montalcino, der oft rund und schwer ausfällt). Die typischen Trauben-Aromen sind rote Sauerkirschen und Mandeln.

Shiraz siehe Syrah

(Blauer) Spätburgunder siehe Pinot Noir

Syrah
Modische Sorte der 1990er-Jahre, die in ihrer Heimat an der französischen Rhône und in Australien (wo sie Shiraz genannt wird) eine große Tradition hat. Von mittelgewichtig und elegant bis üppig und sehr schwer gibt es eine sehr große stilistische Bandbreite, wobei die Weine generell ausdrucksstark oder gar wild ausfallen. Die typischen Trauben-Aromen sind Brombeere, Pflaume und Pfeffer.

Tempranillo
Die wahrscheinlich edelste spanische Rotweintraube. Allgemein fleischige, schwere Weine mit ausgeprägtem Duft nach schwarzen Oliven und oft mächtige Gerbstoffe.

Zinfandel
Vor kurzem sind die Ursprünge der kalifornischen Rebsorte überraschenderweise in Kroatien und Apulien/Italien (wo sie Primitivo genannt wird) entdeckt worden. Sie ergibt mittelgewichtige bis wunderbar üppige Weine, die fast immer würzig und rund ausfallen. Obwohl einfache Exemplare oft etwas rustikal wirken, stellen die Spitzenweine im Allgemeinen ein interessantes Preis-Leistungs-Verhältnis dar.

(Blauer) Zweigelt
Einheimische österreichische Sorte, die lange Zeit fast nur der Produktion von Alltagsweinen diente. Mit rasantem Tempo wurde während der letzten Jahre ihr Potenzial als Qualitätssorte entdeckt. Ihre typischen Duftnoten sind Kirschen in allen Variationen, der Geschmack ist von einer sanften Herbe und ansprechenden Fruchtigkeit. Bei hoher Qualität ist der Wein würzig und stoffig.

Die bedeutendsten Weißwein-Rebsorten

Chardonnay
Die weltweit am meisten verbreitete Qualitätssorte für trockene Weißweine. Das Spektrum der Weine reicht von leicht, klar und frisch bis schwer, süßlich und holzbetont. Die typischen Trauben-Aromen sind Apfel und Birne, in warmen Gebieten (Übersee) eher Grapefruit und Ananas. Solide Alltagsqualität beim Chardonnay ist recht leicht zu finden, die wahren Spitzenweine sind allerdings eher selten und nie zu Schnäppchenpreisen zu haben.

Grauburgunder
Diese engste Verwandte des Pinot Blanc, die in Deutschland Grauburgunder heißt, ist gleich diesem in Mitteleuropa weit verbreitet. Seine Weine fallen oft kräftiger und fülliger aus als die der Schwesternsorte (im Elsass oft sogar sehr üppig und mit ausgeprägter Süße). Die typischen Trauben-Aromen sind Melone, Honig und Rosinen. Die Spitzenweine sind oft günstig zu haben wegen des schlechten Images des meist wässrigen italienischen Pinot Grigio aus der gleichen Traube.

Gewürztraminer* siehe *Traminer

Grüner Veltliner
Niederösterreichische Rebsorte, aus der eine breite Palette leichter bis mächtiger trockener Weine produziert wird. Die typischen Trauben-Aromen sind weißer Pfeffer und Apfel, die Spitzenweine dieser Sorte brillieren mit den Aromen von exotischem Obst, Tabak und Gewürznoten. Gute Qualität ist oft erstaunlich günstig zu bekommen.

Morillon* siehe *Chardonnay

Müller-Thurgau
In Verruf geratene Sorte (die deswegen oft unter dem Synonym Rivaner verkauft wird), die hinter vielen leichten trockenen Weißweinen aus Deutschland steckt. Das typische Trauben-Aroma ist Apfel und Muskat, meistens fällt die Säure angenehm weich aus. Aus der Sorte Müller-Thurgau werden viele gute und günstige Alltagsweine produziert.

Pinot Blanc* siehe *Weißburgunder

Pinot Grigio* siehe *Grauburgunder

Pinot Gris* siehe *Grauburgunder

Riesling

Keine Traube kann so feinduftige, filigrane trockene sowie natürlich süße Weißweine in so vielen verschiedenen Anbaugebieten hervorbringen wie die vom deutschen Rhein stammende Rebsorte Riesling. Die Herausforderung für den Winzer liegt darin, die Säure der Traube zu bändigen, sodass sie animierend statt aggressiv wirkt. Die stilistische, qualitative sowie preisliche Bandbreite beim Riesling ist enorm und seine Geschmackswelt faszinierend und eigenständig.

*Rivaner **siehe** Müller-Thurgau*

Sauvignon Blanc

Die Rebsorte des Sancerre an der Loire (wo sie selten auf dem Etikett steht), die zu großer internationaler Verbreitung gelangt ist. Meistens handelt es sich um mittelgewichtige, frische bis knackig trockene Weine mit einem ausgeprägten Aroma, das von schwarzen Johannisbeeren bis Gras und Spargel reicht. Kleine Weine aus dieser Sorte können unangenehm sauer und grasig schmecken.

Silvaner

Auch wenn sie ursprünglich aus Österreich stammt, ist die Sorte Silvaner ein deutscher Klassiker geworden. Sie ergibt recht runde, stoffige Weißweine mit eher dezenten Aromen, die auch jung bereits sehr gut zu trinken sind. Eine Rebsorte, die jetzt schwer im Kommen ist.

Traminer

Die Feinheit der meisten edlen Rebsorten (von Riesling bis Chardonnay, von Pinot Noir bis Cabernet Sauvignon) lässt sich genetisch auf den Traminer zurückverfolgen. Mittelgewichtige bis schwere trockene und natürlich-süße Weine mit ausgeprägtem Rosenduft, oft auch rauchigen, speckigen und Lychee-Noten und einer edlen weichen Art. Viele tolle Weine für mäßige Preise. Der Ruf steigt wieder!

Weißburgunder

Populäre, aber noch unterschätzte Sorte aus dem Burgund, die in Mitteleuropa eine große Verbreitung erreicht hat. Die vorwiegend mittelgewichtigen trockenen Weine bestechen bei guter Qualität durch eine Kombination von Rundheit und Eleganz. Tendenziell fallen die Weine aus Norditalien – dort Pinot Bianco genannt – am leichtesten und die Weine aus der Pfalz und Baden – in Deutschland heißt der Pinot Blanc Weißburgunder – am kräftigsten aus. Eine nussige Note zeichnet die oft recht günstigen Spitzenweine aus.

Überteuert und unterschätzt: die Grundtendenzen des Markts

Unter dem Einfluss der *Globalisierung* verliert die Wein-Welt nicht nur ihre alte hierarchische Ordnung mit Frankreich ganz oben und Bordeaux als die glänzende Spitze der Status-Pyramide, sie verliert generell die Ordnung. Nicht einmal die alte Trennung zwischen den Weinen der »Alten Welt« – Europa und die Länder entlang der östlichen und südlichen Küsten des Mittelmeers – und jenen der »Neuen Welt« bzw. aus Übersee entspricht mehr den tatsächlichen Verhältnissen. Nicht nur Wein-Erzeuger rund um den Globus sehen sich zunehmend mit der gleichen Grundsituation konfrontiert, sondern auch wir Konsumenten begegnen einem zunehmend immer ähnlicher werdenden Angebot, unabhängig davon, wo wir uns auf Planet Wein befinden.

Heute gibt es keine Wein-Hierarchien mehr, außer denen des Preises und der Bewertungen der mächtigsten Weinkritiker, wobei letztere oft wesentlichen Einfluss auf erstere haben, weil sie die Neugier und manchmal die Gier weininteressierter Konsumenten stimulieren. Was den Preis des Weins betrifft, ist der einzige relevante Faktor die Relation zwischen erzeugter Menge und Nachfrage der Interessenten: *auch beim Wein herrschen die ganz banalen Gesetze der Marktwirtschaft.*

Neben dieser recht offensichtlichen Wirkung von Weinkritikern auf das Kaufverhalten weininteressierter Konsumenten gibt es den wesentlich unauffälligeren, aber dafür umso mächtigeren Einfluss der Weinmoden. Sie prägen selbst die Kaufentscheidungen von Gelegenheitskonsumenten, weil sie quasi allgegenwärtig sind. Der inzwischen 15 Jahre alte globale Rotwein-Boom, der Mega-Weintrend unserer Zeit, ist das beste Beispiel dafür. Viele Menschen ziehen Rotwein vor in dem Glauben, »er sei gut für die Gesundheit« (was aus medizinischer Sicht zweifelhaft ist), andere nur, »weil er angesagt ist« nach dem »Mein-Geschmack-zählt-eh-nicht-Prinzip«. Deswegen sind die Preise für Rotweine deutlich höher als die für Weißweine vergleichbarer Qualität, und es gilt der Umkehrschluss: *Schnäppchen sind häufiger beim Weißwein als beim Rotwein zu finden.* Aus diesem Grund werden mehr Weißweine als Rotweine in diesem kleinen, genialen Führer empfohlen.

Doch Vorsicht bei Schnäppchen. Es gibt eine weltweite Überproduktion von bis zu ca. 5 Milliarden Liter Wein pro Jahr, die zusammen mit der »Geiz-ist-geil-Stimmung« zu zahlreichen extremen Sonderangeboten führt. Selten verbirgt sich dahinter mehr als der Abschaum der Welt-Weinerzeugung. Dagegen sind die Preise für gute Weine trotz schwacher Konjunktur in vielen Ländern erstaunlich stabil geblieben.

Globalisierung führte im Laufe der 1990er-Jahre zu einer großen geschmacklichen Nivellierung, die darin gipfelte, dass Weißweine und Rotweine bei gleicher Temperatur auch von so genannten »Experten« oftmals bei Blindverkostungen nicht mehr auseinander zu halten sind. Glücklicherweise hat die Gegenbewegung, die lange nur für Insider sichtbar war, deutlich an Schwung gewonnen. Offensichtlich gibt es eine größere Nachfrage nach Weinen mit einem Geschmacksprofil abseits von glatten Tutti-Frutti-Weinen, als Großerzeuger und Großanbieter lange geglaubt haben. *Charakter-Weine sind mächtig im Kommen.*

Der Jahrgang 2003, der in fast ganz Europa opulente, weiche Weine hervorgebracht hat, führte zu einer weiteren Änderung am Markt. Lange Zeit waren tendenziell sowohl von vielen »Weinfreaks« als auch »normalen Weintrinkern« dicke, süßliche, runde Weine stark gefragt. Beide Fraktionen haben anhand der 2003er-Weine erkannt, dass solche Weine auf die Dauer sehr anstrengend zu trinken sein können. Auch wenn diese Wende nicht zu einem plötzlichen Nachfrage-Schub geführt hat – *der Trend geht eindeutig Richtung schlanke, frische Weine.* Insgesamt ist eine gewisse Entspannung der Erwartungen zu spüren. Verkostungssieger mit den vordergründigen Reizen eines Bay-Watch-Stars wie Pamela Anderson sind eindeutig weniger gefragt als noch vor zwei oder drei Jahren.

Auch wenn diese Entwicklungen theoretisch zum Vorteil Frankreichs und Nord-Italiens sein müssten, wo traditionsgemäß eher frische, schlanke Weine erzeugt werden, bleiben sie *die großen Verlierer* am Weinmarkt; die Übersee-Weinländer werden weiter an Marktanteilen zulegen. Warum diese paradoxe Entwicklung? Aus einem ganz einfachen Grund: *die Übersee-Weinländer schaffen es weiterhin, einen sehr zuverlässig ansprechenden Wein auf die Flasche zu bringen – was die »klassischen« Weinbauländer anscheinend nicht packen.* Das mag sich oft auf bescheidenem Niveau bewegen und die Ergebnisse mögen mir oft langweilig oder eintönig schmecken, aber für viele Konsumenten gilt »lieber zuverlässig trinkbar als mal gut und mal grausam«. Auch ich ziehe einfache, saubere und lebendige Weine gegenüber zwar ausdrucksstärkeren, aber unsauberen oder oxidierten vor.

Der Einwand, Übersee-Weine seien auf legale oder illegale Weise im Keller »geschminkt«, mag manchmal zutreffen, doch leider macht sich so manche dubiose neue Kellertechnik und Kellerchemie auch in Europa breit. Obgleich mich diese Entwicklung traurig macht, muss ich zu bedenken geben, dass die Ergebnisse solcher modernen »Panschereien« bisher gesundheitlich unbedenklich waren und schlimmstenfalls kitschig oder schwerfällig ausfielen.

In allen deutschsprachigen Ländern steigt weiterhin der Ruf der einheimischen Weine und das nicht ohne Grund. In Österreich und Deutschland werden immer größere Mengen an sehr guten Weinen erzeugt, die ein gutes bis exzellentes Verhältnis von Preis und Leistung darstellen. Auch wenn die Schweiz diesbezüglich (aber nicht unbedingt was die Qualität betrifft) etwas hinterherhinkt, beobachte ich dort die gleiche Grundentwicklung. In puncto Einfallsreichtum und Pfiffigkeit der jungen Winzer-Generation steht Deutschland weltweit ganz vorn!

Hohle und aussagelose Bezeichnungen

Auf Weinetiketten gibt es eine Menge aussageschwacher bis völlig hohler Bezeichnungen. Wie ist so etwas möglich? Manchmal liegt der Grund dafür in der Tradition, manchmal spielt auch das Marketing oder die Eitelkeit von Produzenten eine Rolle. Auch wenn die Hauptaufgabe dieses Buchs sein soll, positive Empfehlungen zu geben, muss vor manchem gewarnt werden, und ganz besonders vor den im Folgenden aufgeführten Bezeichnungen. Sie haben keine oder kaum Aussagekraft:

** / ** / *** / **** / ******

In Deutschland werden oft »besondere Abfüllungen«, vor allem süßer Rieslinge, mit Sternchen versehen. Erst wenn man sich mit dem Sternchensystem eines bestimmten Winzers auseinander gesetzt hat, haben die Sterne (vielleicht) eine Bedeutung. Warum müssen Weinflaschen griechischen Branntwein nachäffen?

Castello

Ein Castello, also ein Schloss, sei es in der Toskana oder anderswo in Italien, ist eine wunderschöne Sache, eine Garantie für Weinqualität ist es keinesfalls. Die Frage muss immer lauten: Aus welchem Castello kommt der Wein, bzw. *wer* hat den Wein produziert?

Château

Das Gleiche gilt für französische Châteaux, wobei die gesetzliche Definition so locker und ungenau ist, dass auch schlichte Bauernhäuser als Château durchgehen. In Bordeaux, wo es eine besondere Tradition für Weine mit Château-Namen gibt, fangen ehrgeizige Winzer an, auf diese Bezeichnung zu verzichten.

Edition

Ein wohlklingendes Wort, das auf vielen Weinetiketten prangt, aber leider keinerlei gesetzliche Definition hat und daher alles Mögliche oder gar nichts bedeuten kann. Es ist ein typisches Beispiel für modernes Weinbezeichnungs-Blabla.

Erstes Gewächs

Eine neue Bezeichnung für Rheingauer Weine aus den Rebsorten Riesling und Spätburgunder, die angeblich den besonderen Charakter der Spitzenlage, in der sie gewachsen sind, zum Ausdruck bringt. Häufig sind die solchermaßen bezeichneten Weine aber nur recht klotzig und austauschbar. Wieder ist die entscheidende Frage, *wer* den Wein produziert hat.

Grand Cru

Das Gleiche gilt auch für diese wohlklingende französische Bezeichnung. Manche burgundischen oder Elsässer Gewächse, die diese Angabe auf dem Etikett tragen, spiegeln tatsächlich die Besonderheiten der Spitzenlagen, in denen sie gewachsen sind, wider. Andere allerdings sind schwach und maßlos überteuert. In St. Émilion/Bordeaux erhebt die Bezeichnung weniger Anspruch, weil sie dort nur die dritthöchste Stufe der Klassifizierung darstellt.

Grand Cru Classé

Was für »Grand Cru« im Burgund und im Elsass gilt, trifft genauso auf Bordeaux-Weine mit dieser Bezeichnung auf dem Etikett zu. Manche Bordeaux-Weingüter, die vom Gesetzgeber als Grand Cru Classé eingestuft sind, produzieren Jahr für Jahr enttäuschende Qualität, genau wie andere fast immer brillieren. Wiederum gilt: *Wer* hat den Wein produziert?

Grand Vin de Bordeaux

Die allerschlimmste leere Floskel überhaupt auf französischen Weinetiketten. Oft, vor allem dann, wenn sie groß gedruckt ist, eine glatte Anmaßung!

Großes Gewächs

Pendant zum Rheingauer »Ersten Gewächs« in den anderen deutschen Weinanbaugebieten, jedoch ohne die gesetzliche Anerkennung wie im Rheingau. Viele »Große Gewächse« sind tolle trockene Weine, aber der Gegenbeispiele gibt es genug, so dass man sagen muss, dass »Großes Gewächs« auf Preisliste oder Weinkarte leider keine Garantie für Qualität darstellt. Das ist eher der Name des Erzeugers.

Premier Grand Cru Classé

Die höchste Stufe der Bordeaux-Klassifizierung, aber deshalb noch lange keine Qualitätsgarantie. Wer solche Weine rein aus Status- und nicht aus Geschmacksgründen kauft, möge dieses Buch bitte an jemand anderen weiterverschenken!

Qualitätswein

Die aussageloseste Bezeichnung, die es auf deutschen Weinetiketten gibt. Einfach ignorieren!

Reserve

Im Gegensatz zu Spanien (Reserva/Gran Reserva) und Italien (Riserva), wo diese Bezeichnung gesetzlich definiert ist, kann es in anderen Ländern alles Mögliche oder gar nichts bedeuten. Leider gibt es auch Grund, daran zu zweifeln, ob viele günstige Reserva- und Gran Reserva-Rotweine aus Spanien tatsächlich so lange gereift sind, wie es die Gesetze für diese Bezeichnung vorschreiben, bis sie auf den Markt kommen.

Schloss

Ein denkmalgeschützter Barock-Protzhaufen hilft nicht, wenn im Weinberg und Keller schlampig gearbeitet wird. Nochmals muss man danach fragen, aus welchem Schlosskeller der Wein stammt bzw. *wer* ihn gemacht hat.

Southeastern Australia

Von allen geographischen Bezeichnungen auf Weinetiketten die wohl hohlste. Es handelt sich um große Verschnitte, die aus einem Bereich stammen, der so groß wie ganz Westeuropa ist.

Wein servieren: einfache, praktische Tipps

Man kann natürlich den Korken mit dem Daumen, einem Schraubenzieher o. Ä. in die Flasche drücken und dann direkt aus der Flasche trinken. Ein guter Wein kann auch auf diese Weise schmecken, aber mit ein wenig Mühe und durch geringfügige Investitionen lässt sich der Genuss deutlich steigern.
Die erste wichtige Frage ist die Temperatur. Aus der Fachperspektive wird heute Rotwein meistens zu warm und Weißwein meistens zu kalt getrunken, weil Rotwein bei moderner Zimmertemperatur und Weißwein direkt aus dem Kühlschrank serviert wird. »Zimmertemperatur« als Servier-Temperatur für Rotwein stammt aus einer längst vergangenen Zeit, als die Esszimmer ungefähr 17/18° C warm waren, und »kühl« als Servier-Temperatur für Weißwein aus einer Zeit, als Weißweine direkt aus dem Weinkeller mit 8/9° C kamen. Was die richtige Trink-Temperatur ist, muss jeder für sich selbst herausfinden. Ich persönlich ziehe es vor, Weine bei den folgenden Temperaturen zu trinken, wobei ich kein Weinthermometer besitze . . .

Leichte Schaumweine:	7–10° C
Kräftige Schaumweine:	12–15° C
Leichte trockene Weißweine:	9–12° C
Kräftige trockene Weißweine:	12–15° C
Leichte süße Weißweine:	9–12° C
Leichte Rotweine:	12–15° C
Kräftige Rotweine:	15–18° C
Süße Rotweine:	12–15° C

Ich besitze auch keinen Weinklimaschrank, nur einen normalen Kühl- und Gefrierschrank. Mit diesem einfachen Haushaltsgerät lässt sich Wein – auch Rotwein – problemlos auf die richtige Temperatur bringen. Die schnelle Notlösung beim Weißwein heißt, ihn ca. 20 Minuten in den Gefrierschrank zu legen, was ihm nicht schadet. Dabei ist nicht zu vergessen, dass sich an einem heißen Sommertag oder in einem gut geheizten Ess-/Wohnzimmer jeder Wein im Glas schnell erwärmt!

Am einfachsten zu öffnen sind Flaschen mit Schraubverschluss. Mit einer Hand hält man den oberen Teil des Verschlusses, mit der anderen hält man die Flasche und dreht. Einen *Korken aus der Flasche* zu bekommen ist deutlich schwieriger. Der Screwpull bekommt so gut wie jeden Korken locker aus dem Flaschenhals heraus, er kostet allerdings einiges und die Teflonbeschichtung der Spirale nutzt sich allzu schnell ab. Ein Kellnermesser ist mir persönlich lieber und in geübter Hand ebenso effektiv. Hier gibt es von Plastik-Metall-Versionen für wenige Euro bis hin zu edlen

»Chateau Laguiole« für dreistellige Eurosummen jede Verarbeitung und Preisklasse. Im Gegensatz zum Screwpull verlangt das Kellnermesser ein wenig Übung und/oder handliches Geschick. Auch viele billige Korkenzieher sind durchaus brauchbar, vorausgesetzt, sie weisen eine richtige Spirale auf und nicht nur eine Spindel.

Bevor ich den Wein ins Glas gieße, setze ich immer einen »Dropstop« (ca. 2 € für zwei, bei vielen Weinhändlern sowie Geschenkartikelläden erhältlich) im Flaschenhals ein. Vorgesehener Zweck dieser Erfindung ist, das Kleckern zu vermeiden. Wenn der Dropstop möglichst tief im Flaschenhals sitzt (er soll gerade rausgucken), dann ist er aber auch ein sehr effektives »Wein-Kondom«, das vor Tönen von Korkbehandlungsmitteln, die im Flaschenhals hängengeblieben sind, schützt. Diese Töne, die dem Wein geschmacklich das Genick brechen können, sind leider recht häufig anzutreffen.

Dass *Weingläser* stark Duft und Geschmack des Weins beeinflussen, kann jeder schnell feststellen. Nehmen Sie einen Ihnen bekannten Wein und schenken Sie ihn zum einen in ein kleines billiges Weinglas und zum anderen in eines der unten empfohlenen Weingläser ein. Sie werden schnell erhebliche geschmackliche Unterschiede feststellen. Gute Weingläser, die dem Wein erlauben, seinen Duft und Geschmack voll zu entfalten, und damit den Genuss tatsächlich steigern, sind keinesfalls teuer. Die »Excelsior«-Serie von Schott Zwiesel kostet knapp 4 € pro Glas (vor allem ist das Rotweinglas für Rot- sowie Weißweine zu empfehlen). Die Gläser der »Vino Grande«-Serie von Spiegelau sind erstklassig und kosten knappe 7 € pro Glas (das große Weißweinglas ist dabei ein idealer Allrounder).

Für Verkostungen zu Hause nehme ich das Chianti-Classico/Riesling-Glas aus der »Vinum«-Serie von Riedel (meistens 12–13 €), das ein idealer Allrounder für den anspruchsvollen Tester ist. Nur extrem mächtige Weine haben es schwer, sich in diesem Glas gut zu entfalten.

Es gibt einige weniger perfekte Weingläser, die bestimmte Weinarten optimal zur Geltung bringen. Für rote Burgunder und andere Rotweine aus der Pinot-Noir-Traube ist das rote Burgunder-Glas aus der »Vinum«-Serie von Riedel – knapp 15 € – nicht zu übertreffen. Für kräftige trockene Weißweine sowie Rotweine ist das Bordeaux-Glas aus der »Willsberger«-Serie von Spiegelau – um die 23 € – perfekt und für leichtere Weißweine das Weißweinglas derselben Serie ideal. Der Grund, warum heutzutage Schaumweine meistens in hohen schlanken »Flöten« serviert werden, ist ein optischer; die Bläschen sehen umso schöner aus, je weiter sie im Glas steigen können. Ein guter Schaumwein schmeckt oft besser aus einem größeren Glas, wie den im vorherigen Absatz genannten.

Ein guter junger Wein, egal ob weiß oder rot, schreit nach Luft, und er gewinnt durch Luftkontakt enorm an Duft und Geschmack. Die beste Methode, um ihn zu »belüften«, besteht darin, ihn durch die Luft zu gießen bzw. zu dekantieren. Eine *Dekantierkaraffe* kann äußerst schlicht ausfallen und trotzdem perfekt funktionieren. Ein Krug aus Glas oder Porzellan reicht, wobei eine Glaskaraffe schöner aussieht. Außer bei älteren Rotweinen mit viel Depot, bei denen vorsichtiges Umgießen ratsam ist, ist die beste Dekantier-Methode beim Umgießen in die Karaffe folgende: Die offene Weinflasche langsam von der Horizontalen in die Vertikale bringen, also auf den Kopf stellen. Dann planscht der Wein mit voller Kraft in die Karaffe und bekommt dabei soviel Luftkontakt, wie man ihm auf die Schnelle mitgeben kann.

Wenn in einer Flasche etwas übrig bleibt, fragen sich viele Konsumenten, ob man den Rest überhaupt *für den nächsten Tag aufheben* kann, und wenn ja, wie. Bei den allermeisten Weinen ist das gar kein Problem. Einfach den Korken wieder drauf (möglichst mit der gleichen Seite in die Flasche wie zuvor) und in den Kühlschrank stellen. Einfache Weine lassen sich ein oder zwei Tage auf diese Weise aufheben, junge hochwertige sieben bis zehn Tage! Rotweine dann am anderen Tag früh genug aus dem Kühlschrank holen, um sie auf die gewünschte Serviertemperatur zu bringen.

Wie dieses Buch funktioniert

Dieses Buch zielt darauf ab, Ihren Genuss zu steigern, daher besteht sein Hauptaugenmerk aus möglichst vielen Weinempfehlungen. Weil ich aber Ihren Geschmack nicht kennen kann, muss ich diese Weine zuerst nach meinem persönlichen Geschmack aussuchen. Bei so gut wie allen hier empfohlenen Weinen habe ich aber gleichzeitig andere Meinungen eingeholt, auch von »Laien«, um zu sehen, welche Weine eher nur meinen speziellen Geschmack treffen und welche tendenziell auch einem breiteren Publikum gefallen könnten. Blindproben mit Experten-Jurys haben bestenfalls (aber recht selten) denselben Zweck, gaukeln dem Leser aber eine völlig illusorische Schein-Objektivität vor. Das lehne ich kategorisch ab! Deswegen werden meine Bewertungen in *Pigott-Punkten* ausgedrückt.
Dieses Bewertungssystem ist sehr einfach und übersichtlich. Genauso ist es bei der preislichen Einstufung jedes Weines, die in Euro-Zeichen (nichts gegen den Schweizer Franken) ausgedrückt werden. Diese zwei Angaben werden immer nebeneinander in der Zeile unterhalb des Wein-Namens fett gedruckt, sodass man auf den ersten Blick sofort erkennen kann, wie ich einen bestimmten Wein qualitativ sowie in puncto Preis-Leistungs-Verhältnis einstufe. Ein Wein mit genauso vielen Pigott-Punkten wie Eurozeichen stellt nach meiner persönlichen Meinung ein gutes Preis-Leistungs-Verhältnis dar, und ein Wein mit mehr Pigott-Punkten als Euro-Zeichen bietet nach Pigottscher Auffassung ein tolles Preis-Leistungs-Verhältnis.

Die Pigott-Punkte

	Vorsicht! Ein gefährlich schlechter Wein . . .
!?!?	Weine von extrem schwankender Qualität (siehe Beschreibung)
P	Guter Alltagswein, recht harmonisch
PP	Harmonische Weine, die viel Spaß bereiten können
PPP	Weine, die durch Charakter sowie Qualität herausragen. Das ist schon was!
PPPP	Erstklassige Weine mit ausgeprägtem Charakter
PPPPP	Weltklasse-Weine, die Jahr für Jahr beeindrucken
PPPPP!	Nicht zu übertreffen

Die Preisstufen

€!	Unter 5 € (10 sFr) im Regal
€	Zwischen 5 und 10 € (10 und 20 sFr)
€€	Zwischen 10 und 15 € (20 und 30 sFr)
€€€	Zwischen 15 und 20 € (30 und 40 sFr)
€€€€	Zwischen 20 und 30 € (40 und 50 sFr)
€€€€€	Zwischen 30 und 50 € (50 und 85 sFr)

Durch den Vergleich zwischen der Anzahl der P-Punkte und der €-Punkte lässt sich mit einem Blick feststellen, wie ich das Preis-Leistungs-Verhältnis eines Weins einschätze.

Um Ihnen den Weg zum guten Wein zu erleichtern, gibt es für alle Weine *Bezugsquellen*. Bei deutschen, österreichischen und Weinen aus der deutschsprachigen Schweiz ist dies der Erzeuger selber, wobei es oft Weinhändler gibt, die die betreffenden Weine zu den gleichen oder sehr ähnlichen Preisen verkaufen. Eine Liste solcher Weinhändler finden Sie im Anhang. Bei importierten Weinen gebe ich jeweils einen Händler meines Vertrauens an, der auch versendet. In allen Fällen werden Telefonnummer und – wenn vorhanden – E-Mail angegeben. Bei allen empfohlenen Weinen besteht die gleiche Grundsituation: gute und großartige Weine gibt es nie in unbegrenzten Mengen, und was ein gutes oder großartiges Preis-Leistungs-Verhältnis darstellt, ist begehrt. Aus diesen Gründen kann leider keine Garantie gegeben werden, dass an dem Tag, an dem Sie bei Produzent X oder Weinhändler Y anfragen, Wein Z tatsächlich erhältlich ist. Ein guter Weinerzeuger oder Weinhändler gibt aber Auskunft, wann der nächste Jahrgang erhältlich sein wird und nimmt gegebenenfalls Reservierungen an.

Manchen Lesern wird auffallen, dass relativ wenige Weine aus dem Supermarkt-Regal empfohlen werden. Dieser kleine geniale Weinführer lehnt es kategorisch ab, Ihnen eine heile Welt vorzugaukeln, in der es in jedem Supermarkt lauter tolle Weine für 1,99 € gibt. Das wäre einfach gelogen. Er versucht, Ihnen nach bestem Wissen des Autors *ein wahrheitsgetreues Bild des Weinangebots* zu geben. **Liebe Supermarkt-Einkäufer, bitte verbessern Sie Ihr Weinsortiment, und ich gebe Ihren Produkten gerne mehr Platz in diesem kleinen genialen Weinführer!**

Trockene Rotweine

PAUL **ACHS** – Gols/Neusiedlersee/A
Weingut Tel.: +43 (0)21 73/23 67,
E-Mail: weingut.paul.achs@aon.at
Blaufränkisch
Preis: € Pigott-Punkte: PPP Meine Punkte: ___
Zweigelt
Preis: € Pigott-Punkte: PPP Meine Punkte: ___
Diese »einfachen« Weine verkörpern Achs' Vorstellung vom frischen, beerigen Rotwein auf perfekte Weise, der »Blaufränkisch« sehr heiter (Sauerkirsch!), der »Zweigelt« ein wenig runder.
»Pannobile« Zweigelt u. a.
Preis: €€€ Pigott-Punkte: PPPP Meine Punkte: ___
Golser Ungerberg Blaufränkisch u. a.
Preis: €€€€€ Pigott-Punkte: PPPPP Meine Punkte: ___
Beide Rotwein-Kompositionen basieren auf einheimischen Rebsorten, und der geschliffene, elegante Stil, der schiere Wucht und laute Eichenaromen ablehnt, ist durch und durch österreichisch und passt zum aktuellen Wein-Zeitgeist.

ALLESVERLOREN – Swartland/ZA
Hawesko Tel.: +49 (0)41 22/50 44 33,
E-Mail: bestellung@hawesko.de
Tinta Barocca
Preis: € Pigott-Punkte: PPP Meine Punkte: ___
Wenn man diesen mächtigen, schweren und würzigen Riesen im Glas hat, ist gar nichts verloren.

AMALIENHOF – Heilbronn/Württemberg/D
Weingut Tel.: +49 (0)71 31/25 17 35,
E-Mail: info@amalienhof.de
Wildmuskat
Preis: € Pigott-Punkte: PP Meine Punkte: ___
Kaum eine Rebsorte hat einen passenderen Namen als diese sehr ungewöhnliche neue Traube, die auf dem Amalienhof gezüchtet wurde und die möglicherweise weltbesten »Nouveau«-Rotweine hervorbringt.
Bariton
Preis: €€ Pigott-Punkte: PPP Meine Punkte: ___
Eine weitere eigene Traubenzüchtung, diese ergibt jedoch feste Weine mit viel herber Kraft, die weit abseits der deutschen Rotwein-Tradition liegen.

ARACHON (T.FX.T.) – Horitschon/Mittelburgenland/A
Weinkellerei Tel.: +43 (0)26 10/4 23 21,
E-Mail: arachon-t.fx.t@arachon.com

»Arachon« Blaufränkisch/Zweigelt/Cabernet Sauvignon/Merlot
Preis: €€€€ Pigott-Punkte: PPPP Meine Punkte: ___
Sehr viel Fleisch gibt es auf diesen stämmigen Knochen, und trotzdem ist er kein Landei, sondern richtig weltgewandt; etwa im Stil moderner, hochwertiger französischer Rotweine.

CAMPO **ARDOSA** (Quinta da Carvalhosa) – Douro/P
Weinladen Schmidt Tel.: +49 (0)30/7 89 07 30,
E-Mail: info@weinladen.com
»Ardosino«
Preis: €€ Pigott-Punkte: PPP Meine Punkte: ___
»Campo Ardosa«
Preis: €€€ Pigott-Punkte: PPPP Meine Punkte: ___
Warme, großzügige Rote aus deutscher Hand (Besitzer sind die Weingüter Breuer, Koehler-Ruprecht und Meyer-Näkel), die bereits als junge Weine sehr viel Trinkspaß bereiten.

ARTADI – Rioja/E
Wein & Glas Tel.: +49 (0)30/2 35 15 20,
E-Mail: info@weinundglas.com
Rioja Joven Tempranillo u. a.
Preis: € Pigott-Punkte: PP Meine Punkte: ___
Ein fruchtiger Wein zum Zechen, der überhaupt keine Ecken oder Kanten hat.
Rioja Crianza »Vinas de Gain« Tempranillo u. a.
Preis: €€ Pigott-Punkte: PPP Meine Punkte: ___
Rioja Reserva »Pagos Viejos« Tempranillo u. a.
Preis: €€€€€ Pigott-Punkte: PPPPP Meine Punkte: ___
Rioja ohne bräunliche Farbe oder eingestaubte Aromen, sondern mit viel Kraft, Fülle und Würze; hier bringt jeder investierte Euro Weine mit mehr Statur.

ARTAZURI (Artadi) – Navarra/E
Wein & Glas Tel.: +49 (0)30/2 35 15 20,
E-Mail: info@weinundglas.com
Artazuri
Preis: € Pigott-Punkte: PP Meine Punkte: ___
Ein richtig seidiger Gaumenschmeichler, leckerer als viele Weine, die doppelt so teuer sind; kostet nicht viel mehr als 5 €!

ATA RANGI – Martinborough/NZ
K & U (Die Weinhalle) Tel.: +49 (0)9 11/52 51 53,
E-Mail: info@weinhalle.de
Pinot Noir
Preis: €€€€€ Pigott-Punkte: PPPPP Meine Punkte: ___
Einer der besten Pinot Noirs aus Übersee, der nicht nur viel Stoff und Reife besitzt, sondern auch eine herrliche aromatische Feinheit.

DOMAINE CHARLES **AUDOIN** – Bourgogne/F
Wein & Glas Tel.: +49 (0)30/2 35 15 20,
E-Mail: info@weinundglas.com
Marsannay Pinot Noir
Preis: €€ Pigott-Punkte: PPP Meine Punkte: ___
Marsannay Clos du Roi Pinot Noir
Preis: €€€ Pigott-Punkte: PPPP Meine Punkte: ___
Rote Burgunder von bestechender Eleganz, zugleich herb und heiter; der »Clos du Roi« ist deutlich satter und runder als der schlanke, grazile »Marsannay«.

DOMAINE **D'AUPILHAC** – Montpeyroux/Languedoc/F
Enoteca Blanck & Weber Tel.: +49 (0)30/88 67 99 60,
E-Mail: mail@enoteca-blanck.de
Montpeyroux
Preis: €€€ Pigott-Punkte: PPPP Meine Punkte: ___
Nichts für Weicheier! Hier kommt die Glut des Südens voll durch, aber das macht ihn nicht satt. Hier ist genauso viel wilde Würze wie Wucht.

TORRE DEI **BEATI** – Abruzze/I
Enoteca Blanck & Weber Tel.: +49 (0)30/88 67 99 60,
E-Mail: mail@enoteca-blanck.de
Montepulciano d'Abruzzo
Preis: € Pigott-Punkte: PPP Meine Punkte: ___
Viel Pflaumen- und Kirsch-Aromen sowie eine geschmeidige Beschaffenheit helfen ihm, den Rahmen dieser Kategorie zu sprengen.

DOMAINE DE **BEAUSÉJOUR** – Loire/F
Rindchens Weinkontor Tel.: +49 (0)40/5 56 20 20,
E-Mail: info@rindchen.de
Gamay »Cuvée Vincent«
Preis: € Pigott-Punkte: PP Meine Punkte: ___
Voll saftiger Beerenfruchtaromen, leicht und lebendig, aber weich und warm präsentiert er sich genau so, wie ein idealer Beaujolais sein sollte.

JUDITH **BECK** – Gols/Neusiedlersee/A
Weingut Tel.: +43 (0)21 73/27 55,
E-Mail: weingut.beck@aon.at
Zweigelt
Preis: € Pigott-Punkte: PPP Meine Punkte: ___
»Heideboden« Blaufränkisch, Zweigelt, Cabernet Sauvignon
Preis: €€€ Pigott-Punkte: PPPP Meine Punkte: ___
»Judith« Blaufränkisch, St. Laurent, Cabernet Sauvignon
Preis: €€€€ Pigott-Punkte: PPPP Meine Punkte: ___
Judith Becks Weine sind auf *radikale Weise* vom Traubenge-

schmack geprägt – was ihre »Zweigelts« wunderbar eingängig und süffig macht und auch der kräftigeren Struktur ihrer Spitzenweine viel Charme verleiht.

J.B. **BECKER** – Walluf/Rheingau/D
Weingut Tel.: +49 (0)61 23/7 25 23,
E-Mail: h.j.becker@justmail.de
Spätburgunder trocken
Preis: €€ Pigott-Punkte: PPP Meine Punkte: ___
Eine gewagt helle Farbe – aber doch ein richtig filigraner und eleganter Pinot Noir, wie man ihn allzu selten findet. Die spürbare Säure im Nachgeschmack ist keine Schwäche, sondern Teil seines Wesens; die Ruhe in sich.

BERARDENGA siehe Fattoria di **FELSINA**

BERGDOLT – Neustadt-Duttweiler/Pfalz/D
Weingut Tel.: +49 (0)63 27/50 27,
E-Mail: weingut-bergdolt-st.lamprecht@t-online.de
Duttweiler Kalkberg Spätburgunder Spätlese trocken
Preis: €€€ Pigott-Punkte: PPPP Meine Punkte: ___
Wer sich keinen guten roten Burgunder leisten kann, bekommt hier einen ähnlich balancierten Wein mit recht festem Rückgrat; wo ist das Lammfleisch?

MARQUÊS DE **BORBA** (Joao Portugal Ramos) – Alentejo/P
Die Weinquelle Tel.: +49 (0)65 07/70 14 20,
E-Mail: info@die-weinquelle.de
»Marquês de Borba Tinto«
Preis: € Pigott-Punkte: PP Meine Punkte: ___
Oma backt einen Blechkuchen, aber das Ergebnis ist kein Deut altbacken, sondern frisch und warm und schmeckt nach richtig gutem Obst.
»Marquês de Borba Reserva«
Preis: €€€€€ Pigott-Punkte: PPPPP Meine Punkte: ___
Seit dem ersten Jahrgang – 1997 – ein neuer iberischer Spitzenwein, der herrliche Üppigkeit mit nicht weniger herrlichem Duft nach Waldboden sowie Beeren- und Crescendo-Nachgeschmack verbindet.

BOWEN ESTATE – Coonawarra/Südaustralien/AUS
N + M Tel.: +49 (0)21 61/18 13 16, E-Mail: info@nm-weine.de
Cabernet Sauvignon
Preis: €€€ Pigott-Punkte: PPP Meine Punkte: ___
Shiraz
Preis: €€ Pigott-Punkte: PPPP Meine Punkte: ___
Coonawarra steht oft für überteuerte, süßlich-breite Rotweine. Dagegen sind die Rotweine der Bowens warmherzig, erdverbun-

den, wunderbar herrlich sanft; schwere Spaßmacher für kaum mehr als 15 €. Der »Shiraz« ist bombastisch pfefferig!

BRAIDA (Giacomo Bologna) – Piemont/I
Garibaldi Tel.: +49 (0)89/35 63 61 16,
E-Mail: bestellung@garibaldi-wein.de
Monte Bruna Barbera d'Asti
Preis: €€€ Pigott-Punkte: PPP Meine Punkte: ___
Bricco dell' Uccellone Barbera d'Asti
Preis: €€€€€ Pigott-Punkte: PPPP Meine Punkte: ___
Bricco della Bigotta Barbera d'Asti
Preis: €€€€€ Pigott-Punkte: PPPP Meine Punkte: ___
Die Pioniere des neuen Barbera-Rotweins machen Weine, die zugleich kräftig und frisch sind (und grandios zum Fleischgang passen). Der »Monte Bruna« ist ganz ohne Eichennote, der »Bricco della Bigotta« am üppigsten mit einem richtigen Schoko-Touch und der »Bricco dell' Uccellone« herb, ausgewogen.

BRÜNDLMAYER – Langenlois/Kamptal/A
Weingut Tel.: +43 (0)27 34/21 72,
E-Mail: weingut@bruendlmayer.at
Blauburgunder »Cecile«
Preis: €€€€ Pigott-Punkte: PPPP Meine Punkte: ___
So duftig und lebendig kann ein kräftiger Rotwein sein, wenn diese Traubensorte (Pinot Noir) von einem Winzer mit dem Feingefühl von Willi Bründlmayer gepflegt wird.

DOMAINE JEAN-PAUL **BRUN** (Terres Dorées) – Beaujolais/F
K & U (Die Weinhalle) Tel.: +49 (0)9 11/52 51 53,
E-Mail: info@weinhalle.de
Beaujolais »Cuvée Ancienne«
Preis: € Pigott-Punkte: PP Meine Punkte: ___
Beaujolais »Cuvée Ancienne Le Buissy«
Preis: € Pigott-Punkte: PP Meine Punkte: ___
Ehrliche, erfrischende (und auch sehr zuverlässige) Beaujolais-Weine, wie sie sonst schwer zu bekommen sind – und das ohne den geringsten Hauch des üblichen Bubblegum-Kitsches; echte leichte Rotweine für sommerliche Erfrischung.

BUITENVERWACHTING – Constantia/Cape Town/ZA
Kaufhof
Merlot
Preis: €€ Pigott-Punkte: PPP Meine Punkte: ___
Cabernet Sauvignon
Preis: €€ Pigott-Punkte: PP Meine Punkte: ___
»Christine« Cabernet Sauvignon/Merlot u. a.
Preis: €€€€ Pigott-Punkte: PPPP Meine Punkte: ___
Seit dem 1999er Jahrgang haben diese südafrikanischen Klassiker

deutlich an Geschmeidigkeit und dunkler Anziehungskraft gewonnen, ohne dabei jedoch ihre straffe, schlanke Art zu verlieren.

BODEGAS **BUJANDA** – siehe CONDE DE **VALDEMAR**

DOMAINE DE LA **BUTTE** (Jacky Blot) – Bourgueil/Loire/F
Hardy Tel.: +49 (0)30/8 31 25 98,
E-Mail: feinwein@hardywine.de
Bourgueil »Pied de la Butte« Cabernet Franc
Preis: € Pigott-Punkte: PP Meine Punkte: ___
Bourgueil »Les Perrières« Cabernet Franc
Preis: €€ Pigott-Punkte: PPP Meine Punkte: ___
Wie beim Weißwein setzt Jacky Blot auch beim Rotwein an der Loire mit seinen strahlenden, geschliffenen Weinen neue Maßstäbe: viel Charakter verbunden mit einer wunderbaren Leichtigkeit.
Bourgueil »Mi-Pente« Cabernet Franc
Preis: €€€ Pigott-Punkte: PPPP Meine Punkte: ___
Blots Spitzenwein ist der edle Bitterschokoladenkönig des Loiretals!

CAVES DE **CAIRANNE** – Rhône/F
Rindchens Weinkontor Tel.: +49 (0)40/5 56 20 20,
E-Mail: info@rindchen.de
Côtes du Rhône »Grande Réserve«
Preis: € Pigott-Punkte: PP Meine Punkte: ___
Côtes du Rhône »Cuvée Antique«
Preis: €€ Pigott-Punkte: PPP Meine Punkte: ___
Côtes du Rhône mit der üblichen Würze, aber viel mehr Beerigkeit als normal. Glücklicherweise hat die »Cuvée Antique« gar nichts Antiquiertes!

ROC DES **CAMBES** – Bourg/Bordeaux/F
K & U (Die Weinhalle) Tel.: +49 (0)9 11/52 51 53,
E-Mail: info@weinhalle.de
Domaine des Cambes Cabernet Sauvignon/Merlot u. a.
Preis: €€€ Pigott-Punkte: PPP Meine Punkte: ___
Roc des Cambes Cabernet Sauvignon/Merlot u. a.
Preis: €€€€€ Pigott-Punkte: PPPP Meine Punkte: ___
Kräftige, urtümliche Bordeaux weit abseits der im Gebiet modisch gewordenen Nachahmung von Überseeweinen und der nicht weniger modisch gewordenen Abzockerei.

LOS **CAMINILOS** – Madrid/E
Rossmann
»Los Caminilos« Tempranillo-Garnacha
Preis: €! Pigott-Punkte: PP Meine Punkte: ___
Der warmherzige »normale« Spanier, nach dem man sich nach

der Rückkehr aus dem iberischen Urlaub sehnt – und das für ganz wenig Geld!

DOMAINE **CANET-VALETTE** – Languedoc/F
Bernd Kreis Tel.: +49 (0)7 11/76 28 39,
E-Mail: b.kreis@wein-kreis.de
St. Chinian »Une et Mille Nuits«
Preis: €€ Pigott-Punkte: PPP Meine Punkte: ___
St. Chinian »Le Vin Maghani«
Preis: €€€€ Pigott-Punkte: PPPP Meine Punkte: ___
Schon der »Une et Mille Nuits« ist ein richtiges Kräuter-Paket mit herber Tiefe, aber der »Vin Maghani« hat dazu noch eine fast überwältigende Sauerkirschnote und nicht enden wollenden Schmelz.

CELLER DE **CAPÇANES** – Tarragona/E
Selezione Vini Tel.: +49 (0)89/65 11 59 73,
E-Mail: info@selezionevini.de
Mas Collet Garnacha u. a.
Preis: € Pigott-Punkte: PPP Meine Punkte: ___
Mediterrane Wärme und Würze in großzügigem Format für erstaunlich wenig Geld.

PAGO DE LOS **CAPELLANES** – Pedrosa de Duero/E
Enoteca Black & Weber Tel.: +49 (0)30/88 67 99 60,
E-Mail: mail@enoteca-blanck.de
Joven Roble Tempranillo
Preis: €€ Pigott-Punkte: PPP Meine Punkte: ___
Wer Rotweine mit üppigen Ausmaßen und samtigem Geschmack vorzieht, aber auch nicht erschlagen werden will, wird viel Vergnügen an dieser Üppigkeit und Breitleinwand-Geschmeidigkeit haben.

QUINTA DA **CARVALHOSA** – siehe CAMPO **ARDOSA**

CHÂTEAU DU **CÈDRE** – Cahors/F
Pinard de Picard Tel.: +49 (0)68 31/12 27 29,
E-Mail: info@pinard.de
Cahors »Héritage«
Preis: € Pigott-Punkte: PP Meine Punkte: ___
Cahors »Le Prestige«
Preis: €€ Pigott-Punkte: PPP Meine Punkte: ___
Cahors »Le Cèdre«
Preis: €€€€ Pigott-Punkte: PPPP Meine Punkte: ___
Sehr fest und herb, aber auch reife Brombeer- und Pflaumenaromen und eine Frische, was den Eindruck von übertriebener Schwere vermeidet. »Le Cèdre« ist der beeindruckendste und subtilste Rotwein aus Cahors.

DOMAINE DES **CHÊNES** – Roussillon/F
Hardy Tel.: +49 (0)30/8 31 25 98,
E-Mail: feinwein@hardy-weine.de
»Les Grandes Mères«
Preis: € Pigott-Punkte: PP Meine Punkte: ___
Tautavel
Preis: €€ Pigott-Punkte: PPP Meine Punkte: ___
Wer den robusten, charakterstarken südlichen Rotwein mag, wird von diesen ganz vorsichtig modernisierten Ur-Franzosen nicht enttäuscht sein.

ALTA **CIMA** – Lontué Valley/Chile
Wein-Mohr Tel.: +49 (0)2 61/1 46 26,
E-Mail: weinmohr@rz-online.de
»6.330« Cabernet Sauvignon
Preis: €€€ Pigott-Punkte: PPPP Meine Punkte: ___
Unter gewaltigen Berggipfeln (6330 Meter hoch ist der höchste!) reift dieser stoffige, aber ungewöhnlich elegante Chilene.

CELLIER DES **COMTES** – Languedoc/F
Vinalia Tel.: +49 (0)30/34 70 90 90,
E-Mail: info@vinalia-berlin.de
Cabernet Sauvignon Vin du Pays d'Oc (Liter)
Preis: €! Pigott-Punkte: PP Meine Punkte: ___
Das ist das, was ich für einen optimalen Party-Rotwein halte, weil man durch seine schlanke, herzhaft-frische Art richtig ziehen kann, ohne Angst zu haben, dass man gleich umkippt.

CULLENS – Margaret River/Westaustralien/AUS
FUB Fegers & Berts Tel.: +49 (0)2 11/13 33 41,
E-Mail: christian-frigge@fub-weine.de
Cabernet Sauvignon/Merlot
Preis: €€€€€ Pigott-Punkte: PPPPP! Meine Punkte: ___
Vanya Cullens Meisterwerk ist nicht von mächtiger Statur, sondern bei aller Kraft auch von förmlich bezaubernder Harmonie, die bis in den allerletzten Winkel reicht.

BODEGAS GRAN **DUCAY** – Cariñena/E
Die Weinquelle Tel.: +49 (0)65 07/70 14 20,
E-Mail: info@die-weinquelle.de
Montey Ducay Reserva (in Papier gewickelte Flasche)
Preis: € Pigott-Punkte: PP Meine Punkte: ___
Die etwas eigenwillige Verpackung außer Acht gelassen, hat der Wein eine sehr einladende, warme Art und einen Charakter, der an Lebkuchen erinnert . . . und mit 5–6 Jahren noch erfreulich lebendig wirkt.

CHÂTEAU **DUTRUCH** GRAND POUJEAUX – Médoc/Bordeaux/F
Wein & Glas Tel.: +49 (0)30/2 35 15 20,
E-Mail: info@weinundglas.com
Château Dutruch Grand Poujeaux Cabernet Sauvignon/Merlot u. a.
Preis: €€€ Pigott-Punkte: PPP Meine Punkte: ___
Erschreckend schwierig ist es geworden, interessante rote Bordeaux unter 20 € zu finden. Das ist ein herber »Klassiker«, der nicht eingestaubt ist, sondern mit einer strahlenden schwarzen Johannisbeernote glänzt.

DOMAINE MAURICE ECARD – Bourgogne/F
WeinArt Tel.: +49 (0)67 22/10 80, E-Mail: info@weinart.de
Savigny-lès-Beaune Pinot Noir
Preis: €€€ Pigott-Punkte: PPP Meine Punkte: ___
Savigny-lès-Beaune 1er Cru Pinot Noir
Preis: €€€€ Pigott-Punkte: PPPP Meine Punkte: ___
Solche burgundische Eleganz ist extrem schwer in dieser Preisklasse aufzutreiben. Wer Zeit und Geduld hat, wird in die Mysterien der Erde eingeweiht.

BERNHARD **ELLWANGER** – Weinstadt-Großheppach/Württemberg/D
Weingut Tel.: +49 (0)71 51/6 21 31,
E-Mail: info@weingut-ellwanger.com
»Kreation Nero«
Preis: € Pigott-Punkte: PP (Ausnahme 2003: PPP)
Meine Punkte: ___
Der Name täuscht, weil es sich gar nicht um einen Pseudo-Italiener handelt. Hier ist das neue selbstbewusste Württemberg im Glas; rauchig, beerig, schlank und herb.
Lemberger »im Barrique gereift«
Preis: €€ Pigott-Punkte: PP Meine Punkte: ___
Spricht sehr direkt vom Eichfass, in dem er gereift ist, hat aber auch viele heitere Aromen und ist gar nicht dick oder schwer.

ERRAZURIZ – Aconcagua Valle/Chile
Mövenpick Weinland Tel.: +49 (0)2 31/9 65 15 60,
E-Mail: weinland.dortmund@moevenpick.com
Cabernet Sauvignon
Preis: € Pigott-Punkte: PP Meine Punkte: ___
Carmenère
Preis: € Pigott-Punkte: PP Meine Punkte: ___
Leicht süßlich duftende Chilenen (Milchschokolade, Vanille, schwarze Johannisbeeren, beim »Carmenère« auch rote Paprika), die sich leicht trinken lassen und trotzdem ein gewisses Rückgrat haben.

FALESCO – Montefiascone/Lazio/I
Hawesko Tel.: +49 (0)41 22/50 44 33,
E-Mail: bestellung@hawesko.de
Vitiano
Preis: € Pigott-Punkte: PP Meine Punkte: ___
Eine richtige Fruchtbombe, die sich gar nicht um die schwierige Seite des Lebens kümmert.
Montiano Merlot
Preis: €€€€€ Pigott-Punkte: PPPP Meine Punkte: ___
Dieser fleischige, schmelzige und sehr zugängliche Rote hat eine überzeugende moderne Klarheit. Wer hochwertige aber »unkomplizierte« Rotweine sucht, ist hier richtig.

FATALONE – Gioia del Colle/Puglia/I
Garibaldi Tel.: +49 (0)89/35 63 61 16,
E-Mail: bestellung@garibaldi-wein.de
Primitivo
Preis: €€ Pigott-Punkte: PPP Meine Punkte: ___
Primitivo Riserva
Preis: €€€ Pigott-Punkte: PPPP Meine Punkte: ___
Vorsicht bei der Einfahrt des Zuges! Mit fast überwältigendem Rauchton und wuchtiger Balsamico-Herbe sind diese Süditaliener sehr gewöhnungsbedürftig. Aber wer das mag, findet diese Weine abgefahren!

CASTELLO DI **FARNETELLA** – Chianti/Colli Sinesi/Toscana/I
Garibaldi Tel.: +49 (0)89/35 63 61 16,
E-Mail: bestellung@garibaldi-wein.de
Chianti Colli Sinesi Sangiovese
Preis: € Pigott-Punkte: PPP Meine Punkte: ___
Strahlende Frische, schlanker Körper und harmonische Säure machen dies zum optimalen Sommer-Rotwein (vom gleichen Team wie FELSINA).

FELLINE – Puglia/I
Enoteca Blanck & Weber Tel.: +49 (0)8 86/7 99 60,
E-Mail: mail@enoteca-blanck.de
Primitivo di Manduria
Preis: € Pigott-Punkte: PP Meine Punkte: ___
Sehr opulent, cremig-weich und mit nicht weniger offensichtlichen Reizen ausgestattet als die junge Sophia Loren. Wenn dieser Wein nicht wärmt, hilft gar nichts.

FATTORIA DI **FELSINA** – Chianti Classico/Toscana/I
Garibaldi Tel.: +49 (0)89/3 56 31 16,
E-Mail: bestellung@garibaldi-wein.de
Chianti Classico Sangiovese
Preis: €€ Pigott-Punkte: PPP Meine Punkte: ___

***Chianti Classico Riserva Rancia* Sangiovese**
Preis: €€€€ Pigott-Punkte: PPPP Meine Punkte: ___
***»Fontalloro«* Sangiovese**
Preis: €€€€ Pigott-Punkte: PPPPP Meine Punkte: ___
Die absoluten »Klassiker« des Chianti Classico. Die staubige Note hier (am wenigsten ausgeprägt beim normalen Chianti) ist die Handschrift der schweren Böden am Südrand des Gebiets und vereint sich bei »Rancia« und »Fontalloro« mit der Weitläufigkeit des Blicks nach Süden von diesen Hügeln.

FETZER Vineyards – Mendocino County/California/USA
FUB Fegers & Berts Tel.: +49 (0)2 11/13 33 41,
E-Mail: christian-frigge@fub-weine.de
Zinfandel »Valley Oaks«
Preis: € Pigott-Punkte: PP Meine Punkte: ___
Zinfandel »Barrel Select«
Preis: €€€ Pigott-Punkte: PPP Meine Punkte: ___
Wer noch nicht das beerig-würzige Vergnügen der Zinfandel-Traube hatte, sollte bei diesen sehr zuverlässigen, harmonischen Vertretern anfangen.

FLAGSTONE – Cape Town/Western Cape/ZA
Kloos & Kloos Tel.: +49 (0)61 32/43 18 28,
E-Mail: info@afrika-wein.de
»Cellarhand – Backchat Blend«
Preis: € Pigott-Punkte: PP Meine Punkte: ___
»Longitude«
Preis: € Pigott-Punkte: PPP Meine Punkte: ___
Auch wenn es seine roten »Basis-Produkte« sind, handelt es sich um Meisterwerke des Alltagsweins von Bruce Jack; viel Zeugs, viel Schmackes und viel Spiel.
»Dragon Tree« Pinotage/Cabernet Sauvignon
Preis: €€€ Pigott-Punkte: PPP Meine Punkte: ___
Noch würziger und fester mit dem Feuer der afrikanischen Sonne – deutlich vom Pinotage geprägt.
»The Music Room« Cabernet Sauvignon
Preis: €€€€ Pigott-Punkte: PPPPP Meine Punkte: ___
Der Geschmack und die staubige Beschaffenheit von Kakaopulver, dazu die ruhige Stärke von Nelson Mandela.

PAGO **FLORENTINO** – Castilla/E
Enoteca Blanck & Weber Tel.: +49 (0)8 86/7 99 60,
E-Mail: mail@enoteca-blanck.de
Pago Florentino Tempranillo
Preis: €€ Pigott-Punkte: PPP Meine Punkte: ___
Die mächtige Schokobombe platzt, und überall haben die Menschen ein großes Lächeln auf dem Gesicht, aber Vorsicht, wenn die Alkoholwolke vom Himmel sinkt!

FORACI – Sicilia/I
Vinalia Tel.: +49 (0)30/43 70 90 90,
E-Mail: info@vinalia-berlin.de
Rosso di Sicilia (Liter)
Preis: €! Pigott-Punkte: PP Meine Punkte: ___
Die wilde Würze der Nero d'Avola-Traube wurde hier mit der Wärme des Südens vermählt, um einen Alltagswein mit sensationeller Preis-Leistung zu schaffen.

FORADORI – Mezzolombardo/Trentino/I
Wein & Glas Tel.: +49 (0)30/2 35 15 20,
E-Mail: info@weinundglas.com
»Foradori« Teroldego Rotliano
Preis: €€ Pigott-Punkte: PPP Meine Punkte: ___
»Granato« Teroldego Rotliano
Preis: €€€€€ Pigott-Punkte: PPPPP Meine Punkte: ___
Bergfrische und die einheimische Teroldego-Traube ergeben einen der eigenständigsten italienischen Rotweine; der »Foradori« ein idealer Partner für Pizza, Pasta mit Tomatensoße & Co., der »Granato« zum Brasato.

DOMAINE **FORÇA** REAL – Roussillon/F
Mövenpick Weinland Tel.: +49 (0)2 31/9 65 15 60,
E-Mail: weinland.dortmund@moevenpick.com
Côtes du Roussillon Villages »Mas de la Garrigue«
Preis: € Pigott-Punkte: PP Meine Punkte: ___
Côtes du Rousillon Villages »Les Hauts de Força Real« Syrah
Preis: €€ Pigott-Punkte: PPPP Meine Punkte: ___
Der »Les Hauts« ist nicht weniger kraftvoll als fest und dadurch ziemlich anspruchsvoll, aber die günstigeren Weine des Gutes sind richtige Spaßmacher mit viel Saft und Würze.

WEINGUT **FORSTREITER** – Krems/Kremstal/A
Rossmann
Zweigelt
Preis: € Pigott-Punkte: PP Meine Punkte: ___
Ein saftiger, frischer Rotwein mit genug Substanz, aber auch einer spürbaren Säure, die man entweder mag (wie ich) oder ablehnt.

FRANKLAND ESTATE – Great Southern/Western Australia/AUS
Wein & Glas Tel.: +49 (0)30/2 35 15 20,
E-Mail: info@weinundglas.com
»Rivermist Vineyards« Cabernet Sauvignon/Merlot/ Cabernet Franc
Preis: € Pigott-Punkte: PPP Meine Punkte: ___
»Rivermist Vineyards« Shiraz
Preis: €€ Pigott-Punkte: PPP Meine Punkte: ___

Unter Frankland Estates Zweit-Etikett werden fruchtbetonte runde Weine mit viel Fleisch und Lebendigkeit angeboten, die eine geniale Preis-Spaß-Relation bieten.

Isolation Ridge Shiraz

Preis: €€€ Pigott-Punkte: PPPP Meine Punkte: ___

Für australische Verhältnisse ein sehr herber, schlanker Wein – für eine Sorte, die gern zu ausladenden plumpen Weinen neigt! Die rauchige Note wird von einer wunderbaren zarten Beerigkeit ausgeglichen.

»Olmo's Reward« Cabernet Franc/Merlot/Malbec/Cabernet Sauvignon/Petit Verdot

Preis: €€€ Pigott-Punkte: PPPP Meine Punkte: ___

Wiederum ein Wein, der eher durch Ausgewogenheit und sanfte Herbe beeindruckt als mit Donnerschlägen oder enormer Üppigkeit; wo ist die Lammkeule?

MARCHESI DE' **FRESCOBALDI** – Toscana/I

Kaufhof

Castello di Nipozzano Riserva Sangiovese

Preis: €€€ Pigott-Punkte: PPP Meine Punkte: ___

Ein sehr zuverlässiger Chianti Ruffina, runder und geschliffener als viele Erzeugnisse dieses Gebiets.

GEORG **FROMM** – Graubünden/CH

Weingut Tel.: +41 (0)81/3 22/53 51,

E-Mail: Malanser@frommwineries.com

Blauburgunder (Barrique)

Preis: €€€€ Pigott-Punkte: PPPP Meine Punkte: ___

In seiner Schweizer Heimat erzeugt Fromm delikate, schlanke Rotweine, deren Stärke in ihrer Zartheit und subtilen Aromatik liegt.

GEORG **FROMM** – Marlborough/NZ

Overseas Wines Tel.: +49 (0)5 11/87 59 50,

E-Mail: overseas-wines@web.de

»La Strada« Pinot Noir

Preis: €€€€ Pigott-Punkte: PPPP Meine Punkte: ___

»La Strada« Pinot Noir Clayvin Vineyard

Preis: €€€€€ Pigott-Punkte: PPPPP Meine Punkte: ___

»La Strada« Pinot Noir Fromm Vineyard

Preis: €€€€€ Pigott-Punkte: PPPPP Meine Punkte: ___

In Neuseeland fallen Fromms Weine wesentlich tieffarbiger, kräftiger und fester aus (reichlich Sonnenstrahlen!) als in der Schweiz, aber auch frisch und klar (Wind und kühle Nächte). Dieser Weg verdient es, als Ziel ausgewählt zu werden!

RUDOLF **FÜRST** – Bürgstadt/Franken/D

Weingut Tel.: +49 (0)93 71/86 42,

E-Mail: info@weingut-rudolf-fuerst.de

Spätburgunder »Tradition«
Preis: €€ Pigott-Punkte: PPP Meine Punkte: ___
Bürgstadter Centgrafenberg Spätburgunder
Preis: €€€ Pigott-Punkte: PPPP Meine Punkte: ___
Bürgstadter Centgrafenberg Spätburgunder »R«
Preis: €€€€€ Pigott-Punkte: PPPPP Meine Punkte: ___
In einer Hochburg des trockenen Weißweins leben einige erstaunliche Rotwein-Schönheiten, die beachtliche Willensstärke und Nachdruck an den Tag legen. Hier hat die Größe wenig mit Volumen und alles mit Charakter und Feinheit zu tun.

QUINTA DA **GAIVOSA** – Douro/P
Die Weinquelle Tel.: +49 (0)65 07/70 14 20,
E-Mail: info@die-weinquelle.de
Quinta da Gaivosa
Preis: €€€€ Pigott-Punkte: PPPP Meine Punkte: ___
Eine (noch) unbekannte Größe unter den neuen Rotweinen Portugals, der trotz viel Volumen von einer lebendigen Würze wunderbar getragen wird.

GANTENBEIN – Fläsch/Graubünden/CH
Weingut Tel.: +41 (0)81/3 02/47 88,
Pinot Noir
Preis: €€€€€ Pigott-Punkte: PPPP Meine Punkte: ___
Der wahrscheinlich beste Pinot Noir der Schweiz ist voll, reif und sehr ausgewogen. In seinem Heimatland ist er auch deutlich günstiger als im Ausland!

CHÂTEAU TOUR DES **GENDRES** – Bergerac/F
Vinalia Tel.: +49 (0)30/34 70 90 90,
E-Mail: info@vinalia-berlin.de
»Le Classique de Tour des Gendres« Merlot/Cabernet Sauvignon u. a.
Preis: € Pigott-Punkte: PP Meine Punkte: ___
Wie kleine Bordeaux sein sollen, aber nur ganz selten sind; schlank, aber nicht schmal, sogar saftig und richtig schön schwungvoll.

JEAN-RENÉ **GERMANIER** – Vétroz/Valais/CH
Linke Tel.: +49 (0)81 02/89 58 68,
E-Mail: linke-weine@t-online.de
Dôle du Valais Pinot Noir/Gamay
Preis: € Pigott-Punkte: PP Meine Punkte: ___
Dôle Balavaud Grand Cru Pinot Noir/Gamay
Preis: €€ Pigott-Punkte: PPP Meine Punkte: ___
Zartherb und duftig haben Germaniers Dôles viel Charme und Frische, der »Balavaud Grand Cru« auch einiges an Power, dazu tolle Alpen-Überraschungen!

Syrah du Valais »Cayas«
Preis: €€€€ Pigott-Punkte: PPPP Meine Punkte: ___
Lebt von einer faszinierenden Würze. Trotz der Zartheit verbergen sich richtige Tiefen in dieser originellen Kreation.

GIULANI – Puglia/I
Enoteca Blanck & Weber Tel.: +49 (0)30/88 67 99 60,
E-Mail: mail@enoteca-blanck.de
Gioia della Colle Rosso
Preis: € Pigott-Punkte: PP Meine Punkte: ___
Der herrliche Duft eines Tellers voller roter und schwarzer Beeren, doch keinen Hauch von Süße im Geschmack, sondern frisch und herb.

SAN **GIUSTO** A RENTENNANO – Toscana/I
Viniculture Tel.: +49 (0)30/8 83 81 74,
E-Mail: bestellung@viniculture.de
Chianti Classico Sangiovese
Preis: €€ Pigott-Punkte: PPP Meine Punkte: ___
»Percarlo« Sangiovese
Preis: €€€€€ Pigott-Punkte: PPPPP Meine Punkte: ___
Im positiven Sinne die mächtigsten Weine aus Chianti; der »Percarlo« wie ein Sumo-Ringer, aber mit besten Manieren und einer großartigen Geselligkeit!

CHÂTEAU **GRAND PUY LACOSTE** – Médoc/Bordeaux/F
Franz Keller Tel.: +49 (0)76 62/9 33 00,
E-Mail: keller@franz-keller.de
Château Grand Puy Lacoste Cabernet Sauvignon/Merlot u. a.
Preis: €€€€€ Pigott-Punkte: PPPPP Meine Punkte: ___
Jahr um Jahr ein fester großer roter Bordeaux (was die wenigsten Châteaux für sich behaupten können) – der auch richtig Spaß macht, anstatt Opferbereitschaft zu verlangen.

DEHESA LA **GRANJA** (Alejandro Fernandez) – Zamora/E
Wein & Vinos Tel.: +49 (0)30/31 50 60 81,
E-Mail: info@vinos.de
Dehesa la Grana Tempranillo
Preis: €€ Pigott-Punkte: PPP Meine Punkte: ___
Ein wilder Mann mit einer tierischen Anziehungskraft, und manchmal ist tierisch viel Depot in der Flasche (so dass man tierisch vorsichtig dekantieren muss).

EL **GRANO** – Rapel Valley/Chile
Gute Weine Tel.: +49 (0)4 21/70 56 66,
E-Mail: gute-weine@gute-weine.de
Carmenère
Preis: € Pigott-Punkte: PP Meine Punkte: ___

»La Poda Corta« Carmenère
Preis: €€ Pigott-Punkte: PPP Meine Punkte: ___
Selten kommt diese von Hause aus expressive Traube derart ausdrucksstark daher wie in diesen würzigen Weinen, die nicht nur viel Paprika-Aroma zeigen, sondern auch ein wenig von der Chilischote.

DOMAINES LES FINES **GRAVES** – Beaujolais/F
Viniculture Tel.: +49 (0)30/8 83 81 74,
E-Mail: bestellung@viniculture.de
Moulin à Vent Gamay
Preis: €€ Pigott-Punkte: PPP Meine Punkte: ___
Lichtjahre von der ganzen Beaujolais-Nouveau-Brühe entfernt bewegt sich dieser würzige, sanft-herbe Beaujolais stetig durchs Wein-Weltall.

MARQUES DE **GRIÑON** – diverse Gebiete/E
Die Weinquelle Tel.: +49 (0)65 07/70 14 20,
E-Mail: info@die-weinquelle.de
Marques de Griñon Rioja Tempranillo u. a.
Preis: € Pigott-Punkte: PP Meine Punkte: ___
»Alea« Crianza Rioja Tempranillo u. a.
Preis: €€ Pigott-Punkte: PPP Meine Punkte: ___
Eher zart und schlank, aber keinesfalls säuerlich oder kantig schmecken diese fast leicht zu nennenden Rotweine.
Dominio de Valdepusa Syrah Montes de Toledo
Preis: €€€€ Pigott-Punkte: PPPP Meine Punkte: ___
Dominio de Valdepusa Petit Verdot Montes de Toledo
Preis: €€€€ Pigott-Punkte: PPPP Meine Punkte: ___
Zwei richtige spanische Originale (auch wenn diese Traubensorten aus Frankreich stammen), der »Petit Verdot« so frisch wie er mächtig wirkt, mit extrovertiertem Beerenton, der »Syrah« etwas runder, satter, würziger.

FRANZ **HAAS** – Montan/Südtirol-Alto Adige/I
Harald Bremer Tel.: +49 (0)5 31/23 73 60,
E-Mail: info@bremerwein.de
Pinot Nero
Preis: €€ Pigott-Punkte: PPP Meine Punkte: ___
Pinot Nero »Schweizer«
Preis: €€€€ Pigott-Punkte: PPPP Meine Punkte: ___
Bergfrische und die leuchtenden Farben von Alpenblüten prägen diese Ausnahme-Rotweine, die von der Feinheit und Delikatesse leben und ihre Kraft fast gänzlich verstecken.

SCHLOSS **HALBTURN** – Halbturn/Neusiedlersee/A
WeinArt Tel.: +43 (0)67 22/7 10 80,
E-Mail: info@weinart.de

»Imperial«
Preis: €€€ Pigott-Punkte: PPP Meine Punkte: ___
Und warum soll ein österreichischer Weinbaubetrieb sein Vorbild nicht in Bordeaux suchen, wenn das Ergebnis solch eine gelungene Kombination von pannonischer Großzügigkeit und zartherber Eleganz ist?

Pinot Noir
Preis: €€€€ Pigott-Punkte: PPP Meine Punkte: ___
»Und das ist *nicht* ein teurer Wein aus Burgund!«, habe ich gestaunt. Denn er zeigt die ganze seidige Anmut solcher Gewächse.

CONDADO DE **HAZA** (Alejandro Fernandez) – Ribera del Duero/E
Wein & Vinos Tel.: +49 (0)30/31 50 60 81,
E-Mail: info@vinos.de

Crianza Tempranillo
Preis: €€ Pigott-Punkte: PPP Meine Punkte: ___

Reserva Tempranillo
Preis: €€€€ Pigott-Punkte: PPPP Meine Punkte: ___
Wenn auch nicht ganz so geschmeidig wie die Weine aus Fernandez' Pesquera-Weingut, sind das doch ausdrucksstarke Weine mit viel Saft und Kraft.

HEINRICH (Heike & Gernot Heinrich) – Gols/Neusiedlersee/A
Weingut Tel.: +43 (0)21 73/3 17 60,
E-Mail: weingut@heinrich.co.at

Blauer Zweigelt
Preis: €€ Pigott-Punkte: PP Meine Punkte: ___

»Pannobile« Zweigelt/Blaufränkisch/Cabernet Sauvignon
Preis: €€€€ Pigott-Punkte: PPP Meine Punkte: ___

»Gabarinza« Zweigelt/Blaufränkisch/Cabernet Sauvignon u. a.
Preis: €€€€€ Pigott-Punkte: PPPP Meine Punkte: ___
»Moderne Weine« sagt man und meint damit solche vollen, leicht süßlich schmeckenden (aber trockenen) Rotweine mit sehr viel dunklen Fruchtaromen – aber hier ist das keinesfalls eine abwertende Beschreibung.

HENSEL – Bad Dürkheim/Pfalz/D
Weingut Tel.: +49 (0)63 22/24 60, E-Mail: henselwein@aol.com

Sankt Laurent
Preis: € Pigott-Punkte: PP Meine Punkte: ___
Thomas Hensel zaubert Jahr für Jahr einen fast idealen Alltags-Rotwein mit schöner Saftigkeit und moderatem Körper.

Spätburgunder
Preis: € Pigott-Punkte: PP Meine Punkte: ___

Spätburgunder »Höhenflug«
Preis: €€ Pigott-Punkte: PPP
Meine Punkte: ___

Der Duft erinnert ein wenig an rote Grütze, aber die Weine sind zart und weder süßlich noch zu herb.
»Cuvée Höhenflug«
Preis: €€ Pigott-Punkte: PPP Meine Punkte: ___
»Ikarus« Cabernet Cubin
Preis: €€€ Pigott-Punkte: PPPP Meine Punkte: ___
Auf den Flügeln der neuen Cabernet Cubin-Traube hebt »Ikarus« ab – der mächtig-herbe Rotwein mit seinem Kräuter-Bitterton steigt mit jedem Jahrgang ein wenig weiter Richtung Sonne, ohne sich zu verbrennen. »Höhenflug« ist sein kleiner, etwas weniger anspruchsvoller Bruder.

DOMAINE DE L'**HORTUS** – Pic St. Loup/Languedoc/F
Vinum Tel.: +49 (0)30/3 22 66 19,
E-Mail: vinumberlin@gmx.de
Pic St. Loup »Bergerie de L'Hortus«
Preis: € Pigott-Punkte: PPP Meine Punkte: ___
Pic St. Loup »Grande Cuvée«
Preis: €€€ Pigott-Punkte: PPPP Meine Punkte: ___
Wer meint, dass ohne Reifezeit im Holzfass kein richtig guter Rotwein möglich ist, kennt den fast überschwänglich beerigen, aber beschwingten Bergerie noch nicht. Der Grande Cuvée ist nicht nur kräftiger, kerniger, sondern auch zurückhaltender.

BERNHARD **HUBER** – Malterdingen/Baden/D
Weingut Tel.: +49 (0)76 44/12 00,
E-Mail: info@ weingut-huber.com
Spätburgunder »Junge Reben«
Preis: € Pigott-Punkte: PP Meine Punkte: ___
Malterdingen Bienenberg Spätburgunder
Preis: €€ Pigott-Punkte: PPP Meine Punkte: ___
Spätburgunder »Alte Reben«
Preis: €€€€ Pigott-Punkte: PPPP Meine Punkte: ___
Spätburgunder »Reserve«
Preis: €€€€€ Pigott-Punkte: PPPPP Meine Punkte: ___
Schon der einfachste Spätburgunder von Huber ist erstaunlich seidig und substanzreich. Wenn man die Preis- und Qualitäts-Leiter hinaufsteigt, zeigen sie immer mehr Schmelz und Eleganz auf – bis man Höhen erklimmt, die bis vor wenigen Jahren von Experten in Deutschland noch für unerreichbar gehalten wurden.

ISOLE E OLENA – Chianti Classico/Toscana/I
Garibaldi Tel.: +49 (0)89/35 63 61 16,
E-Mail: bestellung@garibaldi-wein.de
Chianti Classico Sangiovese
Preis: €€€ Pigott-Punkte: PPPP Meine Punkte: ___
»Cepparello« Sangiovese
Preis: €€€€€ Pigott-Punkte: PPPPP Meine Punkte: ___

Nicht so sehr seine Kraft zeichnet den »Cepparello« aus, sondern die feine warme Würze und wunderbare Ausgewogenheit. Der »Chianti« ist sein kleiner Bruder; er spricht etwas direkter von dieser noch wilden Ecke der Toskana.

»Collezione de Marchi« Syrah

Preis: €€€€ Pigott-Punkte: PPPP Meine Punkte: ___

Pfeffrig und energiegeladen wirkt der burschikose Syrah von Paolo di Marchi, ist aber von ähnlich überzeugender Harmonie wie seine anderen Weine.

DOMAINE DE LA **JANASSE** – Rhône/F

K & U (Die Weinhalle) Tel.: +49 (0)9 11/52 51 53,
E-Mail: info@weinhalle.de

Côtes du Rhône Grenache u. a.

Preis: € Pigott-Punkte: PP Meine Punkte: ___

Côtes du Rhône Villages Grenache u. a.

Preis: €€ Pigott-Punkte: PPP Meine Punkte: ___

Côtes du Rhône Villages »Les Garrigues« Grenache u. a.

Preis: €€€€ Pigott-Punkte: PPPP Meine Punkte: ___

Christophe Sabon hat die Weine der südlichen Rhône revolutioniert. Schon sein einfachster Wein hat nicht nur die einladende Wärme des Südens, sondern auch Schliff. Der »Villages« ist wie der Besuch in einem orientalischen Gewürzmarkt, der »Garrigues« zeigt dazu eine beeindruckende Wucht und Feinheit.

Châteauneuf du Pape Grenache u. a.

Preis: €€€€ Pigott-Punkte: PPPP Meine Punkte: ___

Kein träger Kraftprotz und keine langweilige Alkohol-Bombe, sondern ein Wein mit perfekt gezügelter Naturstärke und einer Lebendigkeit, die die 14,5 % Alkohol fast unsichtbar werden lässt. Noch besser (und teurer) die »Vieilles Vignes«-Abfüllung.

PAGO DE LA **JARABA** – La Mancha/E

Vinalia Tel.: +49 (0)30/34 70 90 90,
E-Mail: info@vinalia-berlin.de

»Azagader«

Preis: €! Pigott-Punkte: PP Meine Punkte: ___

Wer auf animalische Anziehungskraft steht, wird dieses ungebändigte Tier mögen.

JASPER **HILL** – Victoria/AUS

N + M Tel.: +49 (0)21 61/18 13 16, E-Mail: info@nm-weine.de

Georgia's Paddock Shiraz

Preis: €€€€€ Pigott-Punkte: PPPPP Meine Punkte: ___

Auch wenn sich hier wesentlich mehr Fleisch auf den Knochen befindet, ist dieser Wahnsinns-Wein aus dem Outback genauso eine reizende Schönheit wie Nicole Kidman und durch seine perfekte Ausgewogenheit ebenso eines Oscars würdig.

JOHANNINGER – Biebelsheim/Rheinhessen/D
Weingut Tel.: +49 (0)67 01/83 21,
E-Mail: johanninger@t-online.de
Spätburgunder »Phyllit« (Rheingau)
Preis: €€ Pigott-Punkte: PP (Ausnahme 2001: PPP)
Meine Punkte: ___
Lorcher Bodenthal-Steinberg Spätburgunder trocken (Rheingau)
Preis: €€€ Pigott-Punkte: PPPP Meine Punkte: ___
Sehr zartduftige, elegante Rotweine, die wie Gazellen springen. Der »Bodenthal-Steinberg« treibt dieses Spiel bis zum Äußersten.

KARL H. **JOHNER** – Bischoffingen/Baden/D
Weingut Tel.: +49 (0)76 62/60 41, E-Mail: info@johner.de
Rotwein »Cuvée«
Preis: €€ Pigott-Punkte: PP Meine Punkte: ___
Viel Stoff und eine ausgeprägte herbe Note erinnern schon ein wenig an Bordeaux (aber nicht in puncto schlechter Preis-Leistung!).
Spätburgunder
Preis: €€€€ Pigott-Punkte: PPPP Meine Punkte: ___
Spätburgunder »SJ«
Preis: €€€€€ Pigott-Punkte: PPPPP Meine Punkte: ___
Der »SJ« (der nicht jedes Jahr erscheint, die Bewertung bezieht sich auf den 2001) ist ein wahres Prachtstück, ohne in irgendeiner Weise überladen zu wirken, der »normale« Spätburgunder ist subtil und hat die Beschaffenheit von feinstem Samt, ein »Klassiker« trotz des Einsatzes modernster Kellertechnik.

KANONKOP – Stellenbosch/ZA
Kaufhof
»Kadette«
Preis: €€ Pigott-Punkte: PPP Meine Punkte: ___
Pinotage
Preis: €€€€ Pigott-Punkte: PPPPP Meine Punkte: ___
»Paul Sauer« Cabernet Sauvignon
Preis: €€€€ Pigott-Punkte: PPPPP! Meine Punkte: ___
Mit die originellsten Rotweine auf Planet Wein! Der »Pinotage« ist enorm würzig-kräutrig mit sattem, geschmeidigem Körper, was ihn schon in frühester Jugend unglaublich trinkbar macht. »Paul Sauer« dagegen ist trotz seiner hohen Dichte – ich denke ans Erdinnere! – unglaublich fein und geschliffen. Der »Kadette« ist etwas rustikaler, aber ebenfalls voller Kraft und Leben.

FRANZ **KELLER** (Schwarzer Adler) – Oberbergen/Baden/D
Weingut Tel.: +49 (0)76 62/9 33 00,
E-Mail: keller@franz-keller.de
»Jedentag«
Preis: € Pigott-Punkte: PP Meine Punkte: ___

Rund und fruchtig, angenehm und lebendig genug, um Spaß jeden Tag zu bereiten!

Oberbergener Bassgeige *Spätburgunder* ***Rotwein***

Preis: €€ Pigott-Punkte: PP Meine Punkte: ___

Spätburgunder ***»Selection«***

Preis: €€€ Pigott-Punkte: PPP Meine Punkte: ___

Spätburgunder ***»Selection S«/»Selection A«***

Preis: €€€€ Pigott-Punkte: PPPP Meine Punkte: ___

Seit dem 2001er Jahrgang spielen die Keller'schen Weine in der ersten Liga des deutschen Rotweins. Wie die Weißweine des Gutes sind sie ausgesprochene Essensbegleiter, die nie laut oder überdreht sind, sondern eher mit dem zweiten und dritten Schluck überzeugen, als mit dem ersten überwältigen.

KISTENMACHER-HENGERER – Heilbronn/Württemberg/D

Weingut Tel.: +49 (0)71 31/17 23 54,
E-Mail: kistenmacher-hengerer-wein@t-online.de

Trollinger ***»Alte Reben«***

Preis: € Pigott-Punkte: PP Meine Punkte: ___

Echte Substanz für das Weichei unter den deutschen Rotweintrauben und auch eine (glücklicherweise) zarte Bittermandelnote.

Lemberger ***trocken***

Preis: € Pigott-Punkte: PP Meine Punkte: ___

Lemberger ***»Edition S«***

Preis: €€ Pigott-Punkte: PPP Meine Punkte: ___

Manchmal ist weniger eindeutig mehr, wie bei diesen mittelgewichtigen Roten mit viel Kirsch- und Brombeer-Aromen sowie sanfter Herbe. Der »S« ruht mehr in sich, während die »normale« Abfüllung sprunghafter wirkt.

Spätburgunder ***»Edition S«***

Preis: €€ Pigott-Punkte: PPP Meine Punkte: ___

Zuerst trifft einen ein Wein mit viel Kraft und Festigkeit, aber je länger man sich mit ihm beschäftigt, desto mehr zeigt er von seinem weichen Herz.

KRUTZLER – Deutsch-Schützen/Südburgenland/A

Weingut Tel.: +43 (0)33 65/22 42,
E-Mail: weingut@krutzler.at

Blaufränkisch

Preis: €€ Pigott-Punkte: PPP Meine Punkte: ___

Blaufränkisch ***»Reserve«***

Preis: €€€€ Pigott-Punkte: PPPP Meine Punkte: ___

»Perwolff« *Blaufränkisch/Cabernet Sauvignon*

Preis: €€€€€ Pigott-Punkte: PPPPP Meine Punkte: ___

Schlanke, aber sehr dichte, energiegeladene Rotweine aus der hintersten Ecke Österreichs, wo der ungarische Wolf (die Blaufränkisch-Traube stammt daher) im Wein zu tanzen scheint.

DOMAINES DES COMTES **LAFON** – Bourgogne/F
FUB Fegers & Berts Tel.: +49 (0)2 11/13 33 41,
E-Mail: christian-frigge@fub-weine.de
Volnay Santenots du Milieu Pinot Noir
Preis: €€€€€ Pigott-Punkte: PPPPP Meine Punkte: ___
Wahre burgundische Tiefe und Noblesse, die gerade noch halbwegs bezahlbar geblieben sind; auch in »schlechten« Jahrgängen sehr beeindruckend.

LAVRADORES DE FEITORIA – Douro/P
Wein & Glas Tel.: +49 (0)30/2 35 15 20,
E-Mail: info@weinundglas.com
»Tres Bagos«
Preis: € Pigott-Punkte: PPP Meine Punkte: ___
Ein portugiesisches Original, das herbe Kraft und urige Würze vereint.

LIBRANDI – Calabria/I
Weinladen Schmidt Tel.: +49 (0)30/7 89 07 30,
E-Mail: info@weinladen.com
Cirò Classico
Preis: € Pigott-Punkte: PP Meine Punkte: ___
Cirò Riserva »Duca San Felice«
Preis: € Pigott-Punkte: PPP Meine Punkte: ___
Herbe Schönheiten, die weder harte Kanten haben noch mit sauren Blicken um sich werfen. Der »Classico« kostet nur knapp über 5 €!

LINDENHOF (Martin Reimann) – Windesheim/Nahe/D
Weingut Tel.: +49 (0)67 07/3 03,
E-Mail: weingut.lindenhof@t-online.de
Spätburgunder trocken
Preis: €€ Pigott-Punkte: PP Meine Punkte: ___
Spätburgunder Auslese trocken »Barrique«
Preis: €€€ Pigott-Punkte: PPP Meine Punkte: ___
Für wenig mehr als 5 € bietet Martin Reimanns »normaler« Spätburgunder eine erstaunlich stimmige Harmonie mit sehr ansprechender Frucht. Sein Spitzenwein ist viel üppiger mit feiner Schoko-Note und viel herber Kraft.

VITIVINICOLA DE **LONGARES** – Carinena/E
Vinalia Tel.: +49 (0)30/34 70 90 90,
E-Mail: info@vinalia-berlin.de
»Abadia de Arágon« Garnacha
Preis: €! Pigott-Punkte: PP Meine Punkte: ___
»Abadia de Arágon« Crianza Garnacha/Tempranillo
Preis: €! Pigott-Punkte: PPP Meine Punkte: ___
Viele Leser werden sicherlich die äußerst fruchtbetonte normale

Abfüllung, die nicht mal 4 € kostet, der eleganteren, zartherben »Crianza« vorziehen. Wenn ich lustig gestimmt und weniger nachdenklich bin, tue ich es auch!

VAL DI **LUCA** – Marche/I
Rossmann
Sangiovese
Preis: €! Pigott-Punkte: PP Meine Punkte: ___
Rosso Piceno Superiore
Preis: €! Pigott-Punkte: PP Meine Punkte: ___
Hell und heiter wie der Frühling ist der »Sangiovese« mit seinem ansprechenden (aber keinesfalls lauten) Kirschton, fester und runder zugleich als der »Rosso Piceno«.

TENUTA **MANINCOR** – Kaltern/Südtirol-Alto Adige/I
K & U (Die Weinhalle) Tel.: +49 (0)9 11/52 51 53,
E-Mail: info@weinhalle.de
Pinot Nero »Mason«
Preis: €€€ Pigott-Punkte: PPP Meine Punkte: ___
Pinot Nero »Mason di Mason«
Preis: €€€€€ Pigott-Punkte: PPPP Meine Punkte: ___
Diese Preise sind schon ordentlich Geld, aber das ist auch ganz schön ordentlich Pinot Noir – die Kraft der italienischen Sonne auf wundersame Weise in zarte Würze umgewandelt, die ins Glas fließt.

CHÂTEAU **MANSENOBLE** – Corbières/Languedoc/F
Pinard de Picard Tel.: +49 (0)68 31/12 27 29,
E-Mail: info@pinard.de
Mansenoble (rotes Etikett)
Preis: € Pigott-Punkte: PPP Meine Punkte: ___
Mansenoble »Réserve« (graues Etikett)
Preis: €€ Pigott-Punkte: PPPP Meine Punkte: ___
Mansenoble »Cuvée Marie-Annick« (graues Etikett mit Schleife)
Preis: €€€ Pigott-Punkte: PPPP Meine Punkte: ___
Diese extrem zuverlässigen Roten aus dem Neuen Süden Frankreichs sind großzügig in Körper und Frucht, aber auch eigen – viele Wildkräuter wachsen hier! – und wunderbar ausgewogen. Der »Marie-Annick« ist noch ein wenig mächtiger als der »Réserve«.

GOURT DE **MAUTENS** – Rasteau/Rhône/F
N + M Tel.: +49 (0)21 61/18 13 16, E-Mail: info@nm-weine.de
Rasteau
Preis: €€€€ Pigott-Punkte: PPPPP Meine Punkte: ___
Kaum ein Roter aus dem Süden Frankreichs hat solche Grandeur wie dieses üppige, samtige Monument von einem Wein.

VEGA DE **MERCADO** – Ribera del Duero/E
Rossmann
Tinto Barrique
Preis: € Pigott-Punkte: PPP Meine Punkte: ___
Normalerweise kosten solche Rotweine aus dem »Mega-in-Weingebiet« Ribera del Duero das Doppelte oder mehr, aber wie durch ein Wunder steht dieses Schwergewicht mit seinem dunklen Charme ums Eck bei Rossmann.

MEYER-NÄKEL – Dernau/Ahr/D
Weingut Tel.: +49 (0)26 43/16 28,
E-Mail: weingut@meyer-naekel.de
»us de la meng«
Preis: € Pigott-Punkte: PP Meine Punkte: ___
Recht schwach in der Farbe, aber richtig lustig und erfrischend im Geschmack.
»Blauschiefer« Spätburgunder
Preis: €€€ Pigott-Punkte: PPP Meine Punkte: ___
»S« Spätburgunder
Preis: €€€€ Pigott-Punkte: PPPP Meine Punkte: ___
Man braucht nichts vom Wein zu verstehen, um diese Poesie des Rotweins schnellstens zu begreifen. Die Kraft ist hier immer heruntergespielt zugunsten von Eleganz und seidiger Harmonie; alles fließt wunderbar!

FRANK **MEYER** – Klingenmünster/Pfalz/D
Weingut Tel.: +49 (0)63 49/7 44 46,
E-Mail: stiftsweingut-meyer@t-online.de
Spätburgunder »Im Holzfass gereift«
Preis: € Pigott-Punkte: PP Meine Punkte: ___
Portugieser Rotwein
Preis: €€ Pigott-Punkte: PPP Meine Punkte: ___
Trotz eines Preises von nicht viel mehr als 5 € ab Weingut ist der Spätburgunder ein richtig überzeugender, stoffiger Rotwein. Der saftige, fleischige Portugieser mit seinem vollen Kirschduft ist ein tolles Ergebnis für diese oft enttäuschende Traubensorte.
»Cuvée No. 37« Cabernet Cubin u. a.
Preis: €€ Pigott-Punkte: PPP Meine Punkte: ___
Frank Meyers »Cuvée No. 37« strotzt vor herber Kraft und ist trotzdem geschliffen; einer der besten »neuen Pfälzer Rotweine«!

CASTILLO DE **MONESMA** – Somontano/E
Selezione Vini Tel.: +49 (0)89/65 11 59 73,
E-Mail: info@selezionevini.de
Crianza Cabernet Sauvignon
Preis: € Pigott-Punkte: PPPP Meine Punkte: ___
Ein solches Schnäppchen (exakt 10 €) unter den üppigen, samti-

gen Rotweinen aus dieser Traube und warmen Klimazone ist äußerst selten. Ein unbekannter spanischer Provinzler betritt die Bühne und überrascht mit seiner Weltgewandtheit.

BODEGAS **MONTCAU** – Penedès/E
Viniculture Tel.: +49 (0)30/8 83 81 74,
E-Mail: bestellung@viniculture.de
»Algenraret«
Preis: € Pigott-Punkte: PP Meine Punkte: ___
Mit seinem warmherzigen Duft nach Brombeeren und Dörrpflaumen umarmt dieser Wein jeden ohne die geringsten Hemmungen.

MONTE VERTINE – Chianti Classico/Toscana/I
Harald Bremer Tel.: +49 (0)5 31/23 73 60,
E-Mail: info@bremerwein.de
»Montevertine Rosso« Sangiovese
Preis: €€€€ Pigott-Punkte: PPPP Meine Punkte: ___
Toskanische Freizügigkeit wird der strengen Disziplin nördlicher Ästhetik unterworfen und bringt so die Isabella Rossellini des Rotweins hervor.

MONTEVETRANO – Campania/I
N + M Tel.: +49 (0)21 61/18 13 16, E-Mail: info@nm-weine.de
Montevetrano Cabernet Sauvignon/Merlot/Aglianico
Preis: €€€€€ Pigott-Punkte: PPPPP! Meine Punkte: ___
Die junge Königin unter den neuen Rotweinen Süditaliens. Frisch getrunken wirkt der Wein eher satt und geschmeidig, mit jedem Jahr auf der Flasche dreht er jedoch weiter in eine herbe Richtung und entwickelt eine ganz eigene Würze und Delikatesse.

MORGANTE – Sicilia/I
Garibaldi Tel.: +49 (0)89/35 63 61 16,
E-Mail: bestellung@garibaldi-wein.de
Nero d'Avola
Preis: € Pigott-Punkte: PPP Meine Punkte: ___
»Don Antonio« Nero d'Avola
Preis: €€€€ Pigott-Punkte: PPPP Meine Punkte: ___
Ich habe keinen Haus-Rotwein, aber Morgantes voller, warmer »Nero d'Avola« mit seinem ausgeprägten Wildkräuter-Duft würde einem solchen entsprechen. »Don Antonio« ist dagegen viel imposanter, wuchtiger und nicht leicht in großen Mengen zu trinken.

MORIC (Roland Velich) – Mittelburgenland/A
K & U (Die Weinhalle) Tel.: +49 (0)9 11/52 51 53,
E-Mail: info@weinhalle.de
Blaufränkisch
Preis: € Pigott-Punkte: PPP Meine Punkte: ___

Neckenmarkter Blaufränkisch
Preis: €€€ Pigott-Punkte: PPPP Meine Punkte: ___
Lutzmannsburger Blaufränkisch
Preis: €€€ Pigott-Punkte: PPPP Meine Punkte: ___
Neue Sterne am Rotweinhimmel mit einer revolutionären Botschaft; Ausstrahlung ist immer aufregender als Wucht. Der »Neckenmarkter« mit seinem hellen, heiteren Duft, seiner Frische und dem schlanken wohlproportionierten Körper ist sehr aufregend, der »Lutzmannsburger« ein wenig runder, gesetzter.
Neckenmarkt »Alte Reben« Blaufränkisch
Preis: €€€€€ Pigott-Punkte: PPPPP Meine Punkte: ___
Lutzsmannsburg »Alte Reben« Blaufränkisch
Preis: €€€€€ Pigott-Punkte: PPPPP Meine Punkte: ___
Die Erdverbundenheit der »regulären« Abfüllungen bekommt hier Flügel und hebt Richtung Himmel ab!

LES TROIS **MOULINS** – Languedoc/F
Rossmann
Cabernet Sauvignon Vin de Pays d'Oc
Preis: € Pigott-Punkte: PPP Meine Punkte: ___
Oft stellen günstige Rotweine aus der Bordeaux-Sorte Cabernet Sauvignon eine ziemlich dünne oder grüne Angelegenheit dar, aber hier ist alles wunderbar reif und satt, ohne eine Spur von Schwere; ein großartiges Schnäppchen!

CHÂTEAU DE LA **NEGLY** – La Clape/Languedoc/F
Pinard de Picard Tel.: +49 (0)68 31/12 27 29,
E-Mail: info@pinard.de
»La Côte«
Preis: € Pigott-Punkte: PP Meine Punkte: ___
»La Falaise«
Preis: €€ Pigott-Punkte: PPP Meine Punkte: ___
Sehr warm und opulent schmeckt er, als ob die Trauben in der mediterranen Sonne förmlich gebacken hätten – die Mittelmeerwellen sind nicht mal zwei Kilometer von den Reben entfernt – und trotzdem ist er nicht sättigend. Die wesentlich teureren »Spitzenweine« des Gutes sind enorm opulent und alkoholreich, aber lassen mich kalt.

NIEPOORT – Douro/P
Die Weinquelle Tel.: +49 (0)65 07/70 14 20,
E-Mail: info@die-weinquelle.de
»Fabelhaft«
Preis: € Pigott-Punkte: PPP Meine Punkte: ___
Der neue Wein von Dirk van der Niepoort ist gewissermaßen tatsächlich »fabel«-haft. Nicht nur gibt es eine verrückte Weinfabel von Wilhelm Busch auf dem Etikett, der Inhalt ist bei aller Kraft auch fabelhaft leicht zu trinken.

»Vertente«
Preis: €€€ Pigott-Punkte: PPPP Meine Punkte: ___
»Redoma«
Preis: €€€€ Pigott-Punkte: PPPPP Meine Punkte: ___
Sehr kräftig und sehr fest zeigt der »Redoma« keine Gnade für harmoniesüchtige Weintrinker, dabei aber enorme Charakterstärke. Kaum weniger ausdrucksstark, jedoch deutlich zugänglicher als junger Wein ist der »Vertente«.

OCHOA – Navarra/E
Wein & Vinos Tel.: +49 (0)30/31 50 60 81, E-Mail: info@vinos.de
Tempranillo Crianza
Preis: € Pigott-Punkte: PP Meine Punkte: ___
Tinto Reserva Tempranillo/Garnacha
Preis: €€ Pigott-Punkte: PPP Meine Punkte: ___
Fruchtbetonte, harmonische und charmante Rote, die nicht brillieren, sich aber sehr leicht wegtrinken lassen.
Tinto Gran Reserva Tempranillo/Garnacha
Preis: €€ Pigott-Punkte: PPP Meine Punkte: ___
Wesentlich abgerundeter und geschmeidiger als seine jüngeren Brüder gibt sich dieser alte Hase.

ODFJELL – Valle de Maipo/Chile
Wein & Glas Tel. +49 (0)30/2 35 15 20,
E-Mail: info@weinundglas.com
»Aramador« Carmenère
Preis: € Pigott-Punkte: PP Meine Punkte: ___
Aus der ur-französischen Rebsorte Carmenère macht der Norweger Daniel Odfjell in Chile einen sehr saftigen, aber keinesfalls schweren Rotwein.
»Orzada« Carmenère
Preis: €€ Pigott-Punkte: PPP Meine Punkte: ___
Eine geile Schwarzwälder-Kirschtorten-Note springt aus dem Glas wie der Super-Held eines Comics . . . und hat eine Muskulatur, die übernatürlich perfekt ist!

FRATELLI **PECCHENINO** –Piemonte/I
Enoteca Blanck & Weber Tel.: +49 (0)30/88 67 99 60,
E-Mail: mail@enoteca-blanck.de
Dolcetto »San Luigi«
Preis: € Pigott-Punkte: PPP Meine Punkte: ___
Wo sind die roten Beeren, die so frisch und gut schmecken wie dieser Wein? Ein genialer Partner für Pasta, Pizza & Co!
Dolcetto »Siri d'Jermu«
Preis: €€ Pigott-Punkte: PPPP Meine Punkte: ___
Sprengt mühelos mit entschlossener Kraft und gezügelter Opulenz den Rahmen dieser »minderwertigen« Rebsorte; besser als jede Menge Barolos in der €€€€-Preisklasse.

PELISSERO – Piemonte/I
Garibaldi Tel.: +49 (0)89/35 63 61 16,
E-Mail: bestellung@garibaldi-wein.de
Barbera d'Alba »Piani«
Preis: €€ Pigott-Punkte: PPP Meine Punkte: ___
»Long Now« Nebbiolo/Barbera
Preis: €€€€ Pigott-Punkte: PPPP Meine Punkte: ___
Nach dem Rumtopfduft und süßen Auftakt des Barberas kommt eine wunderbare herbe Überraschung, die einen wieder zum Glas hinzieht. Lange hält das Geschmackserlebnis tatsächlich an, wenn man offen für den cremigen Tiefgang von »Long Now« ist. Der Jahrgang steht tatsächlich fünfstellig auf dem Etikett!

DOMAINE DES **PERRIÈRES** (Marc Kreydenweiss) – Languedoc/F
K & U (Die Weinhalle) Tel.: +49 (0)9 11/52 51 53,
E-Mail: info@weinhalle.de
»Les Grimaudes«
Preis: € Pigott-Punkte: PP Meine Punkte: ___
Ein sympathisch fröhlicher Kumpel, der keine große Aufmerksamkeit verlangt, um richtig gut zu unterhalten.
Domaine des Perrières
Preis: € Pigott-Punkte: PPP Meine Punkte: ___
Trotz moderatem Alkoholgehalt ein charakterstarker, herber Botschafter des »Neuen Südens« Frankreichs.

TINTO **PESQUERA** – Ribera del Duero/E
Wein & Vinos Tel.: +49 (0)30/31 50 60 81,
E-Mail: info@vinos.de
Crianza Tempranillo
Preis: €€€ Pigott-Punkte: PPPP Meine Punkte: ___
Reserva Tempranillo
Preis: €€€€ Pigott-Punkte: PPPPP Meine Punkte: ___
Die Preise sind um einiges gestiegen – aber auch die Qualität dieser raumfüllenden Wein-Persönlichkeiten, die vor Brombeer-, schwarzen Oliven- und Rauch-Aromen strotzen. Trotzdem wirkt gar nichts an diesen Rotwein-Raketen gekünstelt.

CASTEL **PETER** – Bad Dürkheim/Pfalz/D
Weingut Tel.: +49 (0)63 22/58 99,
E-Mail: weingut-castel-peter@t-online.de
»Petit Noir«
Preis: € Pigott-Punkte: PP Meine Punkte: ___
Ein reiner Spaßwein, der weder vorgibt oder versucht, was Bedeutendes zu sein, einfach so, lecker-leicht.
Sankt Laurent **
Preis: € Pigott-Punkte: PP Meine Punkte: ___
Sankt Laurent »Fingerprint«
Preis: €€€ Pigott-Punkte: PPP Meine Punkte: ___

Sehr lebendige, fruchtbetonte Weine aus einer uralten Traubensorte, deren Größe von abenteuerlustigen Jungwinzern wie Carsten Peter wieder entdeckt wird.

PFAFFL – Stetten/Weinviertel/A
Weingut Tel.: +43 (0)22 62/67 34 23, E-Mail: wein@pfaffl.at
Blauer Zweigelt
Preis: € Pigott-Punkte: PP Meine Punkte: ___
Auch Roman Pfaffls einfacher Rotwein teilt den eleganten, kühlen und duftigen Stil des Hauses.
»Excellent« Zweigelt/Cabernet Sauvignon
Preis: €€€ Pigott-Punkte: PPPP Meine Punkte: ___
»Excellent Reserve« Cabernet Sauvignon/Zweigelt
Preis: €€€€ Pigott-Punkte: PPPP Meine Punkte: ___
Mit ihrer schlanken, recht festen und herben Art ganz weit ab vom modischen rund-weich-und-fruchtigen internationalen Rotwein-Stereotyp; Weine, die mit der Reife auf der Flasche enorm gewinnen.

CHÂTEAU **PHELAN SÉGUR** – St-Éstèphe/Médoc/Bordeaux/F
Franz Keller Tel.: +49 (0)76 62/93 30 93,
E-Mail: keller@franz-keller.de
Château Frank Phelan Cabernet Sauvignon/Merlot u. a.
Preis: €€€ Pigott-Punkte: PPP Meine Punkte: ___
Château Phelan Ségur Cabernet Sauvignon/Merlot u. a.
Preis: €€€€ Pigott-Punkte: PPPP Meine Punkte: ___
Endlich rote Bordeaux, die außerhalb des entsetzlichen Geld- und Macht-Systems des Gebiets als Trinkweine und herb-elegante Essensbegleiter funktionieren.

LE **PIANE** – Piemonte/I
Wine Trade Tel. +43 (0)21 75/33 77,
E-Mail: office@fine-wine-trade.com
Boca Nebbiolo
Preis: €€€€ Pigott-Punkte: PPPPP Meine Punkte: ___
Der römische Kaiser Hadrian hat gesagt, der Wein führe einen in die vulkanischen Mysterien der Erde ein – genau das tut diese hochelegante schlanke Schönheit mit ihrem anziehenden Parfum und ihrer herben Tiefe.

PIKES – Clare Valley/Südaustralien/AUS
N + M Tel.: +49 (0)21 61/18 13 16,
E-Mail: info@nm-weine.de
Shiraz
Preis: €€ Pigott-Punkte: PPPP Meine Punkte: ___
Shiraz/Grenache/Mourvèdre
Preis: €€€ Pigott-Punkte: PPPP Meine Punkte: ___
Warmherzige, saftige Rote, die alles andere als oberflächlich oder

einfach gestrickt sind, der »Shiraz-Grenache-Mourvèdre« (SGM ist lustiger als S & M!) noch würziger als der »Shiraz«.

PLANETA –Sicilia/I
Garibaldi Tel.: +49 (0)89/35 63 61 16,
E-Mail: bestellung@garibaldi-wein.de
»La Segreta Rosso« Nero d'Avola u. a.
Preis: € Pigott-Punkte: PP Meine Punkte: ___
»Santa Cecilia« Nero d'Avola
Preis: €€€€ Pigott-Punkte: PPP Meine Punkte: ___
Einladende mediterrane Reife und eine gewisse Frische machen den »Segreta Rosso« zu einem sehr erfreulichen Alltagswein; der »Santa Cecila« trägt eine ganze Ladung südlicher Kraft und Kräuter, ohne fett oder breit zu wirken.

POLIZIANO – Montepulciano/Toscana/I
Garibaldi Tel.: +49 (0)89/35 63 61 16,
E-Mail: bestellung@garibaldi-wein.de
Rosso di Montalcino Sangiovese
Preis: €€ Pigott-Punkte: PP Meine Punkte
Vino Nobile di Montepulciano Sangiovese
Preis: €€€ Pigott-Punkte: PPP Meine Punkte: ___
Toskanische Weine mit wunderbarem Schliff und Feinheit, die (typisch toskanische) Säure und der herbe Kern sehr elegant verpackt.

NICOLAS **POTEL** – Nuits-St.-Georges/Bourgogne/F
Franz Keller Tel.: +49 (0)76 62/93 30 93,
E-Mail: keller@franz-keller.de
Bourgogne Rouge »Vieilles Vignes« Pinot Noir
Preis: €€ Pigott-Punkte: PPP Meine Punkte: ___
Volnay »Vieilles Vignes« Pinot Noir
Preis: €€€€ Pigott-Punkte: PPPP Meine Punkte: ___
Das Sortiment des jungen »Potels« ist nicht sehr zuverlässig, aber diese zwei Weine haben immer mit ihrer Duftigkeit, Reife und Zartheit beeindruckt.

CHÂTEAU **POTENSAC** – Médoc/Bordeaux/F
Franz Keller Tel.: +49 (0)76 62/93 30 93,
E-Mail: keller@franz-keller.de
Château Potensac Cabernet Sauvigon/Merlot u. a.
Preis: €€€ Pigott-Punkte: PPP Meine Punkte: ___
Das Team vom berühmten Château Léoville las Cases ist auch für diesen schlanken, nicht zu herben Médoc verantwortlich, der Jahr für Jahr überzeugt.

CHÂTEAU **POUJEAUX** – Médoc/Bordeaux/F
Franz Keller Tel.: +49 (0)76 62/93 30 93,
E-Mail: keller@franz-keller.de

Château Poujeaux* *Cabernet Sauvignon/Merlot u. a.
Preis: €€€€ Pigott-Punkte: PPPP Meine Punkte: ___
Recht fleischig und satt, ohne eine Spur überdreht zu wirken: »Poujeaux« ist ein Bordeaux, der auch als junger Wein richtig viel Spaß macht.

CLAUS **PREISINGER** – Gols/Neusiedlersee/A
Weinstein Tel.: +49 (0)30/41 05 06 55
Zweigelt
Preis: € Pigott-Punkte: PPP Meine Punkte: ___
Heideboden Blaufränkisch/Zweigelt u. a.
Preis: €€€ Pigott-Punkte: PPPP Meine Punkte: ___
Zwei Beweise für die Genialität dieses Jungwinzers; schlank mit explosiven Beerenaromen der »Zweigelt«, zugleich üppig und schmelzig-seidig der »Heideboden«.

PRUNOTTO – Piemonte/I
Franz Keller Tel.: +49 (0)76 62/93 30 93,
E-Mail: keller@franz-keller.de
Barbera d'Alba
Preis: €€ Pigott-Punkte: PP Meine Punkte: ___
Barbera d'Alba »Pian Romualdo«
Preis: €€€ Pigott-Punkte: PPP Meine Punkte: ___
Sehr attraktive, fruchtbetonte Barberas, nie zu säuerlich oder rustikal, der »Pian Romualdo« schon recht kräftig.
Nebbiolo d'Alba »Occhietti«
Preis: €€€ Pigott-Punkte: PPP Meine Punkte: ___
Als junger Wein wesentlich zugänglicher als die allermeisten Barolos und Barbarescos, aber mit ähnlicher Würze und Lakritznote.

LE **PUPILLE** – Toscana/I
Garibaldi Tel.: +49 (0)89/35 63 61 16,
E-Mail: bestellung@garibaldi-wein.de
Morellino di Scansano Sangiovese
Preis: €€ Pigott-Punkte: PP Meine Punkte: ___
Mit zarter Säurefrische und belebenden beerigen Aromen ist der einfache Rotwein des Gutes eine ganz eigene Nummer!
»Saffredi« Cabernet Sauvignon/Merlot/Alicante
Preis: €€€€€ Pigott-Punkte: PPPPP Meine Punkte: ___
Vergiss Sassicaia! Hier ist ein wesentlich überzeugenderer Italiener auf Basis der Cabernet-Sauvignon-Traube, der eine wunderbare Reichhaltigkeit und samtige Beschaffenheit hat.

QUERCIABELLA – Chianti Classico/Toscana/I
Enoteca Blanck & Weber Tel.: +49 (0)30/88 67 99 60,
E-Mail: mail@enoteca-blanck.de
Chianti Classico Sangiovese
Preis: €€€ Pigott-Punkte: PPP Meine Punkte: ___

»Camartina« Sangiovese
Preis: €€€€€ Pigott-Punkte: PPPP–PPPPP Meine Punkte: ___
Fleischige, geschmeidige Rotweine mit einem Hauch von Süße, die aber nicht satt macht. »Camartina« ist einer der opulentesten Weine aus dem Chianti-Gebiet.

ÖKONOMIERAT **REBHOLZ** – Siebeldingen/Pfalz/D
Weingut Tel.: +49 (0)63 45/34 39,
E-Mail: wein@oekonomierat-rebholz.de
Spätburgunder Spätlese trocken »Tradition«
Preis: €€€ Pigott-Punkte: PPP Meine Punkte: ___
Im Sonnenschein Spätburgunder »Großes Gewächs« (silberne Schrift)
Preis: €€€€ Pigott-Punkte: PPPP Meine Punkte: ___
Im Sonnenschein Spätburgunder »Großes Gewächs« (goldene Schrift)
Preis: €€€€€ Pigott-Punkte: PPPPP Meine Punkte: ___
Seit dem 1997er Jahrgang grandiose Qualität in einem kompromisslosen Stil, der Geduld erfordert, wenn man das Beste aus den Weinen locken will. Am schlankesten ist der »Tradition«, die »Großen Gewächse« dagegen haben richtig viel Power und sind nicht weniger sinnlich als kernig; wahre Meditations-Weine!

RIDGE – Santa Cruz Mountains/California/USA
Wein & Glas Tel.: +49 (0)30/2 35 15 20,
E-Mail: info@weinundglas.com
Cabernet Sauvignon Santa Cruz Mountains
Preis: €€€€ Pigott-Punkte: PPPP Meine Punkte: ___
Der starke kleine Bruder des berühmten Monte Bellos zeigt fast genauso viel herbe Eleganz.
Lytton Springs Zinfandel u. a.
Preis: €€€€ Pigott-Punkte: PPPPP! Meine Punkte: ___
Unglaubliche Beerenaromen und fabelhaft gaumenschmeichelnde Textur machen den »Lytton Springs« zum Casanova des Zinfandels!

SANTA **RITA** – Maipo Valley/Chile
Mövenpick Weinland Tel.: +49 (0)2 31/9 65 15 60,
E-Mail: weinland.dortmund@moevenpick.com
Cabernet Sauvignon »120«
Preis: € Pigott-Punkte: P Meine Punkte: ___
Cabernet Sauvignon »Reservado«
Preis: € Pigott-Punkte: PP Meine Punkte: ___
Cabernet Sauvignon »Medalle Real«
Preis: €€ Pigott-Punkte: PPP Meine Punkte: ___
Extrem zuverlässige und leicht zugängliche Chilenen, die sowohl Normalos als auch »Wein-Freaks« viel Freude machen. Das Ge-

heimnis? Viel Frucht und eine überzeugende Harmonie, weit ab von donnernder Härte oder marmeladiger Süße.

BRUNO **ROCCA** – Piemonte/I
Wein & Glas Tel.: +49 (0)30/2 35 15 20,
E-Mail: info@weinundglas.com
Barbera d'Alba
Preis: €€€€ Pigott-Punkte: PPP Meine Punkte: ___
Mit fast extrovertierten (aber nicht kitschigen) Beerenaromen, zarter Frische und ordentlich Substanz springt er auf den Essenstisch!

DOMAINE DES **ROCHES** NEUVES (Thierry Germain) – Loire/F
Bernd Kreis Tel.: +49 (0)7 11/76 28 39,
E-Mail: b.kreis@wein-kreis.de
Saumur Champigny Cabernet Franc
Preis: € Pigott-Punkte: PP Meine Punkte: ___
Saumur Champigny »Cuvée Marginale« Cabernet Franc
Preis: €€€€ Pigott-Punkte: PPP Meine Punkte: ___
Rotweine von der Loire sind meistens eine traurige – grüne, säuerliche – Angelegenheit, aber hier gibt es nicht nur schlanke, straffe Körper, sondern auch Frucht und Lebendigkeit – alles andere als eine Randerscheinung!

RODA – Rioja/E
Wein & Glas Tel.: +49 (0)30/2 35 15 20,
E-Mail: info@weinundglas.com
RODA II Tempranillo u. a.
Preis: €€€€ Pigott-Punkte: PPP Meine Punkte: ___
RODA I Tempranillo
Preis: €€€€€ Pigott-Punkte: PPPPP Meine Punkte: ___
Die großen dunklen Herren haben alles andere als einen ruppigen Umgang und gar nichts mit den bösen Mächten zu tun, auch wenn der Wein im Glas ein wenig wie ein Zaubertrank riecht.

TELMO **RODRIGUEZ** – Toro/E
Gute Weine Tel.: +49 (0)4 21/70 56 66,
E-Mail: gute-weine@gute-weine.de
»Dehesa Gago« Tempranillo
Preis: € Pigott-Punkte: PP Meine Punkte: ___
»Pago la Jara« Tempranillo
Preis: €€€€ Pigott-Punkte: PPP Meine Punkte: ___
Wenn es ums Verstecken von viel Alkohol in Rotwein geht, ist Rodriguez ein großer Künstler, und bereits der »Dehesa Gago« zeigt neben einer zartsüßlichen Note richtig Schliff. Der »Pago« ist noch viel opulenter, eine richtige Kraft-Bombe. Ist das Ganze zu perfekt, oder hat Rodriguez alles bestens poliert?

UMANI **RONCHI** – Abruzze/I
Vinalia Tel.: +49 (0)30/34 70 90 90,
E-Mail: info@vinalia-berlin.de
Montepulciano d'Abruzzo
Preis: €! Pigott-Punkte: PP Meine Punkte: ___
Weit abseits der oxidativen, plumpen Plörre, die die Supermärkte unter diesem Namen verkaufen, steht dieser fruchtbetonte – frisch gepflückte Brombeeren! – saftige Rotwein, der im besten Sinne des Wortes »unkompliziert« ist.

SALOMON ESTATE – Finniss River/Südaustralien/AUS
Mövenpick Weinland Tel.: +49 (0)2 31/9 65 15 60,
E-Mail: weinland.dortmund@moevenpick.com
Shiraz
Preis: €€€€ Pigott-Punkte: PPPP Meine Punkte: ___
Cabernet Sauvignon/Merlot
Preis: €€€€ Pigott-Punkte: PPPP Meine Punkte: ___
Aus österreichischer Hand und australischer Erde stammen diese starken und sehr expressiven Roten, die viel Schmelz haben, ohne zu süßlich zu wirken.

SALWEY – Oberrotweil/Baden/D
Weingut Tel.: +49 (0)76 62/3 84, E-Mail: weingut@salwey.de
Glottertäler Eichberg Spätburgunder »RS«
Preis: €€€ Pigott-Punkte: PPPP Meine Punkte: ___
Oberrotweiler Eichberg Spätburgunder »RS«
Preis: €€€€ Pigott-Punkte: PPPP Meine Punkte: ___
Oberrotweiler Kirchberg Spätburgunder »Großes Gewächs«
Preis: €€€€ Pigott-Punkte: PPPP (Ausnahme 2003: PPPPP)
Meine Punkte: ___
Abseits von sämtlichen Trends – »I did it my way!« – arbeiten die Salweys an der Vervollkommnung ihrer ganz eigenen, recht herben aber zartduftigen Rotweine. Schlank mit feinen Kräuternoten der »Glottertäler«, voller und etwas geschmeidiger die »Oberrotweiler«, von denen der »Kirchberg« der subtilste ist.

MARQUES DE **SANDOVAL** – Cariñena/E
Hawesko Tel.: +49 (0)30/41 22 50 44 33,
E-Mail: bestellung@hawesko.de
Reserva Especial Garnacha u. a.
Preis: € Pigott-Punkte: PP Meine Punkte: ___
Ein sehr angenehmer, umgänglicher, warmer Roter – entspannt den Denkapparat – im positiven Sinne. Wenn alle günstigen Rotweine nur so wären!

VILLA **SANTA** (Joao Portugal Ramos) – Alentejo/P
Die Weinquelle Tel.: +49 (0)65 07/70 14 20,
E-Mail: info@die-weinquelle.de

Tinto
Preis: €€€ Pigott-Punkte: PPPP Meine Punkte: ___
Noch ein kräftiger, ausdrucksstarker Rotwein von Ramos (siehe auch Marquês de Borba), der zugleich geschmeidig, würzig und lebendig wirkt.

SANTA DUC – Gigondas/Rhône/F
K & U (Die Weinhalle) Tel.: +49 (0)9 11/52 51 53,
E-Mail: info@weinhalle.de
Côtes du Rhône »Les Quatre Terres« Grenache u. a.
Preis: € Pigott-Punkte: PP Meine Punkte: ___
Beerig, weich und großzügig: Yves Gras' einfacher Roter macht viel Spaß, ohne zu ermüden.
Gigondas Grenache u. a.
Preis: €€€ Pigott-Punkte: PPP Meine Punkte: ___
Bei diesem wuchtigen Power-Paket geht richtig die Post ab. Mit Noten wie schwarzen Oliven und Balsamico ist er alles andere als ein eindimensionaler Modewein, dafür aber das Richtige zum ganzen Ochs am Spieß!

SCHIEFER – Welgersdorf/Südburgenland/A
K & U (Die Weinhalle) Tel.: +49 (0)9 11/52 51 53,
E-Mail: info@weinhalle.de
Eisenberg Blaufränkisch
Preis: € Pigott-Punkte: PPP Meine Punkte: ___
Ein Bergwein, der mit scheinbar unbegrenzter Energie von Fels zu Fels springt und nie runter ins Tal (der Normalität und Langeweile) kommen möchte.
Szapary Blaufränkisch
Preis: €€€€ Pigott-Punkte: PPPP Meine Punkte: ___
Reihburg Blaufränkisch
Preis: €€€€€ Pigott-Punkte: PPPPP Meine Punkte: ___
Ohne von der Schwerkraft gefangen zu sein, bestechen diese Weine durch eine dichte Beschaffenheit wie alter Samt und bergen in sich eine ganze Welt an wundervollen aromatischen Feinheiten.

SCHNEIDER – Ellerstadt/Pfalz/D
Weingut Tel.: +49 (0)62 37/72 88,
E-Mail: weingut.schneider@t-online.de
»Black Print« St. Laurent, Merlot, Cabernet Franc, Cabernet Sauvignon
Preis: € Pigott-Punkte: PPP Meine Punkte: ___
»Steinsatz« Merlot, Cabernet Franc, St. Laurent
Preis: €€€ Pigott-Punkte: PPPP Meine Punkte: ___
Markus Schneider hat die beste deutsche Antwort auf die Übersee-Rotwein-Welle gefunden, die in den letzten Jahren über die Bundesrepublik geschwappt ist: Weine mit viel Saft und Kraft, die aber kein aufgesetztes Lächeln einstudiert haben. Der »Steinsatz«

treibt das ganze Spiel noch eins höher, ist aber keinesfalls übermächtig oder mit Holzaromen aufgedonnert, trotz seiner muskulösen Körper- und Holz-Schminke.

Rotwein »Alte Reben« Blauer Portugieser
Preis: € Pigott-Punkte: PPP Meine Punkte: ___

»Einzelstück« Blauer Porugieser
Preis: €€€ Pigott-Punkte: PPPP Meine Punkte: ___

Aus der »banalen« Portugieser-Traube sind Schneiders Rotweine so stämmig und energiegeladen wie der Jungwinzer selbst. Mit dem »Einzelstück« zeigt er seine ruhige, nachdenkliche Schokoladenseite; einer der beeindruckendsten Wein-Innovationen des Jahres!

SCHÖNBERGER – Mörbisch/Neusiedlersee-Hügelland/A
Weingut Tel.: +43 (0)31 19/28 42,
E-Mail: weingut.schoenberger@ccf.at

»Herbst-Cuvée« Blaufränkisch/Zweigelt
Preis: €€€ Pigott-Punkte: PPPP Meine Punkte: ___

»Schönberger« Blaufränkisch/Zweigelt
Preis: €€€€ Pigott-Punkte: PPPP Meine Punkte: ___

Bei diesen eigenwilligen, aber starken Roten herrscht dauerhafte Herbststimmung; Unterholz, nasse Erde und die letzten warmen Sonnenstrahlen.

ALBRECHT **SCHWEGLER** – Korb/Württemberg/D
Weingut Tel.: +49 (0)71 51/3 48 95,
E-Mail: weingut.schwegler@web.de

»d'r Oifache« Trollinger u. a. (Liter)
Preis: € Pigott-Punkte: PP Meine Punkte: ___

Etwas schwach in der Farbe, aber dafür füllig und rund, ist »Der Einfache« ein stimmiger Alltagswein.

»Beryll« Zweigelt/Lemberger/Merlot
Preis: €€ Pigott-Punkte: PPP Meine Punkte: ___

»Saphir« Zweigelt/Lemberger
Preis: €€€€ Pigott-Punkte: PPPP Meine Punkte: ___

»Granat« Zweigelt/Merlot
Preis: €€€€€ Pigott-Punkte: PPPPP Meine Punkte: ___

Schweglers Preis- und Qualitätshierarchie ist absolut nachvollziehbar: mit jeder Stufe nach oben gewinnen die Weine mehr Kraft und Faszination. Und wer eine gereifte Flasche erwischt, hat tatsächlich einen Edelstein im Glas!

SELVAPIANA – Chianti Ruffina/Toscana/I
Garibaldi Tel.: +49 (0)89/35 63 61 16,
E-Mail: bestellung@garibaldi-wein.de

Chianti Ruffina Sangiovese
Preis: €€ Pigott-Punkte: PP Meine Punkte: ___

Chianti Ruffina Riserva »Bucerchiale« Sangiovese
Preis: €€€ Pigott-Punkte: PPP Meine Punkte: ___

Für Weintrinker, die Chianti mit ausgeprägter Herbe den modernen Weichlingen vorziehen, verdienen diese Weine sicherlich das Prädikat »klassisch«.

VIRGEN DE LA **SIERRA** – Calatayud/E
Vinalia Tel.: +49 (0)30/34 70 90 90,
E-Mail: info@vinalia-berlin.de
»Cruz de Piedra«
Preis: €! Pigott-Punkte: PPP Meine Punkte: ___
Die meisten Konsumenten, die im Supermarktregal zu den weitverbreiteten Marken greifen, suchen genau solche süßlich – nach Schokolade und Brombeeren – duftenden, runden weichen Rotweine. Dieser Wein stellt ein äußerst gelungenes Exemplar dieses Stils dar und schreit nach Pizza und Pasta!

SINFAROSA – Puglia/I
Garibaldi Tel.: +49 (0)89/35 63 61 16,
E-Mail: bestellung@garibaldi-wein.de
Primitivo
Preis: € Pigott-Punkte: PP Meine Punkte: ___
Primitivo »Zinfandel«
Preis: €€ Pigott-Punkte: PPP Meine Punkte: ___
Die ganzen Aromen und Frische der Himbeere mit einem guten Schuss (aber nicht zu viel) Alkohol von der südlichen Sonne.

CHÂTEAU **SOCIANDO MALLET** – Médoc/Bordeaux/F
Franz Keller Tel.: +49 (0)76 62/93 30 93,
E-Mail: keller@franz-keller.de
Château Sociando Mallet Cabernet Sauvignon/Merlot u. a.
Preis: €€€€€ Pigott-Punkte: PPPPP Meine Punkte: ___
Leider kein unkompliziertes Vergnügen trotz der wahren Größe des Weins; seine ganze Ausstrahlung und nachhaltige Eleganz entfaltet er entweder mit 2–3 oder allermindestens ab 6 Jahren.

CASA **SOLAR** (Conde de Valdemar) – Terra de Castilla/E
Weinstein Tel.: +49 (0)30/44 05 06 55
»Casa Solar«
Preis: €! Pigott-Punkte: PP Meine Punkte: ___
Für kaum mehr als 5 € ein sanfter, runder Wein, der trotzdem gar nichts Banales hat.

SPRINGFIELD ESTATE – Robertson/ZA
Wein & Glas Tel.: +49 (0)30/2 35 15 20,
E-Mail: info@weinundglas.com
Cabernet Sauvignon »Whole Berry«
Preis: €€ Pigott-Punkte: PPP Meine Punkte: ___
Cabernet Sauvignon »Méthode Ancienne«
Preis: €€€€€ Pigott-Punkte: PPPPP Meine Punkte: ___

Bezaubernde schwarze Johannisbeeraromen und eine wunderbare Saftigkeit hat der »Whole Berry«, fast überwältigend großzügig und reif, aber auch perfekt balanciert der geniale »Méthode Ancienne«.

TIEFENBRUNNER – Kurtatsch/Südtirol-Alto Adige/I
Enoteca Blanck & Weber Tel.: +49 (0)30/88 67 99 60,
E-Mail: mail@enoteca-blanck.de
Lagrein »Schloss Turmhof«
Preis: €€ Pigott-Punkte: PPP Meine Punkte: ___
Lagrein »Linticlarus«
Preis: €€€ Pigott-Punkte: PPPP Meine Punkte: ___
Echte Südtiroler Originale, aber keine Exzentriker: mit viel Bums, aber genauso viel Frische und Schliff.

TORRES – Penedès/E
Kaufhof
»Gran Sangre de Toro« Garnacha/Cariñena
Preis: €€ Pigott-Punkte: PPP Meine Punkte: ___
Ein katalanischer Roter mit viel mediterraner Wärme und Würze, der sehr viel Trinkspaß macht.
»Gran Coronas« Cabernet Sauvignon
Preis: €€ Pigott-Punkte: PPP Meine Punkte: ___
Mas la Plana Cabernet Sauvignon
Preis: €€€€€ Pigott-Punkte: PPPPP Meine Punkte: ___
Spanische Cabernets, die keinen Deut zu dick oder zu holzbetont ausfallen – was leider ein häufig auftretendes Problem ist. »Mas la Plana« ist ein richtig starkes Stück mit einem sehr festen Kern, aber dank reifer Fruchtaromen schon sehr gut jung zu trinken.

TORRES – Curicó/Chile
Kaufhof
»Cordillera« Cariñena/Syrah/Merlot
Preis: €€€ Pigott-Punkte: PPPP Meine Punkte: ___
Der sehr dunkel-würzige, schwungvolle »Cordillera« ist ein Unikum unter den Top-Rotweinen Chiles, weit ab der langweiligen stilistischen Norm.

ERNST **TRIEBAUMER** – Rust/Neusiedlersee-Hügelland/A
Weingut Tel.: +43 (0)26 85/5 28, E-Mail: ernst.triebaumer@gmx.at
Blaufränkisch
Preis: € Pigott-Punkte: PP Meine Punkte: ___
Blaufränkisch Ried Gemärk
Preis: €€ Pigott-Punkte: PPP Meine Punkte: ___
Blaufränkisch Ried Obere Wald
Preis: €€€ Pigott-Punkte: PPPP Meine Punkte: ___
Blaufränkisch Ried Mariental
Preis: €€€€€ Pigott-Punkte: PPPPP Meine Punkte: ___

Obwohl die Blaufränkisch-Traube im Allgemeinen dazu neigt, beerig und leicht säurebetont auszufallen, bringt er in den Weinbergen von Rust wesentlich kräftigere, sattere Weine mit einer richtigen Schoko-Note hervor. »E.T.« ist der Meister dieses Stils.

CANTINA **TRAMIN** – Tramin/Südtirol-Alto Adige/I
Fischer & Trezza Tel.: +49 (0)7 11/4 60 67 00,
E-Mail: info@fischer-trezza.de

Lagrein
Preis: € Pigott-Punkte: PPP Meine Punkte: ___

»Loam«
Preis: €€€ Pigott-Punkte: PPPP Meine Punkte: ___
Der pfeffrige »Lagrein« von Tramin bietet sehr viel Fruchtaroma und Schwung für diese Preiskategorie, der »Loam« ist dichter, komplexer, nachhaltiger.

JOSEF **UMATHUM** – Frauenkirchen/Neusiedlersee/A
Weingut Tel.: +43 (0)21 72/2 44 00,
E-Mail: office@umathum.at

St. Laurent
Preis: €€ Pigott-Punkte: PPP (Ausnahme 2003: PPPP)
Meine Punkte: ___

St. Laurent »Reserve«
Preis: €€€€ Pigott-Punkte: PPPP Meine Punkte: ___
Nicht zu Unrecht werden diese Weine mit ihrem Sauerkirscharoma und ihrer seidigen Kraft oft von Experten für wesentlich teurere rote Burgunder gehalten.

Zweigelt
Preis: €€ Pigott-Punkte PPP Meine Punkte: ___

Haideboden Zweigelt/Blaufränkisch/Cabernet Sauvignon
Preis: €€€ Pigott-Punkte: PPPP Meine Punkte: ___
Weder laut noch schwer, aber voll dunkler Masse, deren genaue Beschaffenheit noch voller Rätsel steckt, ist der »Haideboden« nicht für jeden wie der fruchtbetontere und wesentlich offenherzigere Zweigelt.

CONDE DE **VALDEMAR** – Rioja/E
Weinstein Tel.: +49 (0)30/44 05 06 55

Rioja Reserva
Preis: €€ Pigott-Punkte: PPP Meine Punkte: ___

Rioja Gran Reserva
Preis: €€€€ Pigott-Punkte: PPP Meine Punkte: ___
Das sind sehr attraktive Weine, voller Leben und mit sehr stimmiger runder Stilistik, auch wenn ein wenig Wahnsinn fehlt.

QUINTA DO **VALE** D. MARIA – Douro/P
Gute Weine Tel.: +49 (0)4 21/70 56 66,
E-Mail: gute-weine@gute-weine.de

Vinho Tinto
Preis: €€€ Pigott-Punkte: PPP Meine Punkte: ___
Von einer der urigsten Weinlandschaften der Welt ist dieses eigenwillige, straffe Kraftpaket geprägt; definitiv nichts für den Weintrinker, der auf leise Töne besteht!

VEENWOUDEN Private Cellar – Paarl/ZA
Provinum Tel.: +49 (0)1 75/9 67 94 16,
E-Mail: info@provinum.de
»Vivat Bacchus«
Preis: €€€ Pigott-Punkte: PPP Meine Punkte: ___
Eine richtige Mozart-Stimmung verbreitet dieser edle Grill- und Picknick-Wein.
Merlot
Preis: €€€€ Pigott-Punkte: PPPPP Meine Punkte: ___
»Classic« Cabernet Sauvignon/Merlot
Preis: €€€€ Pigott-Punkte: PPPPP Meine Punkte: ___
Der verführerisch geschmeidige »Merlot« schmeckt genauso, wie man sich einen Château Petrus vorstellt, etwas herber und kühler dagegen der nicht weniger üppige »Classic«. Und das von einem Ex-Modedesigner und einem Opernsänger!

EL **VÍNCULO** – La Mancha/E
Wein & Vinos Tel.: +49 (0)30/31 50 60 81,
E-Mail: info@vinos.de
Crianza Tempranillo
Preis: €€ Pigott-Punkte: PPP Meine Punkte: ___
Viel von allem hat die heiße Sonne diesem Ausnahmewein aus La Mancha mitgegeben, aber das Beste an diesem Riesen ist seine sanfte Wucht.

DOMAINE DE LA **VOUGERAIE** – Bourgogne/F
WeinArt Tel.: +49 (0)67 22/7 10 80, E-Mail: info@weinart.de
Pinot Noir »Terres de Famille«
Preis: €€ Pigott-Punkte: PP (Ausnahme 2002: PPP)
Meine Punkte: ___
Wenn burgundische »Standard-Produkte« nur immer so fleischig und samtig schmecken würden anstatt säuerlich und dünn, wie es leider die Norm ist! Auch die teureren Weine (mit Orts- und Lagen-Bezeichnungen) aus diesem Haus sind sehr zu empfehlen.

WACHTSTETTER – Pfaffenhofen/Württemberg/D
Weingut Tel.: +49 (0)70 46/3 29, E-Mail: info@wachtstetter.de
»Cuvée Louis«
Preis: € Pigott-Punkte: PPP Meine Punkte: ___
Wer einen runden »unkomplizierten« Rotwein sucht, der jedoch kein Schlabberwasser ist, ist damit bestens bedient!

Lemberger »Felix«
Preis: € Pigott-Punkte: PPP (Ausnahme 2003: PPPP)
Meine Punkte: ___
Gegen diesen neuen Schwaben verkostet schmecken fast die ganzen Supermarkt-Rotweine der Republik in der gleichen Preisklasse wie zuckende Zombies! Hier ist gigantisch viel Leben und Freude drin.
Spätburgunder »Ernst Combé«
Preis: €€€ Pigott-Punkte: PPP Meine Punkte: ___
»Ernst Combé Cuvée«
Preis: €€ Pigott-Punkte: PPP Meine Punkte: ___
Lichtjahre entfernt vom hellfarbigen Wischi-Waschi-Trollinger, der einst für Württemberger Rotweine typisch war. Jane-Mansfield-Üppigkeit sowie süßliche und herbe Noten, die wunderbar ineinander verwoben sind. Die Eichennote ist ein wenig heftig.

DR. **WEHRHEIM** – Birkweiler/Pfalz/D
Weingut Tel. +49 (0)63 45/35 42,
E-Mail: dr.wehrheim@t-online.de
St. Laurent
Preis: € Pigott-Punkte: PP Meine Punkte: ___
Ein pfeffriger, lustiger, mittelgewichtiger Alltagswein.
Kastanienbusch Spätburgunder »Großes Gewächs«
Preis: €€€€€ Pigott-Punkte: PPPP Meine Punkte: ___
Ganz am anderen Ende der Skala liegt diese Gestalt mit ihrer monumentalen Statur, aber übermächtig erscheint sie nicht.

STAATSWEINGUT **WEINSBERG** – Weinsberg/Württemberg/D
Weingut Tel.: +49 (0)71 34/50 41 67,
E-Mail: staatsweingut@lvwo.bwl.de
»Traumzeit« Cabernet Cubin u. a.
Preis: €€ Pigott-Punkte: PPP Meine Punkte: ___
»Traum« Cabernet Cubin u. a.
Preis: €€€€ Pigott-Punkte: PPPP Meine Punkte: ___
Neue Kreationen, die dem württembergischen Rotwein bislang unbekannte Facetten verleihen. Der »Traum« ist tatsächlich traumhaft weich und sinnlich mit köstlichen Schoko- und Röstnoten, der »Traumzeit« (der bewusst als kleiner Bruder entwickelt wurde) mit ähnlichen Aromen, aber etwas schlanker und herber.

J. L. **WOLF** – Wachenheim/Pfalz/D
Weingut Tel.: +49 (0)63 22/98 97 95,
E-Mail: j.l.wolf@drloosen.de
Spätburgunder »Villa Wolf«
Preis: € Pigott-Punkte: PP Meine Punkte: ___
Spätburgunder »Alte Reben«
Preis: €€€ Pigott-Punkte: PPP Meine Punkte: ___

Der »Alte Reben« wird nur in den besten Jahrgängen abgefüllt und ist ein beeindruckend fester, dichter Wein mit viel Feinheit; der »Villa Wolf« dagegen ist viel einfacher, aber erstaunlich sanft und charmant für diesen Preis.

XANADU – McLaren Vale/South Australia/AUS
Rindchens Weinkontor Tel.: +49 (0)40/5 56 20 20,
E-Mail: info@rindchen.de
»Secession« Grenache
Preis: €€€ Pigott-Punkte: PPPP Meine Punkte: ___
Ein üppiger Australier mit wunderbarer Cremigkeit, der einen durch seinen Minze-Schoko-Duft in seinen Bann zieht.

ZIPF – Löwenstein/Württemberg/D
Weingut Tel.: +49 (0)71 30/61 65,
E-Mail: weingut@zipf.com
Trollinger »Steillage«
Preis: €! Pigott-Punkte: PP
Meine Punkte: ___
Tief in der Farbe, mit satter beeriger Frucht und schwungvollem Körper sprengt er komplett den Trollinger-Rahmen!
Lemberger trocken
Preis: € Pigott-Punkte: PPP Meine Punkte: ___
Lemberger »im Holzfass gereift«
Preis: € Pigott-Punkte: PPP Meine Punkte: ___
Mit einer richtigen Rosennote, herrlicher Frische und verstecktem festen Kern überraschen diese Ausnahme-Lemberger.

Süße Rotweine (Port & Co.)

J. H. **ANDRESEN** – Douro/P
Rindchens Weinkontor Tel.: +49 (0)40/5 56 20 20,
E-Mail: info@rindchen.de
1982 Colheita
Preis: €€€/halbe Flasche Pigott-Punkte: PPPP
Meine Punkte: ___
Für einen Portwein dieses (auch schmeckbaren!) Alters ein wahres Schnäppchen; die ganze Weihnachtswürze und Besinnlichkeit.

FONSECA – Douro/P
Hawesko Tel.: +49 (0)41 22/50 44 33,
E-Mail: bestellung@hawesko.de
Bin 27
Preis: €€ Pigott-Punkte: PP Meine Punkte: ___
Nicht raffiniert oder tief, aber recht üppig mit viel Frucht, schönem Schmelz und traubiger Süße; gar nicht kitschig oder klotzig wie viele Ruby Ports.
10 Year Old Tawny
Preis: €€€€ Pigott-Punkte: PPP Meine Punkte: ___
Ein fassgereifter Port, der nicht einfach alt schmeckt, sondern die weihnachtlichen Aromen der Reife und den reichlichen Alkohol mit einer ansprechenden geschmacklichen Frische balanciert.

GRAHAMS – Douro/P
WeinArt Tel.: +49 (0)67 22/7 10 80,
E-Mail: info@weinart.de
»Six Grapes«
Preis: €€€€ Pigott-Punkte: PPP Meine Punkte: ___
Stoff und Schwung untermauern die reichen Beeren-Aromen, und die Süße wird sehr gut vom dichten Kern des Weins gestützt.
»Malvedos« Vintage Port
Preis: €€€€/halbe Flasche Pigott-Punkte: PPPP
Meine Punkte: ___
Noch dichter, satter und süßer, wird erst nach einigen Jahren Flaschenreife ausgeliefert, wenn er seine beste Form erreicht.

MAS BLANC – Roussillon/F
Franz Keller Tel.: +49 (0)76 62/93 30 93,
E-Mail: keller@franz-keller.de
Banyuls Cuvée »Dr. Andre Parcé«
Preis: €€€€ Pigott-Punkte: PPP Meine Punkte: ___
Die aromatische Süße von Feigen, die perfekt in der mediterranen Sonne gereift sind, aber keine Spur von klebriger Überreife.
Banyuls Rimage »La Coume«
Preis: €€€€€ Pigott-Punkte: PPPP–PPPPP Meine Punkte: ___

Ernsthafte französische Konkurrenten für große Portweine, die aber deutlich niedriger im Alkoholgehalt liegen (16 % statt 20 %); voll gepackt mit Dörrpflaumen- und Brombeer-Aromen sowie herber Kraft; große Lagerfähigkeit!

NIEPOORT – Douro/P
Bernd Kreis Tel.: +49 (0)7 11/76 28 39,
E-Mail: b.kreis@wein-kreis.de
Vintage Character Port
Preis: €€€ Pigott-Punkte: PPP Meine Punkte: ___
Late Bottled Vintage Port
Preis: €€€€ Pigott-Punkte: PPPP Meine Punkte: ___
Mit jedem Schritt die Preis- und Qualitäts-Leiter hinauf zeigt sich die Besessenheit von Port-Dichter Dirk van der Niepoort noch deutlicher. Sie richtet sich nicht nur auf »Qualität«, sondern vielmehr auf Charakterstärke; Portweine, die nicht einfach nur süß und cremig schmecken.
Tawny Port 10 years old
Preis: €€€€€ Pigott-Punkte: PPPP Meine Punkte: ___
Recht hell in der Farbe, extrem würzig, nussig, mit Schoko- oder Karameltönen – eine Klasse für sich, endet mit einer wunderbaren zarten Frische.

NOVAL – Douro/P
Weinland Mövenpick Tel.: +49 (0)2 31/9 65 15 60,
E-Mail: weinland.dortmund@moevenpick.com
Ruby Port
Preis: € Pigott-Punkte: PP Meine Punkte: ___
Late Bottled Vintage
Preis: €€€ Pigott-Punkte: PPPP Meine Punkte: ___
Sehr ausdrucksstarke Ports mit überschwänglichen Beerenaromen, aber auch nachhaltiger Substanz. Der »Ruby« ist die perfekte Einleitung in die Welt des Portweins, der »LBV« schmeckt besser als mancher Vintage Port!
»Silva« Vintage Port
Preis: €€€/halbe Flasche Pigott-Punkte: PPPP
Meine Punkte: ___
Mit viel Kraft, Üppigkeit und wunderbarer Harmonie die vielleicht momentan beste Preis-Leistung beim Vintage Port!

QUINTA DE LA **ROSA** – Douro/P
K & U (Die Weinhalle) Tel.: +49 (0)9 11/52 51 53,
E-Mail: info@weinhalle.de
»Finest Reserve« Port
Preis: €/halbe Flasche Pigott-Punkte: PP Meine Punkte: ___
Nicht der geschliffenste Port, den man kaufen kann, aber schon mit viel dunklen Beerenaromen und stimmiger Harmonie.

SMITH-WOODHOUSE – Douro/P
Weinland Mövenpick Tel.: +49 (0)2 31/9 65 15 60,
E-Mail: weinland.dortmund@moevenpick.com
Vintage Port
Preis: €€€€€ Pigott-Punkte: PPPP (Ausnahme 2000: PPPPP)
Meine Punkte: ___
Durch und durch britische Ports mit sehr festem Rückgrat und Stiff-Upper-Lip, die jedoch nicht sperrig oder herb sind, sondern sinnlich mit viel Understatement.

Trockene Roséweine, schäumend und still

FRANCESCO **BELLEI** – Emilia Romagna/I
Enoiteca Il Calice Tel.: +49 (0)30/3 24 23 08,
E-Mail: mail@enoiteca-il-calice.de
Spumante Brut Rosé »Extra Cuvée« (mit Jahrgang)
Preis: €€€€ Pigott-Punkte: PPPP Meine Punkte: ___
Ein wunderbar feinduftiger, ganz trockener Schaumwein mit einer tänzerischen Frische im Stil eines Tangos.

BILLECART-SALMON – Champagne/F
N + M Tel.: +49 (0)21 61/18 13 16, E-Mail: info@nm-weine.de
Champagne Brut Rosé
Preis: €€€€€ Pigott-Punkte: PPPPP Meine Punkte: ___
In puncto Eleganz und Feinheit beim trockenen Rosé die gegenwärtige Weltspitze; die zarteste Verführung auf Planet Wein!

ANTICHI VIGNETI DI **CANTALUPO** – Piemonte/I
Vinalia Tel.: +49 (0)30/34 70 90 90,
E-Mail: info@vinalia-berlin.de
»Il Mimo« Nebbiolo Colline Novaresi
Preis: € Pigott-Punkte: PPP Meine Punkte: ___
So viel *Wein*, dass man keinen Rotwein braucht, wenn man »Il Mimo« im Glas hat. Die Bergfrische der letzten Ausläufer der Alpen verleiht ihm einen wunderbaren Schwung.

JOACHIM **FLICK** – Flörsheim-Wicker/Rheingau/D
Weingut Tel.: +49 (0)61 45/76 86, E-Mail: info@flick-wein.de
Spätburgunder Rosé Kabinett
Preis: € Pigott-Punkte: PPP Meine Punkte: ___
Nicht ganz trocken, aber sehr geradlinig, lebendig und duftig. Wenn das kein idealer Sommerwein ist . . . dann weiß ich einfach nicht, was es wäre.

GOSSET – Champagne/F
Viniculture Tel.: +49 (0)30/8 83 81 74,
E-Mail: bestellung@viniculture.de
Champagne Grand Rosé Brut
Preis: €€€€€ Pigott-Punkte: PPPPP Meine Punkte: ___
Cremig, geschmeidig und subtil, gehört zu den edelsten Rosé-Schaumweinen schlechthin.

JOHANNINGER – Biebelsheim/Rheinhessen/D
Weingut Tel.: +49 (0)67 01/83 21,
E-Mail: johanninger@t-online.de
Rosé von Pinot Noir
Preis: € Pigott-Punkte: PP Meine Punkte: ___

Vielleicht nicht der allercharaktervollste Rosé, aber extrem klar, frisch, ganz trocken und ganz lustig.

Pinot (Noir) Rosé Brut (Schaumwein)

Preis: €€ Pigott-Punkte: PPPP Meine Punkte: ___

Strahlende Eleganz, wie man es selten beim deutschen Sekt bekommt. Sehr zarte Aromen und ein absolut klarer Nachgeschmack machen ihn unwiderstehlich.

STADT **LAHR** (Markus Wöhrle) – Lahr/Baden/D

Weingut Tel.: +49 (0)78 21/2 53 32,
E-Mail: info@weingut-stadt-lahr.de

Spätburgunder Weißherbst Kabinett halbtrocken

Preis: € Pigott-Punkte: PP Meine Punkte: ___

Wer zechen oder gar saufen will – wie verwegen –, hat mit diesem wunderschön leicht wirkenden, ausgewogenen Rosé nach dem Richtigen gegriffen.

LAURENT-PERRIER – Champagne/F

www.grands-vins.de
Tel.: +49 (0)84 53/3 39 92 91

Champagne Brut Rosé

Preis: €€€€ Pigott-Punkte: PPP Meine Punkte: ___

Im Gegensatz zum weißen Laurent-Perrier keinesfalls zu süß. Zugleich fein, substanzreich und klar, macht genauso viel Spaß beim Tête-à-Tête-Diner wie solo getrunken.

StiftsWeingut FRANK **MEYER** – Klingenmünster/Pfalz/D

Weingut Tel.: +49 (0)63 49/74 46,
E-Mail: stiftsweingut-meyer@t-online.de

Portugieser Rosé trocken

Preis: € Pigott-Punkte: PP Meine Punkte: ___

Für gerade über der Fünf-Euro-Schwelle eine ziemlich tolle unkomplizierte Erfrischung für den Sommerabend.

NIEPOORT – Douro/P

Die Weinquelle Tel.: +49 (0)65 07/70 14 20,
E-Mail: info@die-weinquelle.de

»Redoma« Rosada

Preis: €€ Pigott-Punkte: PPP Meine Punkte: ___

Von der Farbe dicht am Rotwein und auch sehr kräftig, gibt er sich durch den frischen Nachklang trotz geschmeidigem Körper als Rosé zu erkennen.

RUINART – Champagne/F

Bernd Kreis Tel.: +49 (0)7 11/76 28 39,
E-Mail: b.kreis@wein-kreis.de

Champagne Brut Rosé »R de Ruinart«

Preis: €€€€€ Pigott-Punkte: PPPP Meine Punkte: ___

Wie die weißen Schaumweine von Ruinart elegant, zart und sehr ausgewogen.

SALWEY – Oberrotweil/Baden/D
Weingut Tel.: +49 (0)76 62/3 84, E-Mail: weingut@salwey.de
Glottertäler Eichberg Spätburgunder Weißherbst Kabinett trocken
Preis: € Pigott-Punkte: PPP Meine Punkte: ___
Glottertäler Eichberg Spätburgunder Weißherbst Spätlese trocken
Preis: €€ Pigott-Punkte: PPPP (Ausnahme 2002: PPPPP)
Meine Punkte: ___
Strahlende Leuchttürme unter den trockenen deutschen Rosé-Weinen, der Kabinett wunderbar feinduftig, filigran und erfrischend-klar, die Spätlese von einer ganz anderen Statur, fast üppig mit betörender Cremigkeit.

SEGURA VIUDAS – Cava (Penedes)/E
Die Weinquelle Tel.: +49 (0)65 07/70 14 20,
E-Mail: info@die-weinquelle.de
Brut Rosado (Schaumwein)
Preis: € Pigott-Punkte: PP Meine Punkte: ___
Von gewöhnungsbedürftig dunkler Farbe, aber doch kein verkappter Rotwein in einer Sektflasche, sondern ein Rosé mit vollen Beeren-Aromen und attraktiv trockener Balance.

TESCH – Langenlonsheim/Nahe/D
Weingut Tel.: +49 (0)67 04/9 30 40,
E-Mail: info@weingut-tesch.de
»Deep Blue« Spätburgunder
Preis: € Pigott-Punkte: PPP Meine Punkte: ___
Nicht nur die Ausstattung verbreitet Jacques-Cousteau-Stimmung, sondern auch der Geschmack des Weins ist wie das Abtauchen in eine ruhige und geheimnisvolle Welt, in der alles im Fluss ist. Bei den 2004 fällt die Farbe deutlich kräftiger aus als bei den 2003er.

CANTINA **TRAMIN** – Südtirol-Alto Adige/I
Fischer & Trezza Tel.: +49 (0)7 11/4 60 67 00,
E-Mail: info@fischer-trezza.de
Lagrein Rosé
Preis: € Pigott-Punkte: PPP Meine Punkte: ___
Schmeckt herb, fast wie ein leichter Rotwein, aber mit mehr Frische und Schwung – perfekt zum Lamm an heißen Sommertagen!

VALLFORMOSA – Penedès/E
Rindchens Weinkontor Tel.: +49 (0)40/5 56 20 20,
E-Mail: info@rindchen.de

Vina rosada
Preis: €! Pigott-Punkte: PP Meine Punkte: ___
Für heiße Tage eignet sich dieser recht säurebetonte, schlanke und lebhafte Rosé am besten. Die Erdbeernote ist ganz natürlich!

VALLONE – Puglia/I
Garibaldi Tel.: +49 (0)89/35 63 61 16,
E-Mail: bestellung@garibaldi-wein.de
Brindisi Rosato« Vina Flaminio«
Preis: € Pigott-Punkte: PP Meine Punkte: ___
Fast portweinartig duftet dieser üppige, samtige Wein und ist doch trocken und schreit nach kräftig gewürztem Fleisch.

Trockene Weißweine

LEO **ALZINGER** – Unterloiben/Wachau/A
Weingut Tel.: +43 (0)27 32/7 79 00, E-Mail: weingut@alzinger.at
Diverse Lagen Grüner Veltliner Smaragd
Preis: €€€ Pigott-Punkte: PPPP Meine Punkte: ___
Stoffig und straff, sanft und lebendig zugleich, schmecken diese österreichischen Originale am besten ganz jung oder mit 2–3 Jahren Reife.
Diverse Lagen Riesling Smaragd
Preis: €€€€ Pigott-Punkte: PPPPP Meine Punkte: ___
Diamanten-Brillanz und Diamanten-Festigkeit ohne einen Hauch von Diamanten-Angeberei!

St. **ANTONY** – Nierstein/Rheinhessen/D
Weingut Tel.: +49 (0)61 33/54 82, E-Mail: St.Antony@t-online.de
»Vom Rotliegenden« Riesling trocken (cremefarbenes Etikett)
Preis: € Pigott-Punkte: PPP Meine Punkte: ___
»Vom Rotliegenden« Riesling trocken (rotes Etikett)
Preis: € Pigott-Punkte: PPPP Meine Punkte: ___
Nach dem Schieferboden des Roten Hangs von Nierstein benannt, sind dies mit die sanftesten und geschmeidigsten deutschen Rieslinge unter der 10-€-Schwelle.
Orbel Riesling »Großes Gewächs«
Preis: €€ Pigott-Punkte: PPPP Meine Punkte: ___
Hipping Riesling »Großes Gewächs«
Preis: €€ Pigott-Punkte: PPPP Meine Punkte: ___
Pettental Riesling »Großes Gewächs«
Preis: €€€€ Pigott-Punkte: PPPPP Meine Punkte: ___
Oelberg Riesling »Großes Gewächs«
Preis: €€€ Pigott-Punkte: PPPPP Meine Punkte: ___
Die »Großen Gewächse« von St. Antony verkörpern auf beeindruckende Weise die unterschiedlichen Persönlichkeiten der Niersteiner Spitzenlagen. Am schlanksten und kernigsten ist der »Orbel«, am charmantesten und saftigsten der »Hipping«, üppig und kräftig der »Pettental« und wahrhaft profund und am langlebigsten der »Oelberg«.

CHARLES **AUDOIN** – Marsannay/Bourgogne/F
Wein & Glas Tel.: +49 (0)30/2 35 15 20,
E-Mail: info@weinundglas.com
Marsannay Chardonnay
Preis: €€€ Pigott-Punkte: PPPP Meine Punkte: ___
Eigentlich kann es keine burgundischen Weißweine mit dieser Statur und Geschmeidigkeit zu solchen Preisen geben, aber der junge Cyril Audoin macht es möglich – noch dazu in einer ausgesprochenen Rotwein-Gemeinde!

DR. VON **BASSERMANN-JORDAN** – Deidesheim/Pfalz/D
Weingut Tel.: +49 (0)63 26/60 06,
E-Mail: hauck@bassermann-jordan.de
Diverse Lagennamen Riesling Kabinett trocken
Preis: € Pigott-Punkte: PP Meine Punkte: ___
Diverse Lagennamen Riesling Spätlese trocken
Preis: €€ Pigott-Punkte: PPP Meine Punkte: ___
Diverse Lagennamen Riesling »Großes Gewächs«
Preis: €€€€ Pigott-Punkte: PPPP Meine Punkte: ___
Wer trockene Rieslinge mit viel Saft und Frische sucht, soll diese Weine jung trinken. Ein extrem zuverlässiger Produzent, dessen Weine immer überzeugen – auch gute Liter-Weine.

BASTGEN – Kesten/Mosel-Saar-Ruwer/D
Weingut Tel.: +49 (0)65 35/93 30 92,
E-Mail: info@weingut-bastgen.de
»Blauschiefer« Riesling trocken Kabinett
Preis: € Pigott-Punkte: PP Meine Punkte: ___
Kestener Paulinshofberg Riesling Spätlese trocken
Preis: €€ Pigott-Punkte: PPP Meine Punkte: ___
Die neue Welt des Mosel-Rieslings spricht eine sehr direkte und ausgewogene Sprache, die so gut wie jeder verstehen kann.

BEAUSÉJOUR – Loire/F
Rindchens Weinkontor, Tel.: +49 (0)40/5 56 20 20,
E-Mail: info@rindchen.de
Sauvignon Blanc »Les Grenettes«
Preis: € Pigott-Punkte: PPP Meine Punkte: ___
Saftiger und ansprechender als fast jeder Sancerre/Pouilly Fumé; runde statt spitze Säure und dazu sehr preiswert!

J.B. **BECKER** – Walluf/Rheingau/D
Weingut Tel.: +49 (0)61 23/7 25 23,
E-Mail: h.j.becker@justmail.de
Eltviller Rheinberg Riesling trocken
Preis: € Pigott-Punkte: PPP Meine Punkte: ___
Wallufer Oberberg Riesling halbtrocken
Preis: € Pigott-Punkte: PPP (Ausnahme 2003: PPPP)
Meine Punkte: ___
Wahre Einstiegs*drogen* mit unverschämt viel Wohlgeschmack und Feinheit für diese Preisklasse; fast trocken schmeckend der Halbtrockene.
Wallufer Walkenberg Riesling Spätlese trocken
Preis: €€ Pigott-Punkte: PPPP Meine Punkte: ___
Wallufer Walkenberg Riesling Spätlese trocken »alte Reben«
Preis: €€ Pigott-Punkte: PPPPP Meine Punkte: ___
Abseits jeder Wein-Modenschau und unberührt von jeglicher Winzer-Eitelkeit findet hier eine großartige Veranstaltung statt;

Schönheit, wie Goethe sie verstanden hat, aber in zeitgenössischer Form.

BERGDOLT – Neustadt-Duttweiler/Pfalz/D
Weingut Tel.: +49 (0)63 27/50 27,
E-Mail: weingut-bergdolt-st.-lamprecht@t-online.de
Diverse Lagen Weißburgunder Kabinett trocken
Preis: € Pigott-Punkte: PPP Meine Punkte: ___
»St. Lamprecht« Weißburgunder Kabinett trocken
Preis: € Pigott-Punkte: PPPP Meine Punkte: ___
»St. Lamprecht« Weißburgunder Spätlese trocken
Preis: €€ Pigott-Punkte: PPPP (Ausnahme 2003: PPPPP)
Meine Punkte: ___
Mandelberg Weißburgunder »Großes Gewächs«
Preis: €€€ Pigott-Punkte: PPPPP Meine Punkte: ___
Weißburgunder ist seit langem Modesorte. Deshalb ist es erstaunlich, wie viele Weintrinker nie von diesen Pfälzer Meisterwerken gehört haben. Schmelz ohne Schwere sowie Power ohne Bombast zeichnen sie aus.
Riesling trocken (Liter)
Preis: €! Pigott-Punkte: PPP Meine Punkte: ___
Reiterpfad Riesling »Großes Gewächs«
Preis: €€€ Pigott-Punkte: PPPP–PPPPP Meine Punkte: ___
Die ganze Palette an Bergdolt-Riesling-Weinen beeindruckt, besonders nachhaltig jedoch die zwei Extreme der Preisskala; richtig trockene Weine, die genug Fleisch und Schmackes besitzen, um weder Mund noch Hirn auszutrocknen.

BERCHER-SCHMIDT – Oberrotweil/Baden/D
Weingut Tel.: +49 (0)76 62/3 72,
E-Mail: weingut@bercher-schmidt.de
Bischoffinger Rosenkranz Weißburgunder Kabinett/Spätlese trocken
Preis: € Pigott-Punkte: PPP (Ausnahme 2003: PPPP)
Meine Punkte: ___
Bischoffinger Käsleberg Weißburgunder Spätlese trocken
Preis: € Pigott-Punkte: PPPP Meine Punkte: ___
Mit feinen Kräuternoten und zarter Fülle definiert der Rosenkranz die klassische Eleganz badischer Weißburgunder ganz neu, wogegen der Käsleberg beim traditionellen Spiel zwischen Schmelz und Frische bleibt.
Oberrotweiler Henkenberg Grauburgunder Kabinett trocken
Preis: € Pigott-Punkte: PPP Meine Punkte: ___
Bischoffinger Steinbuck Grauburgunder Spätlese trocken
Preis: €€ Pigott-Punkte: PPPP Meine Punkte: ___
Ohne jegliche Spielerei mit modischem Kram und ohne andererseits an traditionellen Werten zu kleben, überzeugen diese Kraftpakete auf Anhieb.

BEURER – Kernen/Württemberg/D
Weingut Tel.: +49 (0)71 51/4 21 90,
E-Mail: info@weingut-beurer.de
Stettener Pulvermächer Riesling Kabinett trocken
Preis: € Pigott-Punkte: PPP (Ausnahme 2003: PPPP)
Meine Punkte: ___
Stettener Pulvermächer Riesling Spätlese (trocken)
Preis: €€ Pigott-Punkte: PPPP Meine Punkte: ___
Auch wenn manche Jahrgänge der Spätlese aus bezeichnungstechnischen Gründen nicht den Begriff »trocken« auf dem Etikett tragen dürfen, sind diese Weine der neue Maßstab für trockenen Riesling in Württemberg. Sie strotzen vor Frucht und Würze und ist dabei so kurvenreich wie Marilyn Monroe.
Riesling »M«
Preis: €€€ Pigott-Punkte: PPPPP Meine Punkte: ___
Wer keine Angst vor der ungeheuren Kraft der Natur hat, darf in die M-Klasse einsteigen.
Grauburgunder (trocken)
Preis: €€ Pigott-Punkte: PPPP Meine Punkte
Wer es üppig und satt mag, ist hier bestens bedient, ohne überfordert zu werden. Nichts für Weicheier!

GEORG **BREUER** – Rüdesheim/Rheingau/D
Weingut Tel.: +49 (0)67 22/10 27,
E-Mail: info@georg-breuer.com
Rüdesheim »Estate« Riesling/Rauenthal »Estate« Riesling
Preis: € Pigott-Punkte: PPP Meine Punkte: ___
Alle Breuer-Weine werden schöner mit der Zeit, wobei diese am wenigsten Geduld verlangen, um ihre herbe Eleganz zu entfalten.
»Terra Montosa« Riesling
Preis: €€ Pigott-Punkte: PPPP Meine Punkte: ___
Hier wird eine Geschichte von geologischem Alter und gegenwärtiger Dynamik sehr spannend erzählt und am meisten Spaß macht es, ihr am Essenstisch zuzuhören.
Nonnenberg Riesling
Preis: €€€€ Pigott-Punkte: PPPPP Meine Punkte: ___
Berg Rottland Riesling
Preis: €€€€ Pigott-Punkte: PPPPP Meine Punkte: ___
Berg Schlossberg Riesling
Preis: €€€€€ Pigott-Punkte: PPPPP! Meine Punkte: ___
Die Nadja Auermanns unter den deutschen Rieslingen sind – was sonst? – groß, aber schlank, willensstark, absolut selbständig . . . und gnadenlos schön. Von den drei Lagenweinen ist der »Nonnenberg« aus Rauenthal in der Jugend am offensten und der »Berg Schlossberg« aus Rüdesheim am langlebigsten.

BRÜNDLMAYER – Langenlois/Kamptal/A
Weingut Tel.: +43 (0)27 34/21 72,
E-Mail: weingut@bruendlmayer.at
Diverse Lagennamen Grüner Veltliner (grüne Schlegelflasche)
Preis: €€ Pigott-Punkte: PPP Meine Punkte: ___
Pfeffrige Frische und sanfte Säure machen diese Weine zu erstklassigen und sehr vielseitigen Essensbegleitern.
Diverse Lagennamen Grüner Veltliner (bauchige Burgunderflasche)
Preis: €€€€ Pigott-Punkte: PPPP Meine Punkte: ___
Wesentlich mehr Würze und Schmelz, ohne eine Spur plump oder sättigend zu wirken.
Lamm Grüner Veltliner
Preis: €€€€ Pigott-Punkte: PPPPP Meine Punkte: ___
Gigantisch viel Wein und ein gigantisch vielseitiger Wein. Wovon gibt es hier mehr: tropische Früchte und Üppigkeit, pulsierende Würze oder doch Feinheit?
Diverse Lagennamen Riesling
Preis: €–€€ Pigott-Punkte: PPP Meine Punkte: ___
Zöbinger Heiligenstein Riesling
Preis: €€€ Pigott-Punkte: PPPP Meine Punkte: ___
Bründlmayers Palette an trockenen Rieslingen ist genauso zuverlässig wie seine Grünen Veltliner, aber schlanker und von Pfirsich-Aromen dominiert. Über der schon beeindruckend geschmeidigen normalen Abfüllung des »Heiligensteins« steht der noch überwältigendere »Alte Reben«.

BUITENVERWACHTING – Constantia/Western Cape/ZA
Kaufhof
»Manor House« Sauvignon Blanc/Chenin Blanc
Preis: € Pigott-Punkte: PP Meine Punkte: ___
Sauvignon Blanc
Preis: €€ Pigott-Punkte: PPP Meine Punkte: ___
Der ganze fruchtige Charme, für den südafrikanische Weißweine bekannt sind, doch ohne die Wuchtigkeit, die sich oft dahinter versteckt.

CLEMENS **BUSCH** – Pünderich/Mosel-Saar-Ruwer/D
Weingut Tel.: +49(0)56 42/2 21 80,
E-Mail: weingut@clemens-busch.de
Pündericher Marienburg Riesling Kabinett trocken
Preis: € Pigott-Punkte: PPP Meine Punkte: ___
Pündericher Marienburg Riesling Spätlese trocken ** / ***
Preis: €/€€ Pigott-Punkte: PPPP Meine Punkte: ___
Für »Standard-Abfüllungen« sind das verdammt starke Weine, die genauso durch Feinheit wie durch Kraft beeindrucken. Schon hier wird das Stereotyp vom schlanken/dünnen, säurebetonten Moselwein gesprengt.

Pündericher Marienburg Riesling Spätlese »Fahrlay«
Preis: €€ Pigott-Punkte: PPPPP Meine Punkte: ___
Pündericher Marienburg Riesling Spätlese »Felsterrasse«
Preis: €€€€ Pigott-Punkte: PPPPP Meine Punkte: ___
Noch dichter, aber auch noch eigenständiger, fundamentalistischer sind diese wahren Riesling-Konzentrate.

LOS **CAMINILLOS** – Navalcarnero/Madrid/E
Rossmann
Malvar
Preis: €! Pigott-Punkte: PP Meine Punkte: ___
Ein würziger, charaktervoller Spanier, der ohne deutlich spürbare Säure wunderbar erfrischend wirkt; für unter 3 € besitzt die Flasche eine sensationelle Qualität.

Fürstlich **CASTELL**'sches Domänenamt – Castell/Franken/D
Weingut Tel.: +49 (0)93 25/6 01 60, E-Mail: weingut@castell.de
»Edition Graf Ferdinand« Kugelspiel Silvaner
Preis: € Pigott-Punkte: PPP Meine Punkte: ___
Schlossberg Silvaner »Großes Gewächs«
Preis: €€€€ Pigott-Punkte: PPPP Meine Punkte: ___
Trotz fast 1000 Jahren Familiengeschichte einer der Pioniere des neuen fruchtbetonten blitzig-klaren Frankenweines. Hier vereint sich Bodenständigkeit mit Eleganz.
»Edition Graf Ferdinand« Trautberg Silvaner/Traminer
Preis: € Pigott-Punkte: PPP Meine Punkte: ___
Eine der originellsten Wein-Kreationen der fränkischen Neuzeit; zugleich stark, sanft und duftig.
»Edition Graf Ferdinand« Hohnart Riesling
Preis: €€ Pigott-Punkte: PPP Meine Punkte: ___
Schlossberg Riesling »Großes Gewächs«
Preis: €€€€ Pigott-Punkte: PPPP Meine Punkte: ___
Das Gleiche gilt hier, wobei diese Weine noch schlanker und straffer sind; oft macht ein gereifter Jahrgang deutlich mehr Spaß als der jüngste.

A. **CHRISTMANN** – Gimmeldingen/Pfalz/D
Weingut Tel.: +49 (0)63 21/6 60 39,
E-Mail: weingut.christmann@t-online.de
Weißburgunder Spätlese trocken »SC«
Preis: €€€ Pigott-Punkte: PPP Meine Punkte: ___
Grauburgunder Spätlese trocken »SC«
Preis: €€€ Pigott-Punkte: PPPP Meine Punkte: ___
Für so viel Kraft und Fülle erstaunlich hell und schwungvoll und gegenüber vergleichbaren badischen Gewächsen richtiggehend leicht.
Gimmeldinger/Königsbacher/Ruppertsberger Riesling
Preis: € Pigott-Punkte: PP Meine Punkte: ___

Ansprechende reife Pfirsicharomen und angemessene Fülle ergeben eine sehr gute Harmonie (besonders beim *2003 Gimmeldinger*: PPP).

Mandelgarten Riesling »Großes Gewächs«

Preis: €€€€ Pigott-Punkte: PPPP Meine Punkte: ___

Hohenmorgen Riesling »Großes Gewächs«

Preis: €€€€ Pigott-Punkte: PPPPP Meine Punkte: ___

Idig Riesling »Großes Gewächs«

Preis: €€€€ Pigott-Punkte: PPPPP Meine Punkte: ___

Power-Weine für moderne Power-Trinker; der »Mandelgarten« mit Power und Saft, der »Hohenmorgen« mit Power und Finesse, der Idig ein mächtiges Kolosseum des Pfälzer Rieslings.

ANSGAR **CLÜSSERATH** – Trittenheim/Mosel-Saar-Ruwer/D

Weingut Tel.: +49 (0)65 07/22 90,

E-Mail: weingut@ansgar-cluesserath.de

Trittenheimer Apotheke Riesling trocken ***

Preis: €€ Pigott-Punkte: PPPP Meine Punkte: ___

Ungewöhnlich kräftige und schmelzige trockene Weine für die Mittelmosel mit viel reifen Pfirsich- und frischen Kräuter-Aromen.

KLEIN **CONSTANTIA** – Constantia/Western Cape/ZA

Kaufhof

Sauvignon Blanc

Preis: €€ Pigott-Punkte: PPP Meine Punkte: ___

Viel Licht und viel Frische auf der Kap-Halbinsel ergeben viel Frucht (Grapefruit und Melone) sowie große Klarheit.

MARCEL **DEISS** – Bergheim/Alsace/F

Weingut Tel.: +33 (0)3/89 73 63 37,

E-Mail: marceldeiss@marceldeiss.fr

Pinot Blanc

Preis: €€ Pigott-Punkte: PPPP Meine Punkte: ___

Trotz der Wärme von gerösteten Nüssen und zerlassener Butter wirkt er erfreulich schlank.

Riesling Bergheim / Saint Hippolyte

Preis: €€ Pigott-Punkte: PPP Meine Punkte: ___

Engelgarten Riesling

Preis: €€€ Pigott-Punkte: PPPP Meine Punkte: ___

Mit ihrer weinigen, würzigen Art vollkommen anders als die besten deutschen Rieslinge, aber genauso beeindruckend.

SCHLOSSGUT **DIEL** – Burg Layen/Nahe/D

Weingut Tel.: +49 (0)67 21/9 69 50,

E-Mail: info@schlossgut-diel.com

»Diel de Diel«

Preis: €€ Pigott-Punkte: PP Meine Punkte: ___

Rund, fruchtig und sanft; Allerweltsgeschmack auf hohem Niveau.

Goldloch Riesling »Großes Gewächs«

Preis: €€€€ Pigott-Punkte: PPPP Meine Punkte: ___

Burgberg Riesling »Großes Gewächs«

Preis: €€€€ Pigott-Punkte: PPPP (Ausnahme 2003: PP)
Meine Punkte: ___

Pittermännchen Riesling »Großes Gewächs«

Preis: €€€€ Pigott-Punkte: PPPP Meine Punkte: ___

Erstaunlich volle, stoffige trockene Rieslinge für die nördliche Nahe, die dennoch nicht wie Klone südlicher Gewächse wirken. Dazu darf das Essen schon (gut und) deftig sein.

H. **DÖNNHOFF** – Oberhausen/Nahe/D

Weingut Tel.: +49 (0)67 55/2 63, E-Mail: weingut@doennhoff.com

Riesling trocken

Preis: € Pigott-Punkte: PPP Meine Punkte: ___

Wer kann diesem Charme und dieser Frische widerstehen? Nur die Weintrinker, die borniert auf füllige oder gar wuchtige trockene Weißweine bestehen.

Schlossböckelheimer Felsenberg Riesling Spätlese trocken

Preis: €€€ Pigott-Punkte: PPPP Meine Punkte: ___

Hermannshöhle Riesling »Großes Gewächs«

Preis: €€€€ Pigott-Punkte: PPPPP! Meine Punkte: ___

Das einzige, was man gegen diese schlanken Meisterwerke vorbringen könnte, ist, dass sie sehr anspruchsvoll sind und sich oft nicht im ersten Moment vollständig begreifen lassen. Hier eröffnen sich neue aromatische und geologische Schichten mit jedem überraschenden Schluck.

DREISSIGACKER – Bechtheim/Rheinhessen/D

Weingut Tel.: +49 (0)62 42/24 25,
E-Mail: info@dreissigacker-wein.de

Weißer Riesling

Preis: € Pigott-Punkte: PP Meine Punkte: ___

Bechtheimer Hasensprung Riesling »S«

Preis: € Pigott-Punkte: PPPP
Meine Punkte: ___

Viel Wein (mit überzeugender Saftigkeit und Harmonie) für wenig Geld von einem bedeutenden neuen Aufsteiger . . . und Jochen Dreissigacker ist erst Mitte zwanzig!

BERNHARD **EIFEL** – Trittenheim/Mosel-Saar-Ruwer/D

Weingut Tel.: +49 (0)65 07/59 72,
E-Mail: Bernhard.Eifel@t-online.de

»Der wurzelechte Riesling«

Preis: €€ Pigott-Punkte: PPPP Meine Punkte: ___

»Faszination Riesling«

Preis: €€ Pigott-Punkte: PPP Meine Punkte: ___

Gerade als ich dachte, die stilistischen Möglichkeiten des Mosel-Rieslings seien vollends ausgeschöpft, bin ich auf Alexandra Eifels Weine gestoßen, die gleichzeitig erdverbunden und faszinierend sind.

EMRICH-SCHÖNLEBER – Monzingen/Nahe/D
Weingut Tel.: +49 (0)67 51/27 33,
E-Mail: weingut@emrich-schoenleber.com
Monzinger Riesling trocken/halbtrocken
Preis: € Pigott-Punkte: PP
Meine Punkte: ___
Prototypische nördliche Rieslinge mit feinem Pfirsichduft und frischer Säure.
Monzinger Frühlingsplätzchen Riesling Kabinett trocken
Preis: € Pigott-Punkte: PPP Meine Punkte: ___
Der ganze Charme des Frühlings in einem Wein, dessen Leichtigkeit zu jeder Jahreszeit bestens passt.
Monzinger Halenberg Riesling Kabinett trocken
Preis: € Pigott-Punkte: PPP (Ausnahme 2003: PPPP)
Meine Punkte: ___
Monzinger Halenberg Riesling Spätlese trocken/halbtrocken
Preis: €€ Pigott-Punkte: PPPP Meine Punkte: ___
Halenberg Riesling »Großes Gewächs«
Preis: €€€ Pigott-Punkte: PPPP Meine Punkte: ___
Hochelegante Rieslinge mit sehr viel Ausdruck bei moderatem Alkoholgehalt. Am eingängigsten sind die verführerischen halbtrockenen Spätlesen, die nach scharfgewürzten Speisen förmlich schreien. Die Weine aus dem »Frühlingsplätzchen« haben tatsächlich etwas Frühlingshaftes, dagegen wirken die »Halenberg«-Weine fester.

FATTORIA DI **FELSINA** – Castelnuovo Berardenga/Toscana/I
Garibaldi Tel.: +49 (0)89/35 63 61 16,
E-Mail: bestellung@garibaldi-wein.de
»I Sistri« Chardonnay
Preis: €€€ Pigott-Punkte: PPP Meine Punkte: ___
Ein ungewöhnlich schlanker, erfrischender Chardonnay ohne jede Spur von Holzhammer, aber mit viel Charakter.

FLAGSTONE WINES – Cape Town/Western Cape/ZA
Kloos & Kloos Tel.: +49 (0)61 32/43 18 28,
E-Mail: info@afrika-wein.de
»Noon Gun«
Preis: € Pigott-Punkte: PP Meine Punkte: ___
Bruce Jacks einfachster Weißwein ist ungemein lustig und beschwingt und kostet nicht viel mehr als 5 €.
»Free Run« Sauvignon Blanc
Preis: € Pigott-Punkte: PPP Meine Punkte: ___

»The Berrio« Sauvignon Blanc
Preis: €€€ Pigott-Punkte: PPPP (Ausnahme 2003: PPPPP)
Meine Punkte: ___
Sehr duftige Sauvignons, die weder laut noch bissig sind (häufige Probleme bei der Sorte). »The Berrio« strahlt wie eine Supernova und ist trotzdem fein!

JOACHIM **FLICK** – Flörsheim-Wicker/Rheingau/D
Weingut Tel.: +49 (0)61 45/76 86,
E-Mail: info@flick-wein.de
Riesling trocken/halbtrocken (Liter)
Preis: €! Pigott-Punkte: PP Meine Punkte: ___
Für diese Preisklasse erstaunlich viel Reinheit und Wohlgeschmack aus einem Gebiet, dessen Weine leider meistens überteuert sind.
»F. Vini et Vita« Riesling trocken
Preis: € Pigott-Punkte: PPP Meine Punkte: ___
Ein kleines Wunder an Charme und Heiterkeit aus einem Gebiet, dessen Weine leider meistens schwerfällig sind. Ab Hof kostet er nur ganz knapp über 5 €!
Wickerer Nonnberg Riesling trocken
Preis: € Pigott-Punkte: PPP Meine Punkte: ___
Nonnberg Riesling »Erstes Gewächs«
Preis: €€€ Pigott-Punkte: PPPPP Meine Punkte: ___
Pures Gold; beim Riesling trocken in Form von Klumpen, aber beim »Ersten Gewächs« geschliffen, glänzend.
Mönchsgewann Riesling »Erstes Gewächs«
Preis: €€ Pigott-Punkte: PPPPP Meine Punkte: ___
Dieses Meisterwerk unter den trockenen deutschen Rheingauer Rieslingen verlangt viel Geduld, verfügt aber über enorme Reserven an Ausdruck (dunkle Früchte, dunkle Erde), die sich erst ab 18 Monate nach der Lese offenbaren.

FRANKLAND ESTATE – Frankland/Great Southern/AUS
Wein & Glas Tel.: +49 (0)30/2 35 15 20,
E-Mail: info@weinundglas.com
»Rivermist Vineyards« Riesling
Preis: € Pigott-Punkte: PP Meine Punkte: ___
Isolation Ridge Riesling
Preis: €€ Pigott-Punkte: PPPP Meine Punkte: ___
Mit die stärksten trockenen Rieslinge aus Übersee. Der »Isolation Ridge« (»abgeschiedene Kuppe«) erklärt sich in seiner kargen Kompromisslosigkeit selbst, der »Rivermist Vineyards« dagegen ist ein lustiger, zitrusbetonter Wein.

REINHOLD **FRANZEN** – Bremm/Mosel-Saar-Ruwer/D
Weingut Tel.: +49 (0)26 75/4 12,
E-Mail: info@weingut-franzen.de

Bremmer Calmont Riesling trocken
Preis: € Pigott-Punkte: PP Meine Punkte: ___
Bremmer Calmont Riesling trocken »Goldkapsel«
Preis: €€ Pigott-Punkte: PPP Meine Punkte: ___
Riesling »Calidus Mons«
Preis: €€€€ Pigott-Punkte: PPPP Meine Punkte: ___
Am charmantesten als junger Wein ist der saftige »normale« Calmont, wohingegen der »Calidus Mons« einen ähnlich schwindelerregenden Blick in die Tiefe bietet wie von den obersten Terrassen dieser legendären Steil(st)lage.

RUDOLF **FÜRST** – Bürgstadt/Franken/D
Weingut Tel.: +49 (0)93 71/86 42,
E-Mail: weingut-rudolf-fuerst@t-online.de
»Buntsandstein-Terrassen« Riesling & Silvaner trocken
Preis: €€ Pigott-Punkte: PPP–PPPP Meine Punkte: ___
Mit seiner profunden Bodenhaftung ist dieser Wein aus uralten Rebanlagen alles andere als der flüchtige Charmeur; fällt völlig aus dem kühlen nördlichen Rahmen.
Bürgstadter Centgrafenberg Riesling Kabinett trocken
Preis: €€ Pigott-Punkte: PPP Meine Punkte: ___
Bürgstadter Centgrafenberg Riesling Spätlese trocken »R« – »Trias«
Preis: €€€€ Pigott-Punkte: PPPPP Meine Punkte: ___
Hier muss man das ganze klassische Riesling-Vokabular (»Rasse«, »Spiel«, »Finesse«) einsetzen, um sich der herrlichen Wahrheit dieser Ausnahme unter den Frankenweinen ein wenig zu nähern.
Weißburgunder trocken
Preis: €€€ Pigott-Punkte: PPPP Meine Punkte: ___
Weißburgunder trocken »R«
Preis: €€€€ Pigott-Punkte: PPPPP Meine Punkte: ___
Wüsste man es nicht besser, würde man angesichts dieses aromatischen Reichtums und der gaumenschmeichelnden Beschaffenheit annehmen, es handle sich um hochwertige Weißweine aus Burgund.

GEIL (Geil-Bierschenk) – Bechtheim/Rheinhessen/D
Weingut Tel.: +49 (0)62 42/15 46,
E-Mail: info@weingut-geil.de
Bechtheimer Geyersberg Riesling trocken Spätlese
Preis: € Pigott-Punkte: PPP Meine Punkte: ___
Bechtheimer Geyersberg Silvaner trocken Spätlese »S«
Preis: € Pigott-Punkte: PPP Meine Punkte: ___
Vielleicht wäre das Wortspiel mit dem Weingutsnamen zu plump, aber das sind Weine, die enorm viel Trinkspaß bereiten bei extrem freundlichen Preisen. Der Silvaner ist ein richtiges Maulvoll Wein, der Riesling sehr saftig und schwungvoll.

JEAN-RENÉ **GERMANIER** – Vétroz/Valais/CH
Linke Tel.: +49 (0)81 02/89 58 68,
E-Mail: linke-weine@t-online.de
Fendant du Valais
Preis: € Pigott-Punkte: PP Meine Punkte: ___
Balavaud Grand Cru Fendant
Preis: €€ Pigott-Punkte: PPP (Ausnahme 2003: PPPP)
Meine Punkte: ___
Endlich schmeckt man die steilen sonnendurchglühten Terrassen des oberen Rhônetals und die frische Bergluft der Alpengipfel in Fendant-Form. Der 2003 Balavaud übertrifft alles, was ich bisher aus der Traubensorte erlebt habe! Die neue Wein-Schweiz lässt grüßen!
Petite Arvine
Preis: €€€ Pigott-Punkte: PPPP Meine Punkte: ___
Eigenwillig ist jeder gelungene »Petite Arvine« – dieser duftet (positiv!) nach angebratenem Knollensellerie –, aber er zeigt auch überzeugende Saftigkeit und eine klare Linie.

SCHLOSS **GOBELSBURG** – Gobelsburg/Kamptal/A
Weingut Tel.: +43 (0)27 34/24 22,
E-Mail: schloss@gobelsburg.at
»Tradition« Grüner Veltliner
Preis: €€€ Pigott-Punkte: PPPP Meine Punkte: ___
Lamm Grüner Veltliner
Preis: €€€ Pigott-Punkte: PPPPP Meine Punkte: ___
Seine samtige Geschmeidigkeit ist das Auffälligste an der »Tradition«, seine innere Ruhe aber nicht weniger beeindruckend. Der noch üppigere und kräftigere Lamm ist etwas energischer, zumindest als ganz junger Wein.
»Urgesteinsriesling« Riesling
Preis: € Pigott-Punkte: PP Meine Punkte: ___
Zöbinger Heiligenstein Riesling
Preis: €€ Pigott-Punkte: PPP Meine Punkte: ___
»Alte Reben« Riesling
Preis: €€ Pigott-Punkte: PPPP Meine Punkte: ___
Wer die Kraft der Sonne und den Stoff der Erde spüren möchte, ist hier richtig; zentrierte Weine, die dem Begriff »Weinigkeit« neue Bedeutung verleihen.

GROSS – Ratsch/Südsteiermark/A
Weingut Tel.: +43 (0)34 53/25 27, E-Mail: weingut@gross.at
Sauvignon Blanc »Steirische Klassik«
Preis: €€ Pigott-Punkte: PPP Meine Punkte: ___
Sulz Sauvignon Blanc
Preis: €€€ Pigott-Punkte: PPPP Meine Punkte: ___
Überschwängliche Freude am Wein bewegt diese hocharomatischen und hocherfrischenden Weine aus der Sancerre-Traube;

»Ja«! Dazu kitzelt der »Sulz« Nerven, die kaum ein Sancerre je erreicht hat!

Nussberg Muskateller

Preis: €€ Pigott-Punkte: PPPP Meine Punkte: ___

Gamitzberg Gewürztraminer

Preis: €€€ Pigott-Punkte: PPPP Meine Punkte: ___

Dass so genannte »Duftsorten« zu solch feinen, subtilen Weinen fähig sind, die so gut zum Essen passen, ist den wenigsten Weintrinkern bewusst.

GUNDERLOCH – Nackenheim/Rheinhessen/D

Weingut Tel.: +49 (0)61 35/23 41,
E-Mail: info@gunderloch.de

Riesling trocken

Preis: € Pigott-Punkte: PP Meine Punkte: ___

Für einen schlichten »normalen« Wein bietet er viel Grapefruit- und weiße Pfirsich-Aromen gepaart mit überzeugender Frische.

Nackenheim Rothenberg Riesling

Preis: €€€€ Pigott-Punkte: PPPP Meine Punkte: ___

Der trockene »Rothenberg« wirkt (erfreulicherweise) etwas entspannter als wenige Jahre zuvor. Trotzdem, hier ist (im positiven Sinne) mächtig Spannung und kaum weniger Energie vorhanden; die Harley-Davidson des deutschen Rieslings!

GYSLER – Alzey-Weinheim/Rheinhessen/D

Weingut Tel.: +49 (0)67 31/4 12 66,
E-Mail: alex.gysler@t-online.de

Weißburgunder Spätlese trocken

Preis: € Pigott-Punkte: PP Meine Punkte: ___

Im positiven Sinne des Wortes ein untypischer Weißburgunder bzw. unglaublich frisch und schlank trotz eines ordentlichen Schusses (natürlichen) Alkohols.

Grauburgunder Spätlese trocken

Preis: € Pigott-Punkte: PPP Meine Punkte: ___

Florale Heiterkeit und eine schier unglaubliche Leichtigkeit für eine Sorte, die sehr leicht zu träger Korpulenz neigt.

FRANZ **HAAS** – Manzon/Südtirol-Alto Adige/I

Harald Bremer Tel.: +49 (0)5 31/23 73 60,
E-Mail: info@bremerwein.de

Pinot Bianco

Preis: €€ Pigott-Punkte: PP Meine Punkte: ___

Traminer

Preis: €€ Pigott-Punkte: PPP Meine Punkte: ___

Wer Frische und Duft in italienischen Weißweinen sucht, kann sich auf diese Weine freuen – wer hingegen einen flüssigen Kompromiss sucht, ist hier absolut fehl am Platz. Sehr »aromatico« ist der Gewürztraminer, dabei aber nicht laut und noch weniger schwer.

»Mana«
Preis: €€ Pigott-Punkte: PPPP Meine Punkte: ___
Nach unzähligen Experimenten hat Franz Haas es geschafft, große Frische und Duftigkeit mit viel Substanz und Schmelz erfolgreich zu vereinen.

KURT **HAIN** – Piesport/Mosel-Saar-Ruwer/D
Weingut Tel.: +49 (0)65 07/24 42,
E-Mail: weingut-hain@t-online.de
Piesporter Goldtröpfchen Riesling Kabinett halbtrocken
Preis: € Pigott-Punkte: PPP (Ausnahme 2003: PPPP)
Meine Punkte: ___
Piesporter Goldtröpfchen Riesling Spätlese halbtrocken
Preis: € Pigott-Punkte: PPPP Meine Punkte: ___
Hier steckt wahnsinnig viel Stoff dahinter, und die Harmonie ist eher auf der trockenen Seite. Starke Weine für starke Riesling-Jungs und -Mädels. Die trockenen Rieslings sind auch gut, aber nicht gerade auf der leichten Kante.

HEGER/DR. **HEGER** – Ihringen/Baden/D
Weinhaus/Weingut Tel.: +49 (0)76 68/2 05,
E-Mail: info@heger-weine.de
Heger Weißburgunder »Oktav«
Preis: € Pigott-Punkte: PP Meine Punkte: ___
Heger Grauburgunder »Oktav«
Preis: € Pigott-Punkte: PP Meine Punkte: ___
Aus dem Weinhaus Heger kommen klare Weine mit ansprechender Frucht (bei Weißburgunder eher an Äpfel und Birnen erinnernd, bei Grauburgunder an Melonen), sanfter Frische und mittelgewichtigem Körper. Vorsicht! Die 2003er besitzen typischerweise über 14 % Alkohol!
Dr. Heger Weißburgunder Ihringer Winklerberg Spätlese trocken
Preis: €€ Pigott-Punkte: PPPP Meine Punkte: ___
Dr. Heger Grauburgunder Ihringer Winklerberg Spätlese trocken
Preis: €€ Pigott-Punkte: PPPPP Meine Punkte: ___
Mit diesen Weinen hat Joachim Heger sich einen Ruf geschaffen, und sie gehören nach wie vor zu den ausgeprägtesten Charakteren unter den badischen Weinen. Der vulkanische Boden des Winklerbergs gibt ihnen Feuer und Feinheit. Die Abfüllungen mit *** auf dem Etikett (PPP) sind dagegen in neuen Holzfässern ausgebaute Weine mit recht starken Röstaromen und herbem Nachgeschmack.
Heger »Vitus« Grauburgunder
Preis: €€ Pigott-Punkte: PPP Meine Punkte: ___
Dieser im Barriquefass ausgebaute Grauburgunder ist geschmeidig und schmelzig mit deutlichen Röstaromen.

HENSEL – Bad Dürkheim/Pfalz/D
Weingut Tel.: +49 (0)63 22/24 60, E-Mail: henselwein@aol.com
Dürkheimer Steinberg Riesling
Preis: €! Pigott-Punkte: PP
Meine Punkte: ___
»Höhenflug« Riesling
Preis: € Pigott-Punkte: PPP
Meine Punkte: ___
Mit den 2003er und 2004er Jahrgängen hat Thomas Hensel einen Riesling-Sprung nach oben geschafft. Maracuja-Noten und große Saftigkeit wirken fein statt kitschig, und der »Höhenflug« verdient eindeutig diesen Namen. Wer hochwertige Pfälzer Unterhaltung sucht, liegt richtig.
»Höhenflug« Sauvignon Blanc
Preis: € Pigott-Punkte: PPP Meine Punkte: ___
»Höhenflug« Gewürztraminer
Preis: € Pigott-Punkte: PPPP Meine Punkte: ___
Und wer das Abheben nach dem Riesling nicht geschafft hat, wird es nach diesen Duftbomben packen, aber Vorsicht – was die Alkoholwerte betrifft, sind dies keine federleichten Weinchen!

WEINHOF **HERRENBERG** – Schoden/Mosel-Saar-Ruwer/D
Weingut Tel.: +49 (0)65 81/12 58, E-Mail: post@naturwein.com
Schodener Herrenberg Riesling trocken »Faß ?«
Preis: €€ Pigott-Punkte: PPP–PPPP Meine Punkte: ___
Die Fassnummern dienen der Differenzierung unter den zahlreichen Abfüllungen aus jedem Jahrgang; um so höher die Nummer, desto – tendenziell – beeindruckender der Wein in puncto Fülle, Dichte und Wahnsinn.
»Saartyr« Riesling trocken
Preis: €€€ Pigott-Punkte: PPPPP Meine Punkte: ___
Den Gipfel an Fülle, Dichte und Wahnsinn im trockenen Bereich bildet der »Saartyr«, wonach die Nachfrage (bzw. Gier) schon viel zu groß ist!
»QuaSaar« Riesling
Preis: €€ Pigott-Punkte: PPPP Meine Punkte: ___
Aus dem »QuaSaar« strömen düsenartig die herrlichsten Fruchtaromen, genau wie hochenergetische Materie aus dem Kern eines Quasars schießt. Dass der Wein nicht ganz trocken ist, macht gar nichts aus.

HEYMANN-LÖWENSTEIN – Winningen/Mosel-Saar-Ruwer/D
Weingut Tel.: +49 (0)26 06/19 19,
E-Mail: weingut@heymann-loewenstein.com
»Schieferterrassen« Riesling
Preis: € Pigott-Punkte: PPPP Meine Punkte: ___
Dieser Wein schafft es, gleichzeitig unverschämt lecker und sehr

eigen zu sein. Cremig und kernig ist er fast mein »Hauswein«, obwohl ich diesen Begriff an sich ablehne.

Kirchberg Riesling
Preis: €€ Pigott-Punkte: PPPP Meine Punkte: ___

Stolzenberg Riesling
Preis: €€€ Pigott-Punkte: PPPPP Meine Punkte: ___
Die beiden Rieslinge aus Hatzenport zeigen eine pikante Note gepaart mit Saft und der Rasse eines Windhunds. Im Falle des »Stolzenberg« dazu auch ein Hauch Drachenfeuer.

Röttgen Riesling
Preis: €€€ Pigott-Punkte: PPPP Meine Punkte: ___
Der Inbegriff von exotisch und tropisch beim Weißwein. Der Beweis, dass nicht jeder Körper straff und schlank sein muss, um eine erotische Anziehung auszuüben.

Uhlen »Blaufüsser Lay«/»Laubach« Riesling
Preis: €€€€ Pigott-Punkte: PPPPP Meine Punkte: ___
Gegensätzliche Weine aus zwei Unterteilen einer Lage: der »Blaufüsser Lay« ist eher filigran und kühl, der »Laubach« üppig, satt und cremig.

Uhlen »Rothlay« Riesling
Preis: €€€€ Pigott-Punkte: PPPPP! Meine Punkte: ___
Die strenge Sirene der Terrassenmosel kämmt ihre dunklen Haare und schaut einem ganz tief in die Augen – bis man auf Grund läuft; ein Entweder-oder-Wein.

HIEDLER – Langenlois/Kamptal/A
Weingut Tel.: +43 (0)27 34/24 68, E-Mail: hiedler@netway.at

Grüner Veltliner
Preis: €! (Liter) Pigott-Punkte: PP Meine Punkte: ___
Ein genialer »kleiner Wein«; harmonisch, offen und warmherzig.

Grüner Veltliner »Maximum«
Preis: €€€ Pigott-Punkte: PPPP Meine Punkte: ___
Wer nicht auf die Maximum-Stärke einer Power-Sorte vorbereitet ist, sollte schleunigst den Laden verlassen!

HIRSCH – Kammern/Kamptal/A
Weingut Tel.: +43 (0)27 35/24 60, E-Mail: info@weingut-hirsch.at

Heiligenstein Grüner Veltliner
Preis: €€ Pigott-Punkte: PPP Meine Punkte: ___

Lamm »Alte Reben« Grüner Veltliner
Preis: €€€ Pigott-Punkte: PPPP Meine Punkte: ___
Herzhaft, charaktervoll und recht beschwingt zugleich sind diese Grünen Veltliner einfacher zu zechen als viele andere österreichische Prachtweine.

Heiligenstein Riesling
Preis: €€€ Pigott-Punkte: PPP Meine Punkte: ___

Gaisberg »Alte Reben« Riesling
Preis: €€€ Pigott-Punkte: PPPP Meine Punkte: ___

Das Gleiche gilt für diese substanzreichen, aber feinen Rieslinge.

FRANZ **HIRTZBERGER** – Spitz/Wachau/A
Weingut Tel.: +43 (0)27 13/22 09,
E-Mail: weingut@hirtzberger.at
»Donauterrassen« Grüner Veltliner Federspiel
Preis: €€ Pigott-Punkte: PP Meine Punkte: ___
»Steinterrassen« Riesling Federspiel
Preis: €€€ Pigott-Punkte: PP Meine Punkte: ___
Geschliffen und harmonisch sind diese »normalen« Weine von Franz Hirtzberger wohl, aber nicht gerade aufregend.
Honivogel Grüner Veltliner Smaragd
Preis: €€€€€ Pigott-Punkte: PPPPP
Meine Punkte: ___
Singerriedel Riesling Smaragd
Preis: €€€€€ Pigott-Punkte: PPPPP
Meine Punkte: ___
Sehr konzentrierte Weine mit kaleidoskopartigen exotischen Fruchtaromen und enorm langem Nachgeschmack, aber vom Alkohol her alles andere als leicht.

J. **HOFSTÄTTER** – Tramin/Südtirol-Alto Adige/I
Weinladen Schmidt Tel.: +49 (0)30/7 89 07 30,
E-Mail: info@weinladen.com
Pinot Bianco/Pinot Grigio/Chardonnay
Preis: € Pigott-Punkte: PP Meine Punkte: ___
Drei prototypische norditalienische Weißweine mit dezenter Säure, aber viel mehr Substanz und Geschmack als die üblichen Versionen dieser Rebsorten.
»Vigna S. Michele«
Preis: €€€ Pigott-Punkte: PPPP Meine Punkte: ___
Auf der Basis der Pinot-Sorten hat Martin Foradori eine sehr stimmige Weißwein-Komposition zusammengestellt, die eine wunderbare Harmonie hat und Lebensfreude ausstrahlt.
Kolbenhof Gewürztraminer
Preis: €€€ Pigott-Punkte: PPPP Meine Punkte: ___
Ich weiß nicht, wo man einen bezaubernderen Rosenduft bei dieser Traubensorte finden sollte. Trotz reichlich Alkohol hat der Wein Schwung und Feinheit.

BERNHARD **HUBER** – Malterdingen/Baden/D
Weingut Tel.: +49 (0)76 44/12 00,
E-Mail: info@weingut-huber.com
Malterdinger Bienenberg Müller-Thurgau trocken
Preis: € Pigott-Punkte: PPP Meine Punkte: ___
Außergewöhnlich viel dahinter für diese normalerweise fade Traubensorte; tolle Frische.

Malterdinger Bienenberg Grauburgunder trocken
Preis: € Pigott-Punkte: PPP Meine Punkte: ___
Nicht ganz so schwer wie die meisten badischen Weine aus dieser Sorte, mit schönen Nuss- und Kräuter-Aromen.
Bienenberg Weißburgunder trocken »S« – »Großes Gewächs«
Preis: €€€ Pigott-Punkte: PPPP Meine Punkte: ___
»Malterer« trocken (Spiralen-Etikett)
Preis: €€€ Pigott-Punkte: PPPP Meine Punkte: ___
Chardonnay trocken
Preis: €€€ Pigott-Punkte: PPP Meine Punkte: ___
Die drei Huber'schen Weißweine mit Eichenton besitzen alle eine fast seidige Beschaffenheit und verstecken spielend ihre reichlich vorhandenen Muskeln. Am spannendsten ist der »Malterer«, der nicht nur in der Ausstattung originell ist.

ISOLE E OLENA – Barberino Val d'Elsa/Toscana/I
Garibaldi Tel.: +49 (0)89/35 63 61 16,
E-Mail: bestellung@garibaldi-wein.de
»Collezione de Marchi« Chardonnay
Preis: €€€€ Pigott-Punkte: PPPP Meine Punkte: ___
Dicht, zart und subtil zieht einen Paolo di Marchis Chardonnay in seinen rätselhaften Bann. Alles andere als ein Kitsch-Chardonnay!

JACK & KNOX – Swartlaand/Western Cape/ZA
(von FLAGSTONE)
Kloos & Kloos Tel.: +49 (0)61 32/43 18 28,
E-Mail: info@afrika-wein.de
»Frostline« Riesling
Preis: €€ Pigott-Punkte: PPPP Meine Punkte: ___
Eine Offenbarung enormer Bergfrische – die kristallklare Luft! das Licht! – aus den felsigen Bergen des südafrikanischen Karoos.

CHRISTINE & PIERRE **JACOLIN** – Ménétou-Salon/Loire/F
Rindchens Weinkontor Tel.: +49 (0)40/5 56 20 20,
E-Mail: info@rindchen.de
Ménétou-Salon Sauvignon Blanc
Preis: €€ Pigott-Punkte: PPP Meine Punkte: ___
Schmeckt genauso steinig-frisch und herb-elegant wie Sancerre sein soll, aber (leider) so selten ist.

JOSEF **JAMEK** – Joching/Wachau/A
Weingut Tel.: +43 (0)27 15/22 35,
E-Mail: restaurant@jamekweingut.at
Hochrain Weißburgunder Smaragd
Preis: €€€€ Pigott-Punkte: PPPP Meine Punkte: ___
Der beste Weißburgunder Österreichs zeigt feine Walnuss- und Karamel-Aromen, ist dabei aber keinen Hauch süß, sondern richtig trocken sanft und raffiniert.

Ried Klaus Riesling Federspiel
Preis: €€€ Pigott-Punkte: PPP Meine Punkte: ___
Ried Klaus Riesling Smaragd
Preis: €€€€ Pigott-Punkte: PPPPP Meine Punkte: ___
Im Gegensatz zum ganz trockenen »Federspiel«, der am besten mit der vollen jungen Frische getrunken schmeckt, braucht der wesentlich kraftvollere »Smaragd« viel Zeit auf der Flasche, um die Reichtümer seiner steinigen Tiefen preiszugeben.

JOHANNINGER – Biebelsheim/Rheinhessen/D
Weingut Tel.: +49 (0)67 01/82 21,
E-Mail: johanninger@t-online.de
Pinot Blanc & Chardonnay
Preis: € Pigott-Punkte: P Meine Punkte: ___
Pinot Gris »Alte Reben«
Preis: € Pigott-Punkte: PPP Meine Punkte: ___
»Pinot Blanc & Chardonnay Kessler«
Preis: €€ Pigott-Punkte: PPPP Meine Punkte: ___
Der einfachste dieses Trios ist ideal für Weintrinker, die Frische beim Weißwein schätzen, aber keine Säure vertragen, der Pinot Gris ist erstaunlich lebendig und erfrischend für einen charaktervollen Wein aus dieser Sorte – und der »Kessler« ist der neue Star. »Runde Eleganz« klingt ein wenig platt – aber so schmeckt er; unbedingt dekantieren.
Sauvignon Blanc
Preis: € Pigott-Punkte: PPP Meine Punkte: ___
Eines der wenigen Beispiele eines gelungenen deutschen Weins aus der Allerweltssorte Sauvignon Blanc; sehr fruchtbetont und schwungvoll, der Alkohol (Vorsicht bei der Einfahrt des Zuges!) gut versteckt.

SCHLOSS **JOHANNISBERG** – Johannisberg/Rheingau/D
Weingut Tel.: +49 (0)67 22/7 00 90,
E-Mail: info@schloss-johannisberg.de
Riesling trocken »Gelblack«
Preis: € Pigott-Punkte: PP Meine Punkte: ___
Die teureren trockenen Rieslinge von Schloss Johannisberg sind nur ein wenig feiner als diese »normale« Abfüllung, Jahr für Jahr ein schlanker, leicht dezent säurebetonter Rheingauer.

JOHNER – Gladstone/NZ
Weingut Johner Tel.: +49 (0)76 62/60 41, E-Mail: info@johner.de
Sauvignon Blanc Marlborough
Preis: €€ Pigott-Punkte: PP Meine Punkte: ___
Sauvignon Blanc Gladstone
Preis: €€ Pigott-Punkte: PPP Meine Punkte: ___
Wer schreiend laute Sauvignon mag – Gras! Gras! Grasgrün! – soll nach dem Wein aus Marlborough greifen, wer Harmonie und

zarten Duft vorzieht, ist besser mit dem aus Gladstone bedient. Keiner davon kommt aber an Johners beste badische Weine heran.

KARL H. **JOHNER** – Bischoffingen/Baden/D
Weingut Tel.: +49 (0)76 62/60 41, E-Mail: info@johner.de
Rivaner
Preis: € Pigott-Punkte: PP Meine Punkte: ___
Dass auch »einfach« relativ ist, zeigt dieser erstaunlich großzügige und vollblütige Wein aus der Müller-Thurgau-Traube.
Grauer Burgunder
Preis: €€ Pigott-Punkte: PPP Meine Punkte: ___
Grauer Burgunder »SJ«
Preis: €€€€ Pigott-Punkte: PPPP Meine Punkte: ___
Die Johners zeigen, dass es auch bei Grauburgunder anders geht. Ungewöhnliche Zitrus-Aromen, ein Schuss Eiche, Cremigkeit und sanfte Frische führen zu schönen Überraschungen.
Weißer Burgunder & Chardonnay
Preis: €€ Pigott-Punkte: PPP Meine Punkte: ___
Chardonnay »SJ«
Preis: €€€€ Pigott-Punkte: PPPP Meine Punkte: ___
Dass Chardonnay nicht automatisch in Deutschland eine Mode-Sorte sein muss, beweisen diese sehr eigenständigen und eleganten Weine.

GOLDEN **KAAN** – Western Cape/ZA
Spar
Chardonnay
Preis: €! Pigott-Punkte: P Meine Punkte: ___
Duftig, klar und saftig, ein Supermarkt-Wein, der zeigt, was möglich ist, wenn eine klare Vorstellung von Qualität und Stil vorhanden ist (siehe auch KWV).

KARLSMÜHLE – Mertesdorf/Mosel-Saar-Ruwer/D
Weingut Tel.: +49 (0)6 51/51 24,
E-Mail: anfrage@weingut-karlsmuehle.de
Riesling trocken »Molaris L.«
Preis: € Pigott-Punkte: PPP Meine Punkte: ___
Riesling feinherb »Molaris L.«
Preis: € Pigott-Punkte: PPPP Meine Punkte: ___
Im Gegensatz zu den extrovertierten Weinen, die seinen Namen tragen, hält sich der geheimnisvolle »Molaris L.« bedeckt. Bezaubernde Fruchtaromen und brillante Säure tanzen auf der Zunge, und die Musik ist ein Tango.
Lorenzhöfer Riesling »Alte Reben« trocken
Preis: €€ Pigott-Punkte: PPP Meine Punkte: ___
Der »Alte Reben« ist ähnlich ausdrucksstark, aber feiner – doch keine Angst: auch zu diesem Tanz ertönt kein langweiliger Walzer.

KELLER – Flörsheim-Dalsheim/Rheinhessen/D
Weingut Tel.: +49 (0)62 43/4 56, E-Mail: weingut_Keller@web.de
Riesling trocken
Preis: € Pigott-Punkte: PP Meine Punkte: ___
Riesling trocken »Von der Fels«
Preis: €€ Pigott-Punkte: PPP Meine Punkte: ___
In den letzten Jahren haben die Keller'schen Weine deutlich an Festigkeit und Persönlichkeit gewonnen, ohne ihren fruchtigen Charme zu verlieren.
Kirchspiel Riesling »Großes Gewächs«
Preis: €€€€ Pigott-Punkte: PPPP Meine Punkte: ___
Ein prächtiger Riesling, der alle Geschmacks-Register zieht, um seine Toccato und Fuge in d-Moll für uns zu spielen (der noch rarere Morstein »Großes Gewächs« ist mindestens so gut, der Hubacker »Großes Gewächs« dagegen eine hemmungslose Fruchtbombe).

FRANZ **KELLER** (Schwarzer Adler) – Vogtsburg-Oberbergen/Baden/D
Weingut Tel.: +49 (0)76 62/9 33 00,
E-Mail: keller@franz-keller.de
Oberbergener Bassgeige Silvaner trocken
Preis: € Pigott-Punkte: PP Meine Punkte: ___
Duftet wie eine ganze Frühlingswiese und hat genau die sanfte Frische, die nach Fisch schreit!
Oberbergener Bassgeige Grauburgunder trocken
Preis: € Pigott-Punkte: PPP Meine Punkte: ___
Der Keller-Klassiker, der Jahr für Jahr beweist, wie Grauburgunder frisch, würzig und ein- statt ausladend sein kann.
Weißburgunder »Selektion S«/»Selection A«
Preis: €€€€ Pigott-Punkte: PPPP Meine Punkte: ___
Grauburgunder »Selektion S«/»Selection A«
Preis: €€€€ Pigott-Punkte: PPPPP Meine Punkte: ___
Dass soviel Stärke sich so zurückhaltend äußern kann, grenzt an ein Wunder. Schmelzig und dichtgepackt sind sie und trotzdem beeindruckend zart, der Grauburgunder endlos faszinierend.

REICHSGRAF VON **KESSELSTATT** – Morscheid/Mosel-Saar-Ruwer/D
Weingut Tel.: +49 (0)65 00/9 16 90,
E-Mail: weingut@kesselstatt.de
Wiltinger/Kaseler/Graacher Riesling trocken
Preis: € Pigott-Punkte: PPP Meine Punkte: ___
Vor Substanz und reifer Frucht hat Annegret Reh keine Angst, was diese grandiosen Alltagsweine ermöglicht hat.
Diverse Lagennamen Riesling Kabinett feinherb
Preis: €€ Pigott-Punkte: PPP (Ausnahme 2003: PPPP)
Meine Punkte: ___

Josephshöfer Riesling Kabinett feinherb
Preis: €€ Pigott-Punkte: PPPP Meine Punkte: ___
Die Amazonen unter den Mosel-Rieslingen sind muskulös, straff und elegant, wobei die »Josephshöfer« regelmäßig die größte Aura umgibt.
Diverse Lagennamen *** Riesling Spätlese trocken
Preis: €€€ Pigott-Punkte: PPPP Meine Punkte: ___
Josephshöfer *** Riesling Spätlese trocken
Preis: €€€ Pigott-Punkte: PPPP Meine Punkte: ___
In dieser Kategorie glänzen die Kesselstatt-Weine in puncto Substanz und Harmonie so richtig. Für Weinbergslagen, in denen hochwertige trockene Weine schwer zu erzeugen sind, erreichen sie eine beachtliche Konstanz. Unter ihnen birgt der »Josephshöfer« den reichsten Schatz an glitzernden Mineralien in sich.

KIRSTEN – Klüsserath/Mosel-Saar-Ruwer/D
Weingut Tel.: +49 (0)65 07/9 91 15
E-Mail: mail@weingut-kirsten.de
Riesling trocken
Preis: € Pigott-Punkte: PPP Meine Punkte: ___
»Herzstück« trocken Riesling
Preis: € Pigott-Punkte: PPPP Meine Punkte: ___
»Alte Reben« Riesling
Preis: €€ Pigott-Punkte: PPPPP Meine Punkte: ___
Ganz schön dichte und schmelzige trockene Rieslinge für die Mosel, die auch die typische Frische des Gebiets besitzen. Der einfache Riesling trocken kostet exakt 5 € ab Hof, und der »Alte Reben« ist ein traumhafter Aromenstrauß!

KNAB – Endingen/Baden/D
Weingut Tel.: +49 (0)76 42/61 55,
E-Mail: regina-rinker@t-online.de
Weißburgunder Spätlese trocken
Preis: € Pigott-Punkte: PPP Meine Punkte: ___
Weißburgunder Spätlese trocken ***
Preis: €€ Pigott-Punkte: PPPP Meine Punkte: ___
Sehr viel Saft, Schmelz und viel Schwung machen diese Weine nicht nur vordergründig attraktiv.
Grauburgunder Kabinett trocken
Preis: € Pigott-Punkte: PPP Meine Punkte: ___
Grauburgunder Spätlese trocken
Preis: € Pigott-Punkte: PPP Meine Punkte: ___
Grauburgunder Spätlese trocken ***
Preis: €€ Pigott-Punkte: PPPP Meine Punkte: ___
Das Gleiche gilt für die Grauburgunder der Knabs, die vielleicht noch einen Stich aufregender sind als die Weißburgunder.

REINHARD & BEATE **KNEBEL** – Winningen/Mosel-Saar-Ruwer/D
Weingut Tel.: +49 (0)26 06/26 13,
E-Mail: info@weingut-knebel.de
Von den Terassen Riesling trocken
Preis: € Pigott-Punkte: PP–PPP Meine Punkte: ___
Winninger Uhlen Riesling Spätlese trocken
Preis: €€ Pigott-Punkte: PPPP Meine Punkte: ___
»Charaktervoll« klingt manchmal etwas schulmeisterhaft, aber hier bedeutet das dank reifer Fruchtaromen und runder Säure viel Spaß (was für alle Weine des Guts gilt).

EMMERICH **KNOLL** – Unterloiben/Wachau/A
Weingut Tel.: +43 (0)27 32/7 93 55,
E-Mail: knoll@nol.at
Grüner Veltliner Federspiel Loiben
Preis: €€ Pigott-Punkte: PPP Meine Punkte: ___
Riesling Federspiel Loiben
Preis: €€€ Pigott-Punkte: PPP Meine Punkte: ___
Wenige »Leichtweine« aus der Wachau machen so viel Freude wie diese großen Weine im Kleinformat, die voller Farbe und Licht sind.
Grüner Veltliner Smaragd Loibener Kreutles
Preis: €€€ Pigott-Punkte: PPPP Meine Punkte: ___
Grüner Veltliner Smaragd Dürnsteiner Schütt
Preis: €€€€ Pigott-Punkte: PPPPP! Meine Punkte: ___
Bereits der »Kreutles« ist ein edler Gaumenschmeichler mit sehr viel Würze. Er beeindruckt auch jung getrunken, während man beim »Schütt« viel Geduld braucht, wenn man das Äußerste an Grünem-Veltliner-Feinheit erleben will.
Riesling Smaragd Loibner Loibenberg
Preis: €€€€ Pigott-Punkte: PPPPP Meine Punkte: ___
Riesling Smaragd Dürnsteiner Schütt
Preis: €€€€€ Pigott-Punkte: PPPPP! Meine Punkte: ___
Unübertreffliche Tiefe und Originalität sind, genau wie eine Begegnung mit Gott, keinesfalls jedermanns Sache. Wer davor keine Angst hat und einiges an Geduld aufbringt, wird großartige Überraschungen erforschen.

KOEHLER-RUPRECHT – Kallstadt/Pfalz/D
Weingut Tel.: +49 (0)63 22/18 29
Kallstadter Saumagen Riesling Kabinett trocken
Preis: € Pigott-Punkte: PPP Meine Punkte: ___
Kallstadter Saumagen Riesling Spätlese trocken
Preis: €€ Pigott-Punkte: PPPP Meine Punkte: ___
Kallstadter Saumagen Riesling Auslese trocken
Preis: €€€ Pigott-Punkte: PPPPP Meine Punkte: ___
Kallstadter Saumagen Riesling Spätlese trocken »R«/Auslese trocken

Preis: €€€€ Pigott-Punkte: PPPPP! Meine Punkte: ___
»Here comes the Boss!« oder sollte es besser heißen: »Pump up the Volume!« Beide Beschreibungen treffen bei den ultimativen Power-Weinen des trockenen deutschen Rieslings auf den Punkt. Schon der trockene Kabinett ist kein Waisenknabe, und die »R«-Abfüllungen sind mit das Beste, was es auf Planet Wein gibt.

STADT **KREMS** – Krems/Kremstal/A
Weingut Tel.: +43 (0)27 32/80 14 41,
E-Mail: weingut@krems.gr.at
Sandgrube Grüner Veltliner
Preis: € Pigott-Punkte: PPP Meine Punkte: ___
Ungewöhnlich fruchtige, heitere Grüne Veltliner, die einem ans Herz gehen wie gute Musik.
Kremser Wachtberg Grüner Veltliner
Preis: €€€ Pigott-Punkte: PPPP Meine Punkte: ___
Schwungvoll und ernst zugleich sind diese überzeugenden Riesling-Innovationen.
Kremser Kögl Riesling
Preis: €€€ Pigott-Punkte: PPPP Meine Punkte: ___
Für Weine mit so viel Kraft wirken sie sehr schlank und straff mit betörender Duftigkeit und Spiel.

KWV – Paarl/Western Cape/ZA
Kaisers
Chardonnay
Preis: €! Pigott-Punkte: PP Meine Punkte: ___
Cremig und saftig, ohne fett oder sättigend zu wirken, ein wenig wie gutes Birnenjoghurt, aber trotzdem überzeugend.

LACKNER-TINNACHER – Gamlitz/Südsteiermark/A
Weingut Tel.: +43 (0)34 53/21 42, E-Mail: wine@tinnacher.at
Sauvignon Blanc Steinbach
Preis: €€ Pigott-Punkte: PPP Meine Punkte: ___
Sauvignon Blanc Welles
Preis: €€ Pigott-Punkte: PPPP Meine Punkte: ___
Unglaublich schlanke, elegante Weine aus einer der unelegantesten Traubensorten der Welt; eine tolle Unterstützung für die feine Küche.
Morillon Steinbach
Preis: €€ Pigott-Punkte: PPPP Meine Punkte: ___
Grauburgunder Steinbach
Preis: €€ Pigott-Punkte: PPPP Meine Punkte: ___
Auch bei Sorten, die eher zur Üppigkeit neigen, gelingt den Tinnachers ein kleines Wunder der Veredlung; manchmal ist weniger eben sehr viel mehr.

STADT **LAHR** (Markus Wöhrle) – Lahr/Baden/D
Weingut Tel.: +49 (0)78 21/2 53 32,
E-Mail: info@weingut-stadt-lahr.de
Lahrer Schutterlindenberg Auxerrois Kabinett trocken
Preis: € Pigott-Punkte: PPP Meine Punkte: ___
Lahrer Schutterlindenberg Weißburgunder Kabinett trocken
Preis: € Pigott-Punkte: PPP Meine Punkte: ___
Lahrer Schutterlindenberg Grauburgunder Kabinett trocken
Preis: € Pigott-Punkte: PPP Meine Punkte: ___
Lahrer Schutterlindenberg Weißburgunder Spätlese trocken
Preis: €€ Pigott-Punkte: PPPP Meine Punkte: ___
Lahrer Schutterlindenberg Grauburgunder Spätlese trocken
Preis: €€ Pigott-Punkte: PPPPP Meine Punkte: ___
Markus Wöhrle verwirklicht in Lahr eine stille Revolution des badischen Weißweins. Oberstes Gebot sind hier absolute Klarheit und eine Lebendigkeit, die auch dem dichtesten Wein etwas Tänzerisches verleiht; gigantisch vergnügt!

ANDREAS **LAIBLE** – Durbach/Baden/D
Weingut Tel.: +49 (0)7 81/4 12 38,
E-Mail: info@weingut-laible.de
Durbacher Plauelrain Riesling Kabinett trocken
Preis: € Pigott-Punkte: PP Meine Punkte: ___
Durbacher Plauelrain Riesling Spätlese trocken »SL«
Preis: €€ Pigott-Punkte: PPP Meine Punkte: ___
Plauelrain Riesling Spätlese trocken »Achat« – »Großes Gewächs«
Preis: €€€ Pigott-Punkte: PPPP Meine Punkte: ___
Die Sonne des Südens steckt in Laibles Rieslingen – doch ohne ihre brennende Glut. Stattdessen zeigen sie eine wunderbare Frische und überschwängliche, aber feine Fruchtaromen.

JOSEF **LEITZ** – Rüdesheim/Rheingau/D
Weingut Tel.: +49 (0)67 22/4 87 11,
E-Mail: johannes.leitz@leitz-wein.de
Diverse Lagen Riesling Spätlese trocken
Preis: € Pigott-Punkte: PPP Meine Punkte: ___
Das einzige Problem mit diesen Jungs liegt darin, dass soviel erdverbundener Charakter für so wenig Geld zu oft zum schnellen Ausverkauf führt!
»Magic Mountain« Riesling trocken
Preis: €€€ Pigott-Punkte: PPPP Meine Punkte: ___
Ein starkes Stück Berg-Magie, ein wahrer Zaubertrunk und trotzdem einfach verständlich.
Rüdesheimer Berg Schlossberg Riesling Spätlese trocken
Preis: €€€/€€€€ Pigott-Punkte: PPPPP Meine Punkte: ___
Rüdesheimer Berg Rottland Riesling Spätlese trocken
Preis: €€€€ Pigott-Punkte: PPPPP Meine Punkte: ___

Diese zwei beeindruckenden Riesling-Originale sind grundverschieden. Sehr filigran und diskret zeigt sich der »Berg Schlossberg«, wohingegen der »Berg Rottland« richtig auf den Tisch haut.

LEOPOLDI – Röschitz/Weinviertel/A
Rossmann
Ried Reipersberg Grüner Veltliner
Preis: €! Pigott-Punkte: PP Meine Punkte: ___
Herzhafter niederösterreichischer »Landwein« mit der sprichwörtlichen, belebenden Pfeffernote.

LINDENHOF (Martin Reimann) – Windesheim/Nahe/D
Weingut Tel.: +49 (0)67 07/3 30,
E-Mail: weingut.lindenhof@t-online.de
Weißburgunder Spätlese trocken
Preis: € Pigott-Punkte: PPP Meine Punkte: ___
Weißburgunder Spätlese trocken »Goldkapsel«
Preis: €€ Pigott-Punkte: PPPP Meine Punkte: ___
Vom »Polarkreis der Nahe« stammen diese gestandenen Weine, die keine Spur von Unreife aufweisen; viel Kraft und Stoff, trotzdem geschliffen.

CARL **LOEWEN** – Leiwen/Mosel-Saar-Ruwer/D
Weingut Tel.: +49 (0)65 07/30 94,
E-Mail: mail@weingut-loewen.de
Riesling »Varidor« trocken
Preis: € Pigott-Punkte: PPP (Ausnahme 2003: PPPP)
Meine Punkte: ___
Ein »kleines« Meisterwerk – dicht und verführerisch duftig – das ganz einfach zu begreifen ist. Nur absolute Säure-Allergiker werden nicht mit der Moselfrische zurechtkommen.
Leiwener Laurentiuslay Riesling »Alte Reben« trocken
Preis: €€ Pigott-Punkte: PPPP Meine Punkte: ___
Detzemer Maximin Klosterlay Riesling »Christopher's Wine«
Preis: € Pigott-Punkte: PPPP Meine Punkte: ___
Mit den letzten Jahrgängen haben Karl-Josef Loewens trockene Spitzenweine erheblich an Statur und Harmonie gewonnen. Die 2004er beeindrucken nicht weniger als die 2003er.

Fred **LOIMER** – Langenlois/Kamptal/A
Weingut Tel.: +43 (0)27 34/22 39, E-Mail: weingut@loimer.at
»Lois« Grüner Veltliner
Preis: € Pigott-Punkte: PP Meine Punkte: ___
Ganz trocken und ganz gut; leichte Frucht und Würze für die Welt der Normalität.
Käferberg Grüner Veltliner
Preis: €€ Pigott-Punkte: PPP (Ausnahme 2003: PPPP)
Meine Punkte: ___

Spiegel* *Grüner Veltliner
Preis: €€€€ Pigott-Punkte: PPPP (Ausnahme 2003: PPPPP)
Meine Punkte: ___
Fred Loimers Top-Veltliner schaffen es, viel Kraft zu packen, ohne offensichtliche Kraftpakete zu sein. In diesen Spiegel soll man geduldig schauen!
»Fred Loimer« Chardonnay, Grauburgunder
Preis: €€€€ Pigott-Punkte: PPPP Meine Punkte: ___
Eine neue Kreation (erster Jahrgang 2001) mit etwas stärkeren Muskeln und stämmigerem Skelett als die Veltliner.
Steinmassel Riesling
Preis: €€€ Pigott-Punkte: PPPP (Ausnahme 2003: PPPPP)
Meine Punkte: ___
Sehr eigenwillig in der Würze, aber sehr überzeugend in Schmelz und Frische. Noch ein stichfester Beweis für den Aufstieg dieses Erzeugers!

DR. **LOOSEN** – Bernkastel/Mosel-Saar-Ruwer/D
Weingut Tel.: +49 (0)65 31/34 26, E-Mail: vertrieb@drloosen.de
»Dr. Loosen« Riesling trocken (Hawesko-Abüllungen)
Preis: € Pigott-Punkte: PP Meine Punkte: ___
»Blauschiefer« Riesling trocken
Preis: € Pigott-Punkte: PPP Meine Punkte: ___
Sehr stimmige, nicht zu schlanke trockene Mosel-Weine, die durch zarte Pfirsicharomen überzeugen. Der »Blauschiefer« ist etwas kräftiger und teurer.
Bernkasteler Lay Riesling
Preis: €€ Pigott-Punkte: PPPP
Meine Punkte: ___
Man muss nicht Einstein sein, um diesen relativ extrovertierten Wein zu verstehen, nur eine gewisse Lautstärke gut finden.
Ürziger Würzgarten Riesling »Alte Reben«
Preis: €€€ Pigott-Punkte: PPPP Meine Punkte: ___
Unter Loosens trockenen Weinen aus Einzellagen eindeutig der Star; ausdrucksstark, fest und (wie der Name suggeriert) extrem würzig.

FÜRST **LÖWENSTEIN** – Kreuzwertheim/Franken/D
Weingut Tel.: +49 (0)93 42/9 23 50,
E-Mail: kreuzwertheim@loewenstein.de
Homburger Kallmuth Silvaner Spätlese trocken
Preis: €€ Pigott-Punkte: PPPP Meine Punkte: ___
Kallmuth »Tradition« Spätlese trocken Silvaner & Riesling
Preis: €€ Pigott-Punkte: PPPP Meine Punkte: ___
Kallmuth Silvaner »Großes Gewächs« – Asphodill
Preis: €€€ Pigott-Punkte: PPPPP! Meine Punkte: ___
Der »Asphodill« schmeckt nach den enorm vielfältigen Kräutern und Blumen, die auf und um die steilen Terrassen des Kallmuths

wachsen – Frohsinn und Wahnsinn! Die normale »Kallmuth Silvaner Spätlese« und der neue »Tradition« (der ziemlich elegant ist) sind noch lustiger und fast so charakterstark.

Homburger Kallmuth Riesling Spätlese trocken
Preis: €€ Pigott-Punkte: PPP Meine Punkte: ___

Kallmuth Riesling »Großes Gewächs« – »Coronilla«
Preis: €€€ Pigott-Punkte: PPPPP Meine Punkte: ___

Der »Coronilla« ist für den Riesling, was der »Asphodill« für den Silvaner ist, doch mit dem ganzen Charme dieser Traubensorte. Die trockene Spätlese ist ähnlich, aber eingängiger.

LUBENTIUSHOF (Andreas Barth) – Niederfell/Mosel-Saar-Ruwer/D
Weingut Tel.: +49 (0)26 07/81 35,
E-Mail: weingut@lubentiushof.de

»Burg von der Leyen« Riesling feinherb
Preis: € Pigott-Punkte: PP Meine Punkte: ___

Koberner Kahlay Riesling Kabinett
Preis: € Pigott-Punkte: PPP Meine Punkte: ___

Diese heiteren Moselrieslinge haben überhaupt kein Problem damit, zur Spaßgesellschaft zu gehören. Leider ist solch eine Charakterstärke in dieser Gesellschaft allzu selten.

Gondorfer Gäns Riesling trocken
Preis: €€ Pigott-Punkte: PPP Meine Punkte: ___

Gondorfer Gäns Riesling trocken »Goldkapsel«
Preis: €€€ Pigott-Punkte: PPPP Meine Punkte: ___

Durch diese Qualitäten und eine ganz eigene Handschrift – silbernes Herbstlicht, kühle Luft und die letzten Früchte des Jahres – wird Andreas Barth nicht viel länger unbekannt bleiben.

VAL DI **LUCA** – Marche/I
Rossmann

Falerio
Preis: €! Pigott-Punkte: PP Meine Punkte: ___

Wenn alle italienischen Weißweine so gut schmecken würden, würde ich sie auch trinken; rund und trotzdem lebendig und vor allem (große Ausnahme in dieser Kategorie) ehrlich!

U. **LÜTZKENDORF** – Bad Kösen/Saale-Unstrut/D
Weingut Tel.: +49 (0)3 44 63/6 10 00,
E-Mail: weingut.luetzkendorf@t-online.de

Karsdorfer Hohe Gräte Silvaner trocken
Preis: €€ Pigott-Punkte: PPP Meine Punkte: ___

Der Charakterkopf hat auch schöne reife Apfelaromen und eine herrliche Frische. Solche Weine machen viel Spaß und Silvaner zur Modesorte.

Karsdorfer Hohe Gräte Weißburgunder trocken
Preis: €€ Pigott-Punkte: PP Meine Punkte: ___

Karsdorfer Hohe Gräte Weißburgunder Auslese »S«
Preis: €€€ Pigott-Punkte: PPPP Meine Punkte: ___
Dem aromatischen Feuerwerk – Holunderblüte und Grapefruit! – folgt ein aufregender Tanz, an dem Fülle und Frische gleichermaßen teilnehmen.
Karsdorfer Hohe Gräte Riesling trocken
Preis: € Pigott-Punkte: PP Meine Punkte: ___
Karsdorfer Hohe Gräte Riesling »S«
Preis: €€€ Pigott-Punkte: PPP Meine Punkte: ___
Schlank und stark wie Rennpferde sind die Lützkendorf'schen Rieslinge ganz schön schnell. Vorsicht! Hier gibt's auch eine freche Säure!

MANTLERHOF – Brunn im Felde/Kremstal/A
Weingut Tel.: +43 (0)27 35/82 48, E-Mail: mantlerhof@aon.net
Riesling Wieland
Preis: €€ Pigott-Punkte: PPP Meine Punkte: ___
Sehr viel Pfirsichfrucht bietet dieser schwungvolle und stimmungsvolle Wein.
Grüner Veltliner Spiegel
Preis: €€ Pigott-Punkte: PPP Meine Punkte: ___
Grüner Veltliner »Selection«
Preis: €€€ Pigott-Punkte: PPPP Meine Punkte: ___
Sehr fruchtig ist der Spiegel und sehr nussig-kräuterig der Selection – aber beide sind auch richtig feine Kerle.
Roter Veltliner »Selection«
Preis: €€€ Pigott-Punkte: PPPP Meine Punkte: ___
Warm, schwer (im positiven Sinne) und schmelzig ist diese große Rarität.

LUC **MASSY** – Epesses/Waadt/CH
Linke Tel.: +49 (0)81 02/89 58 68,
E-Mail: linke-weine@t-online.de
Epesses Grand Cru Clos du Boux
Preis: €€€ Pigott-Punkte: PPP Meine Punkte: ___
Vermählt erfolgreich schweizerische Erdverbundenheit mit Reife und Schliff. Trotz seiner Weichheit ein Wein mit Spannung und Nachhaltigkeit.

StiftsWeingut FRANK **MEYER** – Klingenmünster/Pfalz/D
Weingut Tel.: +49 (0)63 49/74 46,
E-Mail: stiftsweingut-meyer@t-online.de
Silvaner trocken (Liter)
Preis: €! (Liter) Pigott-Punkte: PP Meine Punkte: ___
Die ganze Frische eines reifen grünen Apfels ohne eine Spur Süße.
»Meyers« Riesling trocken (Liter)
Preis: €! (Liter) Pigott-Punkte: PPP Meine Punkte: ___

Klingenmünster Maria Magdalena Riesling Kabinett trocken
Preis: € Pigott-Punkte: PPP Meine Punkte: ___
Klingenmünster Maria Magdalena Riesling Spätlese trocken
Preis: € Pigott-Punkte: PPPP Meine Punkte: ___
Die Meyer-Rieslinge sind gänzlich untypisch schlanke glasklare Pfälzer, Lichtjahre entfernt von den altbackenen Südpfälzer Weinen der Vergangenheit. Die Weine besitzen auch eine erstaunliche Lagerfähigkeit.
Klingenmünster Maria Magdalena Weißburgunder Kabinett trocken
Preis: € Pigott-Punkte: PPP Meine Punkte: ___
Klingenmünster Maria Magdalena Grauburgunder Kabinett trocken
Preis: € Pigott-Punkte: PPP Meine Punkte: ___
Hier herrscht eine wunderbare Heiterkeit und Zartheit neben erfreulich moderaten Alkoholwerten, was dem Wein ermöglicht, eine große Trinkfreude zu bereiten.
Klingenmünster Maria Magdalena Weißburgunder Spätlese trocken
Preis: € Pigott-Punkte: PPP Meine Punkte: ___
Klingenmünster Maria Magdalena Grauburgunder Spätlese feinherb
Preis: €€ Pigott-Punkte: PPPP Meine Punkte: ___
Die schlanke Stilistik setzt sich hier weiter fort; die Weine wirken richtig strahlend, trotz nicht unerheblicher Kraft und Volumen.

ST. **MICHAEL-EPPAN** – St. Michael Eppan/Südtirol-Alto Adige/I
Enoiteca Il Calice Tel.: +49 (0)30/3 24 23 08,
E-Mail: mail@enoiteca-il-calice.de
Pinot Bianco Schulthauser
Preis: €€ Pigott-Punkte: PPP Meine Punkte: ___
Wenn nur jeder italienische Pinot Bianco diesen zarten Schmelz und diese Lebendigkeit hätte!
Sauvignon »Sanct Valentin«
Preis: €€€€ Pigott-Punkte: PPPP Meine Punkte: ___
Pinot Grigio »Sanct Valentin«
Preis: €€€€ Pigott-Punkte: PPPP Meine Punkte: ___
Gewürztraminer »Sanct Valentin«
Preis: €€€€ Pigott-Punkte: PPPP Meine Punkte: ___
Die Top-Weine sind alle sehr ausdrucksstark und duftig, saftig und lebendig. Auch beim Gewürztraminer (oft als »Damenwein« verpönt) denkt man sofort an gutes Essen!

MARKUS **MOLITOR** – Wehlen/Mosel-Saar-Ruwer/D
Weingut Tel.: +49 (0)65 32/39 39,
E-Mail: weingut.markus.molitor@t-online.de
Riesling »Alter Reben« (trocken)
Preis: €€ Pigott-Punkte: PPPP Meine Punkte: ___

Saar Riesling »Alter Reben« (trocken)
Preis: €€ Pigott-Punkte: PPP Meine Punkte: ___
Trotz der schlichten und einfachen Bezeichnungen handelt es sich keinesfalls um einfache Weine, sondern um imposante Charaktere mit feinem Duft. Jetzt muss ich was essen!
Niedermenninger Herrenberg Riesling Kabinett feinherb
Preis: € Pigott-Punkte: PPP Meine Punkte: ___
Diverse Lagennamen Riesling Spätlese feinherb
Preis: €€ Pigott-Punkte: PPP Meine Punkte: ___
Diverse Lagennamen Riesling Auslese feinherb
Preis: €€€ Pigott-Punkte: PPPP Meine Punkte: ___
Mit viel Lob wurden die Molitor-Weine überschüttet, aber manchmal sind sie ein wenig zu sehr wie posierende Bodybuilder. Für mich stellt die obige Auswahl den Höhepunkt des extrem breitgefächerten Sortiments dar, weil diese Weine weniger angestrengt wirken.

MÜLLEN – Traben-Trarbach/Mosel-Saar-Ruwer/D
Weingut Tel.: +49 (0)65 41/94 70,
E-Mail: MartinMuellen@t-online.de
Die besondere Leistung von Martin Müllen fängt mit dem Liter-Wein (PP) an. Hier bringt jeder zusätzlich investierte Euro mehr Qualität.
Kröver Paradies Riesling Spätlese trocken **
Preis: €€ Pigott-Punkte: PPPPP Meine Punkte: ___
Kröver Letterlay Riesling Spätlese halbtrocken **
Preis: €€ Pigott-Punkte: PPPP Meine Punkte: ___
Es sind nicht nur die hochreifen Pfirsicharomen, ihre geballte Geschmacksdichte und ein guter Schuss mineralischer Wahnsinn, was diese Weine so toll macht, sondern auch ihre geradezu erotische Beschaffenheit.

MÜLLER-CATOIR – Neustadt-Haardt/Pfalz/D
Weingut Tel.: +49 (0)63 21/28 15,
E-Mail: weingut@mueller-catoir.de
Riesling trocken diverse Lagennamen Kabinett
Preis: € Pigott-Punkte: PPPP Meine Punkte: ___
Riesling trocken diverse Lagennamen Spätlese
Preis: €€ Pigott-Punkte: PPPPP Meine Punkte: ___
Auch unter dem neuen Kellermeister Martin Franzen beeindrucken die Müller-Catoirweine mit aromatischen Reichtümern und ungeheurer Lebendigkeit; für Harmoniesüchtige sind sie allerdings nicht geeignet!
Riesling trocken Haardter Bürgergarten Spätlese »Im Aspen«/»Im Gehren«
Preis: €€€ Pigott-Punkte: PPPPP! Meine Punkte: ___
Die neuen Spitzenweine des Gutes haben noch mehr Power und Tiefe als die traditionellen Rieslinge und brauchen dementspre-

chend mehr Zeit (auf der Flasche oder im Glas), um sich zu entfalten.

***Weißburgunder* trocken diverse Lagennamen Spätlese**
Preis: €€ Pigott-Punkte: PPPP Meine Punkte: ___

***Grauburgunder* trocken Haardter Herrnletten Spätlese**
Preis: €€ Pigott-Punkte: PPPP (Ausnahme 2003: PPPPP!)
Meine Punkte: ___

Hier kommt viel Fülle und enorme Sattigkeit zur charakteristischen Spannung der »MC²«-Weine, ohne sie jedoch aus ihrem inneren Gleichgewicht zu werfen.

***Muskateller* trocken**
Preis: €€ Pigott-Punkte: PPP–PPPP (Ausnahme 2003: PPPPP)
Meine Punkte: ___

Wer etwas übrig hat für tolle Parfüms, wird auch von diesem natürlichen »Parfüm« begeistert und erfrischt sein.

GRAF **NEIPPERG** – Schwaigern/Württemberg/D
Weingut Tel.: +49 (0)71 38/94 14 00,
E-Mail: neipperg@t-online.de

Neipperger Schlossberg Riesling Kabinett trocken
Preis: € Pigott-Punkte: PPP Meine Punkte: ___

Neipperger Schlossberg Riesling Spätlese trocken
Preis: € Pigott-Punkte: PPPP Meine Punkte: ___

Schwaigerner Ruthe Riesling »Großes Gewächs«
Preis: €€€ Pigott-Punkte: PPPPP Meine Punkte: ___

Seit dem Jahrgang 2002 bilden diese Weine eine bedeutende neue Facette der Welt des deutschen Rieslings. Die »Schlossberg«-Weine verleihen der schwungvollen, farbenprächtigen Seite des Barocks eine hochaktuelle Form, während der »Ruthe« souverän über allem thront.

SCHLOSS **NEUWEIER** – Neuweier-Baden-Baden/Baden/D
Weingut Tel.: +49 (0)72 23/9 66 70,
E-Mail: kontakt@weingut-schloss-neuweier.de

Diverse Lagennamen Riesling Kabinett trocken
Preis: € Pigott-Punkte: PPP Meine Punkte: ___

Neuweier Mauerberg Riesling Spätlese trocken
Preis: €€ Pigott-Punkte: PPP Meine Punkte: ___

Neuweier Schlossberg Riesling Spätlese trocken »Alte Reben«
Preis: €€ Pigott-Punkte: PPPP Meine Punkte: ___

Neuweier Mauerberg Riesling »Goldenes Loch«/ »Großes Gewächs«
Preis: €€€ Pigott-Punkte: PPPP Meine Punkte: ___

Dieses recht unübersichtliche Sortiment ist eine Schatztruhe voller Rieslinge, die funkeln und glitzern – doch gar nichts daran wirkt im geringsten nouveau riche.

NIEPOORT – Douro/P
Die Weinquelle Tel.: +49 (0)65 07/70 14 20,
E-Mail: info@die-weinquelle.de
»Redoma« Branco
Preis: €€€ Pigott-Punkte: PPPP Meine Punkte: ___
Heute schwimmt ein Winzer wie Dirk van der Niepoort, der seine kräftigen trockenen Weißweine ganz trocken und nicht fruchtbetont vinifiziert, diametral gegen den Strom, aber dieses Unikum hat einen wunderbar zurückhaltenden Schmelz und herbe Tiefen.

NIGL – Senftenberg/Kremstal/A
Weingut Tel.: +43 (0)27 19/26 09, E-Mail: info@weingutnigl.at
Grüner Veltliner Senftenberger Piri
Preis: €€ Pigott-Punkte: PPP Meine Punkte: ___
Grüner Veltliner »Alte Reben«
Preis: €€ Pigott-Punkte: PPPP Meine Punkte: ___
Grüner Veltliner »Privat«
Preis: €€€ Pigott-Punkte: PPPPP Meine Punkte: ___
Trotz viel Kraft und Würze zeichnen sich diese dicht verwobenen Stoffe durch eine kühle und schlanke Art aus.
Riesling Hochäcker / Kremsleiten
Preis: €€€€ Pigott-Punkte: PPPPP Meine Punkte: ___
Riesling »Privat«
Preis: €€€€ Pigott-Punkte: PPPPP–PPPPP! Meine Punkte: ___
Vom kleinsten Wein bis zu diesen hohen Spitzen sind Nigls Weißweine kristallklar und extrem präzise in Duft und Geschmack. Hier vereinen sich fast unanständiger Reiz und große Eleganz; einfach genial!

VON **OTHEGRAVEN** – Kanzem/Mosel-Saar-Ruwer/D
Weingut Tel.: +49 (0)65 01/15 00 42,
E-Mail: von-othegraven@t-online.de
»Maximus« Riesling trocken
Preis: € Pigott-Punkte: PPP Meine Punkte: ___
Altenberg Riesling trocken
Preis: €€ Pigott-Punkte: PPPP Meine Punkte: ___
Ohne dabei viel Alkohol in die Waagschale zu werfen, kommen diese Weine auf eine erstaunliche Substanz und Stärke – und für die Saar ist die sehr harmonische Säure nicht weniger erstaunlich.

OTT – Feuersbrunn/Donauland/A
Weingut Tel.: +43 (0)27 38/22 57, E-Mail: bernhard@ott.at
Rosenberg Grüner Veltliner
Preis: € Pigott-Punkte: PP–PPP Meine Punkte: ___
»Der Ott« Grüner Veltliner
Preis: €€ Pigott-Punkte: PPPP Meine Punkte: ___
Rosenberg »Reserve« Grüner Veltliner
Preis: €€€ Pigott-Punkte: PPPPP Meine Punkte: ___

Die Ott-Veltliner warten nicht auf den Startschuss, sondern schießen sofort los und springen aus dem Glas. Trotz sehr viel von allem (Frucht, Körper, Energie), wirkt gar nichts überdreht oder übertrieben. Der Fat Boy Slim des Veltliners!

PAWIS – Freyburg/Saale-Unstrut/D
Weingut Tel.: +49 (0)3 44 64/2 83 15,
E-Mail. info@weingut pawis.de
Müller-Thurgau
Preis: € Pigott-Punkte: PP Meine Punkte: ___
Duft, Duft, Duft! Stärker nach Holunderblüte kann Wein nicht riechen. Ein echter Leichtwein trotz seiner großen Saftigkeit.
Riesling Kabinett trocken Großjenaer Blütengrund
Preis: € Pigott-Punkte: PPP Meine Punkte: ___
Riesling Spätlese trocken Großjenaer Blütengrund
Preis: € Pigott-Punkte: PPP Meine Punkte: ___
Schlanke Schönheiten aus dem hohen Norden, die mächtig erfrischen.
Grauburgunder Spätlese trocken Freyburger Edelacker
Preis: € Pigott-Punkte: PPP Meine Punkte: ___
Für so viel Milch und Honig erstaunlich herb und elegant!
Edelacker Weißburgunder »Großes Gewächs«
Preis: €€€ Pigott-Punkte: PPPP Meine Punkte: ___
Kraft und Feinheit in Hülle und Fülle.

CASTEL **PETER** – Bad Dürkheim/Pfalz/D
Weingut Tel.: +49 (0)63 22/58 99,
E-Mail: weingut-castel-peter@t-online.de
Chardonnay **
Preis: € Pigott-Punkte: PP Meine Punkte: ___
Chardonnay »Fingerprint« ***
Preis: €€ Pigott-Punkte: PPP Meine Punkte: ___
Wer meint, Chardonnay sei grundsätzlich schwer, eichenlastig und (schlimmer noch!) mega-out, kennt diese Weine nicht. Hier dominiert der Geschmack der Traube, und die Weine haben eine sehr ansprechende, frische Art, die bald Mode machen wird.
Dürkheimer Hochbenn Riesling **
Preis: € Pigott-Punkte: PPP Meine Punkte: ___
Dürkheimer »Von den Terrassen« Riesling **
Preis: € Pigott-Punkte: PPP Meine Punkte: ___
Dürkheimer Spielberg »Fingerprint« Riesling ***
Preis: €€ Pigott-Punkte: PPPP Meine Punkte: ___
Mit dem 2002er Jahrgang hat Karsten Peter zu einem kraftvollen, herben und würzigen Riesling-Stil gefunden, was einmalig in der Pfalz ist. Das sind keine Journalisten-Punkte sammelnden Fruchtbomben, sondern spannende und gewagte Echtzeit-Weine.

PFAFFL – Stetten/Waldviertel/A
Weingut Tel.: +43 (0)22 62/67 34 23,
E-Mail: pfaffl-weingut@netway.at
Grüner Veltliner Zeiseneck
Preis: € Pigott-Punkte: PP Meine Punkte: ___
Grüner Veltliner Haideviertel
Preis: € Pigott-Punkte: PPP Meine Punkte: ___
Grüner Veltliner Hundsleiten-Sandtal
Preis: €€ Pigott-Punkte: PPPP Meine Punkte: ___
Schlanke, extrem reintönige und animierende Veltliner ohne eine Spur von Wucht. Der »Hundsleiten-Sandtal« zeigt dazu eine gekonnt gezügelte Kraft.
Riesling Terrassen Sonnleiten
Preis: €€ Pigott-Punkte: PPPP
Meine Punkte: ___
Die österreichische Riesling-Geheimwaffe mit explosiven Pfirsich-Maracuja-Aromen (ohne Kitsch!), der bei aller Kraft subtil und erfrischend endet.

ROLF **PFAFFMANN** – Frankweiler/Pfalz/D
Weingut Tel.: +49 (0)63 45/13 64,
E-Mail: R-T-Pfaffmann@t-online.de
Silvaner »Pfaffmann Exklusiv«
Preis: € Pigott-Punkte: PPP
Meine Punkte: ___
Ein cremig-wuchtiger Gigant, der trotzdem die Balance behält und es mit vielen anerkannten Größen aufnehmen kann.
Weißburgunder »Selection«
Preis: € Pigott-Punkte: PPP
Meine Punkte: ___
Grauburgunder »Selection«
Preis: € Pigott-Punkte: PPP
Meine Punkte: ___
Nicht weniger satt als der »Silvaner Exklusiv«, aber noch opulenter und schmelziger. Die Newcomerin Tina Pfaffmann setzt damit beeindruckende Akzente!

F.X. **PICHLER** – Oberloiben/Wachau/A
Weingut Tel.: +43 (0)27 32/8 53 75,
E-Mail: winery@fx-pichler.at
»Von den Terrassen« Grüner Veltliner Smaragd
Preis: €€€€ Pigott-Punkte: PPPP Meine Punkte: ___
Mensch ist da mordsmäßig viel drin – aber weil er nicht übermächtig wirkt, greift man immer wieder zum Glas: die Sucht nach Würze und Schmelz!
Dürnsteiner Kellerberg Grüner Veltliner Smaragd
Preis: €€€€€ Pigott-Punkte: PPPPP! Meine Punkte: ___
Randvoll gestopft mit exotischen Früchten und fernöstlicher

Würze und trotz dieser enormen Geschmacksdichte immer noch lebendig und belebend. Der »Kellerberg« treibt dieses Wahnsinnsspiel bis zum äußersten Punkt der Eleganz.

»Von den Terrassen« Riesling Federspiel

Preis: €€€ Pigott-Punkte: PPPP Meine Punkte: ___

Mit dem Jahrgang 2003 wurde diese kleine Bombe erfolgreich ins Pichler'sche Riesling-Arsenal eingeführt. Ein wunderbares Miniatur-Meisterwerk.

Diverse Lagennamen Riesling Smaragd

Preis: €€€€€ Pigott-Punkte: PPPPP Meine Punkte: ___

Dürnsteiner Kellerberg Riesling Smaragd

Preis: €€€€€ Pigott-Punkte: PPPPP! Meine Punkte: ___

Jede Lage hat ihre ureigenen Noten, und die Aromen sind zum Teil sehr ungewöhnlich für die Sorte Riesling (z. B. beim »Kellerberg« weiße Schokolade und beim »Steinertal« Farn), aber alle »F.X.«-Giganten laufen lautlos auf den Zehenspitzen wie Ballerinen!

RUDI **PICHLER** – Wösendorf/Wachau/A

Weingut Tel.: +43(0)27 15/22 67,
E-Mail: weingut.rudi.pichler@netway.at

Diverse Lagennamen Grüner Veltliner Smaragd

Preis: €€€€ Pigott-Punkte: PPPP Meine Punkte: ___

Sehr saftig, schmelzig und würzig: das sind Langläufer, die nicht unbedingt in der frühsten Jugend ihr Bestes geben, aber mit der Zeit zu Breitleinwand-Format aufblühen.

Diverse Lagennamen Riesling Smaragd

Preis: €€€€ Pigott-Punkte: PPPP Meine Punkte: ___

Achleiten Riesling Smaragd

Preis: €€€€ Pigott-Punkte: PPPPP Meine Punkte: ___

Nur einen Stich weniger imposant fällt das Riesling-Schauspiel aus, dafür aber etwas zarter und subtiler. Wer in Ruhe gelassen werden möchte, soll die Finger von solcher Pracht lassen!

PIEROPAN – Soave/Veneto/I

Enoteca Blanck & Weber Tel.: +49 (0)30/88 67 99 60,
E-Mail: mail@enoteca-blanck.de

Soave Classico

Preis: € Pigott-Punkte: PP Meine Punkte: ___

Soave Classico Calvarino

Preis: €€ Pigott-Punkte: PPP Meine Punkte: ___

Soave Classico La Rocca

Preis: €€€ Pigott-Punkte: PPPP Meine Punkte: ___

Weine, die beweisen, dass Soave auch eine starke Wein-Persönlichkeit sein kann. Hier blüht eine ganze Wiese voll mit seltenen Blumen, die ein entspanntes Vergnügen bereiten.

PLANETA – Sambuca/Sicilia/I
Garibaldi Tel.: +49 (0)89/35 63 61 16,
E-Mail: bestellung@garibaldi-wein.de
»La Segreta Bianco«
Preis: € Pigott-Punkte: PP Meine Punkte: ___
»Cometa Planeta«
Preis: €€€€€ Pigott-Punkte: PPPP Meine Punkte: ___
Der »La Segreta« bietet angenehme sowie günstige Alltags-Erfrischung, während der sizilianische »Komet« einen mächtigen goldenen Schweif hinter sich zieht. Strahlender als Planetas gefeierter (aber oft fetter) Chardonnay ist er der Star schlechthin!

POLZ (Erich & Walter) – Spielfeld/Südsteiermark/A
Weingut Tel.: +43 (0)34 53/23 01, E-Mail: wgp@polz.co.at
Sauvignon Blanc ***›Steirische Klassik‹***
Preis: €€ Pigott-Punkte: PP Meine Punkte: ___
Sauvignon Blanc ***»Therese«***
Preis: €€€ Pigott-Punkte: PPPP Meine Punkte: ___
So gut wie die Sauvignons von Polz sind, waren sie doch vor einigen Jahren deutlich expressiver und vitaler. Manches hier ist runder, als ich es mir bei Sauvignon wünsche. »Therese« hat aber eine wunderbare Duftigkeit und bereitet mehr echte Trinkfreude als die anderen Weine mit Lagenbezeichnungen.

PRAGER (Ilse & Toni Bodenstein) – Weissenkirchen/Wachau/A
Weingut Tel.: +43 (0)27 15/22 48,
E-Mail: prager@weissenkirchen.at
Grüner Veltliner ***Federspiel Hinter der Burg***
Preis: €€ Pigott-Punkte: PP Meine Punkte: ___
Riesling ***Federspiel Steinriegl***
Preis: €€ Pigott-Punkte: PPP Meine Punkte: ___
Halbwegs leichte Wachauer (was heutzutage eine Ausnahme ist), die eine sehr angenehme Frische besitzen.
Grüner Veltliner ***Smaragd Achleiten/Zwerithaler***
Preis: €€€€ Pigott-Punkte: PPPPP Meine Punkte: ___
Der »Achleiten« ist ein hochgewachsener Schönling mit besten Manieren; der »Zwerithaler« ein urtümliches Wesen aus einer verlorenen Welt.
Riesling ***Smaragd Achleiten***
Preis: €€€€€ Pigott-Punkte: PPPPP Meine Punkte: ___
Riesling ***Smaragd Klaus***
Preis: €€€€€ Pigott-Punkte: PPPPP! Meine Punkte: ___
Der Wachauer »Marillenton« ist selten ausgeprägter als in Toni Bodensteins äußert verführerischen Rieslingen aus der Lage Achleiten. Seine Weine aus der Klaus sind der Gipfel an kompromisslos steinharter Originalität.

VON **RACKNITZ** – Odernheim/Nahe/D
Weingut Tel.: +49 (0)67 55/2 85,
E-Mail: weingut@von-racknitz.com
Riesling trocken
Preis: € Pigott-Punkte: PP Meine Punkte: ___
Odernheimer Disibodenberg Riesling »Alte Reben«
Preis: €€ Pigott-Punkte: PPP Meine Punkte: ___
Mit dem Jahrgang 2003 haben Luise von Racknitz und Matthias Adams einen großen Qualitäts-Sprung geschafft; entgegen dem Jahrgangstrend schlanke Schönheiten mit einer heiteren Duftigkeit. Die 2004-Weine sind wesentlich kräftiger und nachhaltiger als ihre Vorgänger, aber waren bei Redaktionsschluss zu embryonal, um eine eindgültige Meinung zu bilden.

ÖKONOMIERAT **REBHOLZ** – Siebeldingen/Pfalz/D
Weingut Tel.: +49 (0)63 45/34 39,
E-Mail: wein@oekonomierat-rebholz.de
»Vom Buntsandstein«/»Vom Rotliegenden«
Riesling Kabinett trocken
Preis: € Pigott-Punkte: PPP Meine Punkte: ___
Zwei expressive Vertreter der Pfälzer Liebe zur Leichtigkeit ohne einen Hauch von Leichtsinnigkeit. Der Wein vom »Buntsandstein« ist direkter, der aus dem »Rotliegenden-Boden« verspielt wie Vivaldis Frühling.
Im Sonnenschein Riesling »Großes Gewächs«
Preis: €€€€ Pigott-Punkte: PPPPP (Ausnahme 2003: PPPPP!)
Meine Punkte: ___
Kastanienbusch Riesling »Großes Gewächs«
Preis: €€€€ Pigott-Punkte: PPPPP! Meine Punkte: ___
Auf einer wesentlich höheren Energie-Stufe wiederholt sich das Spiel mit den Steinen. Der leicht gebräunte Geschmack des »Im Sonnenschein« beweist, dass dieser Name keine Angeberei ist; der »Kastanienbusch« wirkt wie eine Duftessenz aus dem ersten Frühling und dem ersten Sommer nach der Eiszeit.
Weißburgunder Spätlese trocken
Preis: €€ Pigott-Punkte: PPPP Meine Punkte: ___
Im Sonnenschein Weißburgunder »Großes Gewächs«
Preis: €€€€ Pigott-Punkte: PPPPP Meine Punkte: ___
Kein Rauch ohne Feuer, und trotz des reichlich vorhandenen Feuers in diesen Weinen brennen sie nicht, haben sie auch eine kühle Schattenseite.

RIDGE – Santa Cruz Mountains/California/USA
K & U (Die Weinhalle) Tel.: +49 (0)9 11/52 51 53,
E-Mail: info@weinhalle.de
Monte Bello Chardonnay
Preis: €€€€€ Pigott-Punkte: PPPPP Meine Punkte: ___
Kein Schwarzenegger-Wein und noch weniger Terminator-Ge-

tränk, sondern ein kalifornischer Chardonnay mit straff durchtrainiertem Körper, der extreme Langläufe durch unsere Kulturwüste mühelos packt.

ROBERT-DENOGENT – Fuissé/Bourgogne/F
K & U (Die Weinhalle) Tel.: +49 (0)9 11/52 51 53,
E-Mail: info@weinhalle.de
Macon-Solutré Clos des »Bertillons«
Preis: €€ Pigott-Punkte: PPP Meine Punkte: ___
Pouilly-Fuissé »La Croix«
Preis: €€€ Pigott-Punkte: PPPP Meine Punkte: ___
Pouilly-Fuissé »Les Reisses«
Preis: €€€ Pigott-Punkte: PPPP Meine Punkte: ___
Meinen Glauben an den burgundischen Weißwein habe ich über diese Miniatur-Meisterwerke zurückgewonnen. Cremig, ohne üppig zu sein, herb, aber geschliffen, schmecken sie total stimmig, und jeder ist ein Kapitel für sich. Am schlankesten ist der »La Croix« und am stärksten ist der zartwürzige »Les Reisses«.

ROSSMANN – Hausmarke
Rossmann
Riesling feinherb
Preis: €! Pigott-Punkte: PP Meine Punkte: ___
Mit großer Überzeugung wiederhole ich die Beschreibung aus der letzten Ausgabe: Duftiger, beschwingter und animierender Alltagsgenuss neben Toilettenpapier und Waschpulver; nicht ganz trocken, aber ganz lustig.

JOHANN **RUCK** – Iphofen/Franken/D
Weingut Tel.: +49 (0)93 23/80 08 80, E-Mail: info@ruckwein.de
Iphöfer Kalb Silvaner trocken
Preis: € Pigott-Punkte: PPP Meine Punkte: ___
Sehr viel echter Frankenwein in moderner Manier!
Julius-Echter-Berg Silvaner Spätlese »Großes Gewächs« – »Trias«
Preis: €€€€ Pigott-Punkte: PPPP (Ausnahme 2003: PPPPP)
Meine Punkte: ___
Eine ganz erstaunliche Würze durchdringt diesen muskulösen Wein und hat keine Spur Süße irgendwo in einem seiner zahlreichen Winkel versteckt.
Iphöfer Julius-Echter-Berg Riesling trocken
Preis: € Pigott-Punkte: PPP Meine Punkte: ___
Riesling-Stärke ohne jegliche Wucht.
Julius-Echter-Berg Riesling Spätlese trocken »Großes Gewächs« – »Trias«
Preis: €€€ Pigott-Punkte: PPPP (Ausnahme 2003: PPPPP)
Meine Punkte: ___
In dieser Preisklasse betreten nur äußerst selten solche Riesling-

Helden die Bühne mit solch selbstsicheren Schritten wie dieser dunkle Ritter.

SALOMON UNDHOF – Krems-Stein/Kremstal/A
Weingut Tel. +43 (0)27 32/8 32 26, E-Mail: salomon@undhof.at
Kremser Kögl Riesling
Preis: €€ Pigott-Punkte: PPP (Ausnahme 2003: PPPP)
Meine Punkte: ___
Kremser Kögl Riesling »Reserve«
Preis: €€€ Pigott-Punkte: PPPP (Ausnahme 2003: PPPPP)
Meine Punkte: ___
Weil sie keine Verkostungs-Sieger bei den Journalisten und keine Prunk-Weine für die Sammler sind, bleiben diese sehr charaktervollen starken Typen uns Trinkern erhalten.
Kremser Wachtberg Gelber Traminer »Reserve«
Preis: €€€ Pigott-Punkte: PPPP Meine Punkte: ___
Die gelben Rosen und die gelben Pfirsiche rufen, und es ist nicht leicht, sich ihren zarten Lockungen zu entziehen.

SALWEY – Oberrotweil/Baden/D
Weingut Tel.: +49 (0)76 62/3 84, E-Mail: weingut@salwey.de
Glottertäler Eichberg Riesling Kabinett trocken
Preis: € Pigott-Punkte: PPP Meine Punkte: ___
Glottertäler Eichberg Riesling Spätlese trocken
Preis: €€€ Pigott-Punkte: PPPP Meine Punkte: ___
Charismatische neue Riesling-Stars, wo man keine erwartet; nicht nur viel Saft, sondern auch delikate Kräuterfrische.
Kirchberg Weißburgunder »Großes Gewächs«
Preis: €€€ Pigott-Punkte: PPPP (Ausnahme 2002: PPPPP)
Meine Punkte: ___
So viel teurer als die anderen (leichteren und heiteren) Weißburgunder von Salwey ist das nicht, und dafür bekommt man einen Wein mit einer schier unglaublich seidig-cremigen Beschaffenheit auf der Zunge.
Oberrotweiler Henkenberg Grauburgunder Kabinett trocken
Preis: € Pigott-Punkte: PPP (Ausnahme 2003: PP)
Meine Punkte: ___
Oberrotweiler Henkenberg Grauburgunder Spätlese trocken
Preis: €€ Pigott-Punkte: PPPP Meine Punkte: ___
Eichberg Grauburgunder »Großes Gewächs«
Preis: €€€ Pigott-Punkte: PPPPP Meine Punkte: ___
Salweys Grauburgunder verbinden Kraft mit straffer Linie und überfordern nie den Gaumen. Auch der »Großes Gewächs« ist nicht schwer, trotz gut 14 % Alkohol!

SANDER – Mettenheim/Rheinhessen/D
Weingut Tel.: +49 (0)62 42/15 83,
E-Mail: info@weingut-sander.de

***Weißburgunder* Spätlese trocken**
Preis: € Pigott-Punkte: PPP Meine Punkte: ___
***Weißburgunder* »S«**
Preis: €€ Pigott-Punkte: PPPP Meine Punkte: ___
Die neue Generation beim Urökoweinproduzenten Deutschlands tischt eine tolle Überraschung auf: Weißburgunder mit faszinierender Würze und schöner Frische trotz ganz ordentlicher Fülle. Hier gibt es auch sehr gute herzhafte Silvaner.

HORST **SAUER** – Escherndorf/Franken/D
Weingut Tel.: +49 (0)93 81/43 64,
E-Mail: Mail@weingut-horst-sauer.de
Escherndorfer Lump* *Silvaner* *Kabinett trocken
Preis: € Pigott-Punkte: PPP Meine Punkte: ___
Escherndorfer Lump* *Silvaner* *Spätlese trocken
Preis: € Pigott-Punkte: PPPP Meine Punkte: ___
Lump* *Silvaner* *»Großes Gewächs«
Preis: €€€ Pigott-Punkte: PPPPP Meine Punkte: ___
Solch eine fast (aber nur fast!) blendende aromatische Brillanz gibt es sonst nirgendwo aus dieser allzu oft dumpfbackenen Traubensorte. Aber die versteckte Power ist auch beachtlich – diese Weine packen auch scharfgewürzte Gerichte mit links!
Escherndorfer Lump* *Riesling* *Kabinett trocken
Preis: € Pigott-Punkte: PPP Meine Punkte: ___
Escherndorfer Lump* *Riesling* *Spätlese trocken
Preis: €€ Pigott-Punkte: PPPP Meine Punkte: ___
Lump* *Riesling* *»Großes Gewächs«
Preis: €€€ Pigott-Punkte: PPPPP Meine Punkte: ___
So strahlend wie eine Sternengeburtsexplosion in einer fernen Galaxis leuchten die farbenprächtigen Aromen, die aus dem Glas strömen.

RAINER **SAUER** – Escherndorf/Franken/D
Weingut Tel.: +49 (0)93 81/25 27,
E-Mail: info@weingut-rainer-sauer.de
»Frank & Frei«* *Müller-Thurgau
Preis: € Pigott-Punkte: PP Meine Punkte: ___
Ein verdammt saftiger Wein für kleines Geld (ab Weingut gerade 5 €) und so harmonisch, dass er quasi immer passend ist.
Escherndorfer Lump* *Silvaner* *Spätlese trocken
Preis: € Pigott-Punkte: PPPP Meine Punkte: ___
Escherndorfer Lump* *Silvaner* *»L« Spätlese trocken
Preis: €€ Pigott-Punkte: PPPPP Meine Punkte: ___
»Erdig« sollen die Franken-Weine angeblich sein, was oft nur derb und doof bedeutet. Hier jedoch ist eine richtig feine erdige Note unter den großzügigen Apfel- und Birnenaromen zu spüren. »L« steht für Lecker genauso wie Langläufer.

SCHÄFER-FRÖHLICH – Bockenau/Nahe/D
Weingut Tel.: +49 (0)67 58/65 21,
E-Mail: info@weingut-schaefer-froehlich.de
Riesling trocken
Preis: € Pigott-Punkte: PP Meine Punkte: ___
Bockenauer Felsenberg Riesling trocken
Preis: € Pigott-Punkte: PPP Meine Punkte: ___
Diverse Lagennamen Riesling Spätlese trocken
Preis: € Pigott-Punkte: PPP Meine Punkte: ___
Frühlingsplätzchen Riesling »Großes Gewächs«
Preis: €€ Pigott-Punkte: PPPP Meine Punkte: ___
Halenberg Riesling »Großes Gewächs«
Preis: €€€ Pigott-Punkte: PPPP Meine Punkte: ___
Wer Spannung lieber aus dem Wege geht, ist bei dieser ungewöhnlichen Veranstaltung unerwünscht. Wer Aufregung sucht und »sauer macht lustig«, findet hier herrliche Frische und energiegeladene Aromen, die die Lust aufs Leben steigern.

HEINZ **SCHMITT** – Leiwen/Mosel-Saar-Ruwer/D
Weingut Tel.: +49 (0)65 07/42 76,
E-Mail: weingutheinzschmitt@t-online.de
Riesling trocken »Alte Reben«
Preis: € Pigott-Punkte: PPP Meine Punkte: ___
Richtig anziehende Molligkeit – Saft und Kraft! – besitzt dieses freche Mädel und schreit nach Essen!
Diverse Lagennamen Riesling Spätlese trocken/feinherb
Preis: € Pigott-Punkte: PPP Meine Punkte: ___
Das Gleiche gilt für diese Weine, aber sie vereinen diese Üppigkeit mit mehr Eleganz und sind dadurch auf die Dauer interessanter.

SCHNEIDER – Ellerstadt/Pfalz/D
Weingut Tel.: +49 (0)62 37/72 88,
E-Mail: weingut.schneider@t-online.de
Riesling trocken
Preis: €! (Liter) Pigott-Punkte: PP Meine Punkte: ___
Riesling trocken
Preis: € Pigott-Punkte: PPP Meine Punkte: ___
Die wunderbare Reife eines vollreifen Pfirsichs vom Baum im Garten gepflückt und das höchstpersönlich von einem »Jungen Wilden«! In der Literflasche befindet sich ein zarteres Gewächs, das sich aber genauso leicht wegtrinkt.
Ellerstadter »Kirchenstück« Riesling
Preis: € Pigott-Punkte: PPPP Meine Punkte: ___
»Kalkmergel« Riesling
Preis: €€ Pigott-Punkte: PPPP Meine Punkte: ___
»Buntsandstein« Riesling
Preis: €€ Pigott-Punkte: PPPP Meine Punkte: ___

Dürkheimer Michelsberg »Terrassen« Riesling
Preis: €€€ Pigott-Punkte: PPPP Meine Punkte: ___
Vier Brüder, die extrem unterschiedlich ausfallen: der »Kirchenstück« breitschultrig und kräftig, der »Terrassen« dagegen schlank und graziös. Familienähnlichkeit? Alle sind großgewachsen und stark, aber haben dabei viel Stil.
»Muschelkalk« Chardonnay
Preis: €€ Pigott-Punkte: PPP Meine Punkte: ___
»Kiesel« Weißburgunder
Preis: €€ Pigott-Punkte: PPP Meine Punkte: ___
»Muschelkalk« Grauburgunder
Preis: €€ Pigott-Punkte: PPPP Meine Punkte: ___
Hochaktueller Rock 'n' Roll aus der Pfalz mit diskreter Verstärkung durch Ausbau in neuen Holzfässern. Auch die (etwas süßlich wirkenden) »Standard«-Abfüllungen aus diesen Rebsorten in der €-Preisklasse machen viel Spaß!

VON **SCHUBERT** (Maximin Grünhaus) – Mertesdorf/Mosel-Saar-Ruwer/D
Weingut Tel.: +49 (0)6 51/51 11, E-Mail: info@vonschubert.com
Maximin Grünhäuser Herrenberg/Abtsberg Riesling trocken
Preis: € Pigott-Punkte: PPP
Meine Punkte: ___
Maximin Grünhäuser/Abtsberg Riesling Spätlese trocken
Preis: €€€ Pigott-Punkte: PPPP
Meine Punkte: ___
Maximin Grünhäuser Abtsberg Riesling Kabinett feinherb
Preis: €€ Pigott-Punkte: PPPP
Meine Punkte: ___
Bei diesem traditionsreichen Haus gibt es einen neuen Stil bei den trockenen Weinen: schlank aber muskulös. Doch die eigenständige Aromatik (»Herrenberg« – Kräuter- und Beerennoten / »Abtsberg« – Blüten- und Pfirsichnoten) bleibt.

EDI **SIMCIC** – Dobrovo/Brda/Slowenien
Enoiteca Il Calice Tel.: +49 (0)30/3 24 23 08,
E-Mail: mail@enoiteca-il-calice.de
Tokaji »Riserva«
Preis: €€€ Pigott-Punkte: PPPP Meine Punkte: ___
Sauvignon »Riserva«
Preis: €€€€ Pigott-Punkte: PPPP Meine Punkte: ___
Diese Weinberge lägen im italienischen Friaul, wenn die Grenze zu Slowenien ein wenig anders laufen würde, aber sie sind viel ausdrucksstärker und geschliffener als fast alle Weißweine aus dem Friaul.

WINZERHOF **STAHL** – Auernhofen/Franken/D
Weingut Tel.: +49 (0)98 48/9 68 96,
E-Mail: mail@winzerhof-stahl.de
Herrschaftsberg Müller-Thurgau
Preis: € Pigott-Punkte: PPP Meine Punkte: ___
Hasennestle Müller-Thurgau
Preis: € Pigott-Punkte: PPPP Meine Punkte: ___
Der »Herrschaftsberg« ist tatsächlich ein Herrscher unter den Weinen dieser unterbewerteten »Mega-out-Traubensorte«. Dagegen wirkt der »Hasennestle« fein und subtil fast wie ein großer Riesling, aber mit deutlich sanfterer Art.
Herrschaftsberg Silvaner Spätlese
Preis: € Pigott-Punkte: PPPP Meine Punkte: ___
Hier geht es richtig zur Sache – wer in Ruhe seinen braven Wein trinken will, ist hier fehl am Platz. Trotz dieser Power wirkt nichts gewollt oder gekünstelt dank Jungwinzer Christian Stahls Gespür für Zartheit.

AM **STEIN** (Knoll) – Würzburg/Franken/D
Weingut Tel.: +49 (0)9 31/2 58 08,
E-Mail: mail@weingut-am-stein.de
Würzburger Stein Silvaner Kabinett trocken
Preis: € Pigott-Punkte: PP Meine Punkte: ___
Würzburger Stein Silvaner Spätlese trocken
Preis: €€ Pigott-Punkte: PPP Meine Punkte: ___
Das moderne Franken lässt grüßen mit einer Ladung reifer Früchte und einem verspielten Stil. Klar und direkt in der Anrede sind sie schwer abzuweisen.
Würzburger Innere Leiste Riesling Kabinett trocken
Preis: € Pigott-Punkte: PPP Meine Punkte: ___
Würzburger Innere Leiste Riesling Spätlese trocken
Preis: €€ Pigott-Punkte: PPPP Meine Punkte: ___
Hier gilt das Gleiche, und wir befinden uns erfreulich weit weg vom rustikalen alten Franken mit seinen Säurekrachern.

SPRINGFIELD ESTATE – Robertson/ZA
Wein & Glas Tel.: +49 (0)30/2 35 15 20,
E-Mail: info@weinundglas.com
Sauvignon Blanc »Life from Stone«
Preis: €€ Pigott-Punkte: PPPP Meine Punkte: ___
Paradoxerweise kommt dieser nahezu übernatürlich frische Wein aus einer steinigen Halbwüste! Seine Aromen (schwarze Johannisbeeren und frischer grüner Spargel) überzeugen auf Anhieb und er gibt noch viel mehr, wenn man seine Tiefen erforscht.
Chardonnay »Méthode Ancienne«
Preis: €€€€ Pigott-Punkte: PPPPP Meine Punkte: ___
Nur wenige Jahrgänge gab es bisher von diesem genialen Stoff –

ist das Samt oder ist es gewoben? – mit seinem enorm geschmeidigen Körper und einhüllenden Duft.

DE LA **TAILLE** DE LOUPS (Jacky Blot) – Montlouis/Loire/F
Hardy Tel.: +49 (0)30/8 31 25 98,
E-Mail: feinwein@hardy-weine.de
Montlouis sec Chenin Blanc
Preis: €€ Pigott-Punkte: PPP Meine Punkte: ___
Hier geht es weniger um den zurückhaltenden Duft (reife Birne, Blüten usw.), sondern um die wunderbar sanft-cremige Beschaffenheit des Weins und seine entspannende Harmonie.

TEMENT – Berghausen/Südsteiermark/A
Weingut Tel.: +43 (0)34 53/4 10 10, E-Mail: weingut@tement.at
Sauvignon Blanc »Steirische Klassik«
Preis: €€ Pigott-Punkte: PPP Meine Punkte: ___
Sauvignon Blanc Sernau
Preis: €€€€ Pigott-Punkte: PPPPP Meine Punkte: ___
Sauvignon Blanc Zieregg
Preis: €€€€ Pigott-Punkte: PPPP Meine Punkte: ___
Theoretisch sind die steirischen Weine der Inbegriff der Leichtigkeit, doch schon Manfred Tements einfachster Sauvignon Blanc ist ein starkes Stück. Die Holunderblüten- und Stachelbeernoten wiederholen sich im noch kräftigeren und subtileren »Sernau«. Als junger Wein ist der Zieregg ziemlich eichenbetont – aber nach ein paar Jahren öffnen sich auch diese mächtigen Holztüren allmählich.
Morillon »Steirische Klassik«
Preis: €€ Pigott-Punkte: PPP Meine Punkte: ___
Morillon Zieregg
Preis: €€€€ Pigott-Punkte: PPPP Meine Punkte: ___
Chardonnays mit Power und wunderbarer Frische; der »Steirische Klassik« ganz ohne Eichenton und der »Zieregg« mit dem Besten, was Eichenfässer einem Weißwein geben können.

CANTINA DI **TERLANO** – Terlan/Südtirol-Alto Adige/I
Enoiteca Il Calice Tel.: +49 (0)30/3 24 23 08,
E-Mail: mail@enoiteca-il-calice.de
Terlaner Classico
Preis: € Pigott-Punkte: PP Meine Punkte: ___
Ein runder weißer Italiener, wie die Pinot-Grigio-Trinker sich ihn vorstellen, aber ohne wässrig oder fad zu schmecken.
Sauvignon »Quartz«
Preis: €€€ Pigott-Punkte: PPPP Meine Punkte: ___
Gewürztraminer »Lunare«
Preis: €€€ Pigott-Punkte: PPPP Meine Punkte: ___
Dass diese Trauben sehr viel Sonne abbekommen haben, schmeckt man sofort, aber diese Breitleinwände sind alles andere

als Leerflächen, sondern von großartigen Landschaften erfüllt: beim Sauvignon in Grün und beim Gewürztraminer in Rosa.

TESCH – Langenlonsheim/Nahe/D
Weingut Tel.: +49 (0)67 04/9 30 40,
E-Mail: info@weingut-tesch.de

Riesling »Unplugged«
Preis: € Pigott-Punkte: PPP Meine Punkte: ___
Martin Tesch wagt es, uns in diesem ganz trockenen, aber wohlproportionierten echten Trinkwein die nackten Tatsachen des Rieslings zu zeigen.

Krone Riesling (gelbes Etikett)
Preis: € Pigott-Punkte: PPPP Meine Punkte: ___

Löhrer Berg Riesling (grünes Etikett)
Preis: € Pigott-Punkte: PPP Meine Punkte: ___

Königsschild Riesling (blaues Etikett)
Preis: € Pigott-Punkte: PPPP Meine Punkte: ___

Karthäuser Riesling (rot-braunes Etikett)
Preis: € Pigott-Punkte: PPPP Meine Punkte: ___

St. Remigiusberg Riesling (rotes Etikett)
Preis: €€ Pigott-Punkte: PPPPP Meine Punkte: ___
Fünf weitere Facetten der Tesch'schen trockenen Riesling-Revolution. Die Farben sind nicht aufgesetzt, sondern spiegeln ziemlich genau die Stimmung jedes einzelnen Quintettmitglieds wider. Welcher am besten schmeckt, hängt von der eigenen Stimmung ab. (Oft liegen sie nur ganz knapp über 10 € im Handel!) Der »St. Remigiusberg« tanzt auf dem Vulkan!

CANTINA **TRAMIN** – Tramin/Südtirol-Alto Adige/I
Fischer & Trezza Tel.: +49 (0)7 11/4 60 67 00,
E-Mail: info@fischer-trezza.de

Pinot Bianco
Preis: € Pigott-Punkte: PP Meine Punkte: ___

Pinot Grigio
Preis: € Pigott-Punkte: PP Meine Punkte: ___
Italienische »Standard-Weißweine« mit ungewöhnlich viel Frische und Saftigkeit; wenn nur alle Weine dieser Kategorie so wären!

Gewürztraminer
Preis: € Pigott-Punkte: PPP Meine Punkte: ___

Nussbaumerhof Gewürztraminer
Preis: €€ Pigott-Punkte: PPPP
Meine Punkte: ___
Schon der einfache Gewürztraminer von den Traminer Genossen ist ein heiterer und geschmeidiger Wein, der »Nussbaumerhof« jedoch wie eine gewaltige Wolke von Rosenduft, in die man sich fallen lassen kann.

RITA & RUDOLF **TROSSEN** – Kinheim-Kindel/
Mosel-Saar-Ruwer/D
Weingut Tel.: +49 (0)65 32/27 14, E-Mail: trossenwein@web.de
»Schieferblume« Riesling trocken
Preis: € Pigott-Punkte: PPP Meine Punkte: ___
Kinheimer Hubertuslay Riesling Spätlese trocken
Preis: €€ Pigott-Punkte: PPP Meine Punkte: ___
Aus den steinigen Böden dieses Teils der Mosel wachsen zierliche Blumen, die ganz zart duften und ihre Geheimnisse nur langsam preisgeben.

VELICH – Apetlon/Neusiedlersee/A
Weingut Tel.: +43 (0)21 75/31 87,
E-Mail: weingut@velich.at
»Darscho« Chardonnay
Preis: €€€ Pigott-Punkte: PPP Meine Punkte: ___
Tiglat Chardonnay
Preis: €€€€ Pigott-Punkte: PPPPP! Meine Punkte: ___
Verführerisch wie Mae West ist der »Tiglat« und nicht weniger opulent oder überraschend oder zeitlos. »Darscho« bietet das Ganze in etwas simplifizierter Form.

VAN **VOLXEM** – Wiltingen/Mosel-Saar-Ruwer/D
Weingut Tel.: +43 (0)65 01/1 65 10,
E-Mail: vanvolxem@t-online.de
Saar Riesling
Preis: € Pigott-Punkte: PP Meine Punkte: ___
Der einfachste Wein des aufstrebenden Gutes hat die typische schlanke Saar-Art und -Säure, aber ohne das Bissige. Leider waren manche der deutlich teureren Weine aus dem Jahrgang 2003 (mit Lagenbezeichnung) hart an der Grenze zwischen gewöhnungsbedürftig und missraten. 2004 abwarten.

WAGNER-STEMPEL – Siefersheim/Rheinhessen/D
Weingut Tel.: +49 (0)67 03/96 03 30,
E-Mail: info@wagner-stempel.de
Riesling trocken
Preis: € Pigott-Punkte: PPP
Meine Punkte: ___
»Vom Porphyr« Riesling
Preis: €€ Pigott-Punkte: PPPP
Meine Punkte: ___
Höllberg Riesling »Großes Gewächs«
Preis: €€€ Pigott-Punkte: PPPP (Ausnahme 2003: PPPPP)
Meine Punkte: ___
Heerkretz Riesling »Großes Gewächs«
Preis: €€€€ Pigott-Punkte: PPPP (Ausnahme 2003: PPPPP)
Meine Punkte: ___

Geniale Weine aus einer der schönsten unbekannten Landschaften Deutschlands, die eine vibrierende Frische und kaleidoskopische Aromen besitzen – welche Früchte sind nicht hier zu finden? Die 2003er »Großen Gewächse« sind hinreißende Schönheiten.

Silvaner trocken
Preis: € Pigott-Punkte: PP Meine Punkte: ___

Silvaner »S«
Preis: € Pigott-Punkte: PPPPP Meine Punkte: ___
Die elegantesten Weine der Welt aus dieser Traubensorte, wobei der »S« auf einer gewaltigen Welle aus Urmeer-Fossilien surft.

WEEGMÜLLER – Neustadt-Haardt/Pfalz/D
Weingut Tel.: +49 (0)63 21/8 37 72,
E-Mail: weegmueller-weine@t-online.de

Riesling Kabinett trocken
Preis: € Pigott-Punkte: PP (Ausnahme 2004: PPP)
Meine Punkte: ___

Haardter Herrenletten Riesling Spätlese trocken
Preis: € Pigott-Punkte: PPP Meine Punkte: ___
Klare, direkte Weine, die sehr viel Reife und Lebendigkeit zeigen, beim »Herrenletten« auch etwas richtig Feines.

Haardter Herrenletten Grauburgunder Spätlese trocken
Preis: € Pigott-Punkte: PPP Meine Punkte: ___
Dieser Schmelz bringt mich auch leicht zum Schmelzen.

DR. **WEHRHEIM** – Birkweiler/Pfalz/D
Weingut Tel.: +49 (0)63 45/35 42,
E-Mail: dr.wehrheim@t-online.de

»Rotliegendes« Riesling Spätlese trocken
Preis: €€ Pigott-Punkte: PPPP Meine Punkte: ___
Exotische Träume – frische Maracuja und Guave neben Sandelholz-Räucherstäbchen und einem goldenen Buddha auf dem Altar.

»Buntsandstein« Riesling Spätlese trocken
Preis: €€ Pigott-Punkte: PPP Meine Punkte: ___

Kastanienbusch Riesling »Großes Gewächs«
Preis: €€€€ Pigott-Punkte: PPPP (Ausnahme 2003: PPPPP)
Meine Punke: ___
Kleiner und großer Bruder sind aus einem (dicht verwobenen, aber nicht schweren) Stoff geschnitzt. Hier sitzt der Pfirsich auf dem Kaiserthron und regiert ganz souverän.

»Buntsandstein« Weißburgunder Spätlese trocken
Preis: €€ Pigott-Punkte: PPPP Meine Punkte: ___
Für einen angeblich runden, erdverbundenen Wein streben seine floralen Aromen ganz weit nach oben.

»Muschelkalk« Weißburgunder Spätlese trocken
Preis: €€ Pigott-Punkte: PPPP Meine Punkte: ___

Mandelberg Weißburgunder »Großes Gewächs«
Preis: €€€€ Pigott-Punkte: PPPPP (Ausnahme 2003: PPPPP!)
Meine Punkte: ___
Wieder eine »kleiner und großer Bruder«-Konstellation. Beide haben genauso viel Energie und Feinheit wie Gewicht. Der »Mandelberg« bietet die ideale Grundlage für ein Tête-à-tête-Diner; dazu muss man nur etwas Leckeres kochen.

ROBERT **WEIL** – Kiedrich/Rheingau/D
Weingut Tel.: +49 (0)61 23/23 08,
E-Mail: info@weingut-robert-weil.com
Kiedricher Gräfenberg Riesling Kabinett trocken
Preis: €€€ Pigott-Punkte: PPP Meine Punkte: ___
Gräfenberg Riesling Erstes Gewächs
Preis: €€€€ Pigott-Punkte: PPPP Meine Punkte: ___
Die »Standard-Weine« des berühmten Guts in der trockenen Geschmacksrichtung bieten keine besondere Qualität (meistens PP) für die Preislage (€€–€€€), aber an der Spitze gibt es Weine mit einer Eleganz, die dem hohen Anspruch des Guts gerecht wird.

WEINBACH (Faller) – Kaysersberg/Alsace/F
Sansibar Tel.: +49 (0)4 65 19/6 46 56,
E-Mail: info@sansibar.de
Riesling »Cuvée St. Catherine«
Preis: €€€€ Pigott-Punkte: PPPP Meine Punkte: ___
Riesling Grand Cru Schlossberg »Cuvée St. Catherine«
Preis: €€€€ Pigott-Punkte: PPPPP Meine Punkte: ___
Richesse et noblesse à la française, aber ohne Schwere oder vordergründige Süße. Der Grand Cru verdient spielend diese Auszeichnung; ein Elsässer mit Grandeur. Wer meint, solche Weine sind zu üppig, um zum herzhaften Essen zu passen, hat noch keinen Weinbach-Riesling mit asiatischem Essen erlebt.

WINTER – Dittelsheim-Hessloch/Rheinhessen/D
Weingut Tel.: +49 (0)62 44/74 46,
E-Mail: info@weingut-winter.de
Grüner Silvaner »Classic«
Preis: €! Pigott-Punkte: PPP Meine Punkte: ___
Für diesen Preis unglaublich viel Stoff mit überraschendem Charme und Schliff.
Grauburgunder »S«
Preis: € Pigott-Punkte: PPPP
Meine Punkte: ___
Trägt seinen mächtigen Körper, als sei es ein maßgeschneiderter Anzug, und was für eine herrlich helle Duftigkeit!
Riesling Geyersberg »S«
Preis: € Pigott-Punkte: PPPP Meine Punkte: ___

***Riesling* Leckerberg »S«**
Preis: € Pigott-Punkte: PPPP Meine Punkte: ___
Zwei geniale Riesling-Innovationen, der »Geyersberg« fester und herber, der »Leckerberg« so einnehmend wie ein großes Kino-Erlebnis. Hier spürt man den ganzen geilen Wahnsinn des neuen Rheinhessens.

WITTMANN – Westhofen/Rheinhessen/D
Weingut Tel.: +49 (0)62 44/90 50 36,
E-Mail: info@wittmannweingut.com
***Silvaner* trocken**
Preis: € Pigott-Punkte: PP Meine Punkte: ___
Ein unkomplizierter, aber sofort ansprechender ländlicher Typ.
***Grüner Silvaner* »S«**
Preis: €€ Pigott-Punkte: PPPP Meine Punkte: ___
Mit viel Drive und trotzdem entspannt steht er jetzt noch ganz am Anfang seiner großen Karriere.
***Riesling* trocken**
Preis: € Pigott-Punkte: PPP Meine Punkte: ___
Ansprechend, ausgewogen und elegant wie kaum ein anderer trockener Riesling dieser Preisklasse (weit unter 10 €!).
***Riesling* »S«**
Preis: €€ Pigott-Punkte: PPPP Meine Punkte: ___
Kirchspiel Riesling »Großes Gewächs«
Preis: €€€€ Pigott-Punkte: PPPPP Meine Punkte: ___
Morstein Riesling »Großes Gewächs«
Preis: €€€€ Pigott-Punkte: PPPPP Meine Punkte: ___
Hier kommt nicht nur eine größere Farbintensität zum Bild, sondern auch unglaublich feine Farbschattierungen. Der »Kirchspiel« ist aufstrebend und filigran wie ein spitzer Kirchturm und der »Morstein« selbstbewusst profund; entweder ist man ihm gewachsen oder nicht.

J.L. WOLF – Wachenheim/Pfalz/D
Weingut Tel.: +49 (0)63 22/98 97 95,
E-Mail: j.l.wolf@drloosen.de
»Villa Wolf« Weißburgunder
Preis: € Pigott-Punkte: PP Meine Punkte: ___
»Villa Wolf« Grauburgunder
Preis: € Pigott-Punkte: PP Meine Punkte: ___
Wachenheim Riesling
Preis: € Pigott-Punkte: PPP Meine Punkte: ___
Freundliche Kumpel, die sich über fast jede Gesellschaft auf dem Teller freuen. Der Riesling hat eindeutig am meisten Schwung und Charme.
Wachenheimer Pechstein Riesling
Preis: €€€ Pigott-Punkte: PPPP (Ausnahme 2003: PPP)
Meine Punkte: ___

Forster Ungeheuer Riesling
Preis: €€€ Pigott-Punkte: PPPP (Ausnahme 2003: PPP)
Meine Punkte: ___
Forster Jesuitengarten Riesling
Preis: €€€ Pigott-Punkte: PPPP–PPPPP (Ausnahme 2003: PPP)
Meine Punkte: ___
Majestätisch kommt der »Jesuitengarten« daher, mit offensichtlicher Kraft präsentiert sich der »Ungeheuer«, während der »Pechstein« erstaunlich schlank und rassig wirkt für einen gestandenen Pfälzer. Die 2004er-Weine sind brillant!

ZILLIKEN – Saarburg/Mosel-Saar-Ruwer/D
Weingut Tel.: +49 (0)65 81/24 56, E-Mail: info@zilliken-vdp.de
»Butterfly« Riesling
Preis: € Pigott-Punkte: PPP Meine Punkte: ___
Von der Saar flattert eine neue Definition von Leichtigkeit und Heiterkeit her.

ZIMMERLING – Dresden-Pillnitz/Sachsen/D
Weingut Tel.: +49 (0)3 51/2 61 87 52
Riesling »R«
Preis: €€/0,5 l Pigott-Punkte: PPPP Meine Punkte: ___
Grauburgunder »R«
Preis: €€/0,5 l Pigott-Punkte: PPPP Meine Punkte: ___
Gewürztraminer
Preis: €€/0,5 l Pigott-Punkte: PPPP Meine Punkte: ___
Die starken, aber rätselhaft duftenden (überall Rosen oder?) trockenen Weine von Klaus Zimmerling bleiben unangepasst. Wer sich mit diesen Rätseln länger beschäftigt, lernt den neuen Orient des Weines kennen.

Süße Weißweine

CHÂTEAU **BASTOR-LAMONTAGNE** – Sauternes/Bordeaux/F
K & U (Die Weinhalle) Tel.: +49 (0)9 11/52 51 53,
E-Mail: info@weinhalle.de
Château Bastor-Lamontagne
Preis: €€€/halbe Flasche Pigott-Punkte: PPP
Meine Punkte: ___
Cremig und ein wenig dekadent hat er aber an einer gewissen Frische, anstatt unter der üblichen Morbidität des Sauternes zu leiden.

J.B. **BECKER** – Walluf/Rheingau/D
Weingut Tel.: +49 (0)61 23/7 25 23,
E-Mail: h.j.becker@justmail.de
Wallufer Walkenberg Riesling Spätlese
Preis: €€€ Pigott-Punkte: PPPP (Ausnahme 2003: PPPPP)
Meine Punkte: ___
Wallufer Walkenberg Riesling Auslese
Preis: €€€ Pigott-Punkte: PPPPP (Ausnahme 2003: PPPPP!)
Meine Punkte: ___
Die Süße ist wunderbar zart im heutigen (überdrehten) Rheingau-Kontext, aber es ist die Kombination von atemberaubender Geschmacksdichte und kompromissloser Originalität, was die Weine über den konventionellen Rheingau-Kontext stellt.

BEURER – Kernen-Stetten/Württemberg/D
Weingut Tel.: +49 (0)71 51/4 21 90,
E-Mail: info@weingut-beurer.de
Riesling Auslese
Preis: €€/halbe Flasche Pigott-Punkte: PPPP
Meine Punkte: ___
Riesling Eiswein
Preis: €€€€€/halbe Flasche Pigott-Punkte: PPPPP
Meine Punkte: ___
Ungewöhnlich feinduftige Weine für Württemberg mit zarter Süße und wunderbarer Frische – Tür schließen, Telefon ausschalten und Korken raus!
Gewürztraminer Spätlese
Preis: €€ Pigott-Punkte: PPP Meine Punkte: ___
Kein Wenn und kein Aber, sondern türkisches Konfekt in flüssiger Form und trotz dieser Wonne und Weichheit keinen Deut zu süß.

CLEMENS **BUSCH** – Pünderich/Mosel-Saar-Ruwer/D
Weingut Tel.: +49 (0)65 42/2 21 80,
E-Mail: weingut@clemens-busch.de

Pündericher Marienburg Riesling Spätlese
Preis: €€ Pigott-Punkte: PPPP Meine Punkte: ___
Pündericher Marienburg Riesling Auslese **/***
Preis: €€€€/halbe Flasche Pigott-Punkte: PPPPP
Meine Punkte: ___
Wagnerische Moselweine zum Abheben! Wer der fundamentalistischen Seite des Rieslings nicht abgeneigt ist, kann hier mit den Walküren reiten.

JOH. JOS. **CHRISTOFFEL** ERBEN – Ürzig/Mosel-Saar-Ruwer/D
Weingut Tel.: +49 (0)65 32/9 31 64,
E-Mail: moenchhof.eymael@t-online.de
Ürziger Würzgarten Riesling Spätlese
Preis: € Pigott-Punkte: PPPP Meine Punkte: ___
Ürziger Würzgarten Riesling Auslese */**
Preis: €€ Pigott-Punkte: PPPP Meine Punkte: ___
Ürziger Würzgarten Riesling Auslese ***
Preis: €€€ Pigott-Punkte: PPPPP Meine Punkte: ___
Hans-Leo Christoffels Rieslinge sind in ihrer filigranen Gestalt vergleichbar mit dem Dom von Chartres und bei den Fruchtaromen in die Kategorie »Füllhorn« einzustufen . . . und schreien förmlich nach weiteren verrückten Metaphern.

ANSGAR **CLÜSSERATH** – Trittenheim/Mosel-Saar-Ruwer/D
Weingut Tel.: +49 (0)65 07/22 90,
E-Mail: weingut@ansgar-cluesserath.de
Trittenheimer Apotheke Riesling Spätlese
Preis: €€€ Pigott-Punkte: PPPP Meine Punkte: ___
Prototypische Mosel-Rieslinge mit Saft, Kraft und Pikanz. Wer meint, dass Mosel-Wein einfach süß sei, muss diesen eleganten Wahnsinn einfach erleben.

KLEIN **CONSTANTIA** – Cape Town/Western Cape/ZA
Kaufhof
»Vin de Constance« Muscat
Preis: €€€€€/0,5 l Pigott-Punkte: PPPPP! Meine Punkte: ___
Mit fast überwältigendem Muskatduft und spannungsgeladenem Spiel zwischen pikanter Frische und Honigsüße zeigt die Reinkarnation des historischen »Constantia«-Weins, warum dieser von 1750 bis 1850 zu den teuersten Weinen der Welt zählte.

Schlossgut **DIEL** – Burg Layen/Nahe/D
Weingut Tel.: +49 (0)67 21/9 69 50,
E-Mail: info@schlossgut-diel.com
Dorsheimer Pittermännchen Riesling Spätlese
Preis: €€€ Pigott-Punkte: PPP Meine Punkte: ___
Dorsheimer Goldloch Riesling Spätlese
Preis: €€€ Pigott-Punkte: PPP Meine Punkte: ___

Wenn man kein Problem mit satter Traubensüße und barocken Düften hat, sind das die richtigen Weine für eine Kuschelstunde. Der »Goldloch« ist etwas voller, der »Pittermännchen« ein wenig schlanker.

Dorsheimer Burgberg Riesling Spätlese
Preis: €€€ Pigott-Punkte: PPPP Meine Punkte: ___

Dorsheimer Burgberg Riesling Auslese
Preis: €€€€ Pigott-Punkte: PPPP Meine Punkte: ___

Das Gleiche wie oben gilt auch hier, dazu eine gewisse Strenge, die für Spannung sorgt. Die Auslese ist bedeutend fülliger und noch weniger zurückhaltend als die Spätlese.

CHÂTEAU **DOISY**-DAËNE – Barsac/Bordeaux/F
Vinum Tel.: +49 (0)30/3 22 66 19,
E-Mail: vinumberlin@gmx.de

Château Doisy-Daëne
Preis: €€€€ Pigott-Punkte: PPPP Meine Punkte: ___

Wie ein Besuch in einer Spitzen-Pâtisserie in Paris . . . ein Sauternes mit viel Schmackes, aber auch Klarheit und Esprit.

H. **DÖNNHOFF** – Oberhausen/Nahe/D
Weingut Tel.: +49 (0)67 55/2 63, E-Mail: weingut@doennhoff.com

Oberhäuser Leistenberg Riesling Kabinett
Preis: €€ Pigott-Punkte: PPPP Meine Punkte: ___

Sehr viel Charme und Charakter auf wenig Raum konzentriert, ein tänzerischer Wein, der auch zum Tanzen toll ist.

Oberhäuser Brücke Riesling Spätlese
Preis: €€€€ Pigott-Punkte: PPPPP Meine Punkte: ___

Oberhäuser Brücke Riesling Auslese
Preis: €€€€€ Pigott-Punkte: PPPPP Meine Punkte: ___

Die Weine aus der »Brücke« sind die kräftigsten Dönnhoff-Weine, besitzen aber gleichzeitig wunderbar subtile und originelle Fruchtaromen.

Niederhäuser Hermannshöhle Riesling Spätlese
Preis: €€€€ Pigott-Punkte: PPPPP! Meine Punkte: ___

Niederhäuser Hermannshöhle Riesling Auslese »Goldkapsel«
Preis: €€€/halbe Flasche Pigott-Punkte: PPPPP!
Meine Punkte: ___

So fein wie die teuerste Spitze, aber auch felsenfest; der Gipfel an Subtilität, was als Jungwein etwas Geduld und viel Aufmerksamkeit erfordert.

EMRICH-SCHÖNLEBER – Monzingen/Nahe/D
Weingut Tel.: +49 (0)67 51/27 33,
E-Mail: weingut@emrich-schoenleber.com

Monzinger Frühlingsplätzchen Riesling Kabinett
Preis: € Pigott-Punkte: PPP (Ausnahme 2003: PPPP)
Meine Punkte: ___

Der Charme des Frühlings in Wein-Form, herrlich lebendig und überschwänglich.

Monzinger Halenberg Riesling Spätlese
Preis: €€ Pigott-Punkte: PPPPP Meine Punkte: ___

Monzinger Halenberg Riesling Auslese
Preis: €€€ Pigott-Punkte: PPPPP–PPPPP! Meine Punkte: ___

So schlank und elegant wie Rennpferde, die Säure wie das Skelett unter der genau dazu passenden Muskulatur aus Pfirsicharomen und natürlicher Süße.

FEILER-ARTINGER – Rust/Neusiedlersee-Hügelland/A

Weingut Tel.: +43 (0)26 85/2 37, E-Mail: office@feiler-artinger.at

Welschriesling Ruster Ausbruch
Preis: €€€€/halbe Flasche Pigott-Punkte: PPPPP
Meine Punkte: ___

Pinot Cuvée Ruster Ausbruch
Preis: €€€€/halbe Flasche Pigott-Punkte: PPPPP
Meine Punkte: ___

Richtige Dessertweine bzw. Weine mit feiner Honigsüße und einem zarten Schmelz, die ein tolles Dessert ersetzen können, mit einer vielschichtigen, faszinierenden Würze, die lange nachhallt.

JOACHIM **FLICK** – Flörsheim-Wicker/Rheingau/D

Weingut Tel.: +49 (0)61 45/76 86, E-Mail: info@flick-wein.de

Wickerer Mönchsgarten Riesling Spätlese
Preis: € Pigott-Punkte: PPP Meine Punkte: ___

Hochheimer Hölle Riesling Spätlese/Auslese
Preis: €€€€ Pigott-Punkte: PPPPP Meine Punkte: ___

Die Frische auf dem Küchenbrett gehackter Gartenkräuter mit den Aromen frisch gepflückter Beeren und gerade genug Süße . . .

Wickerer Nonngarten Riesling Spätlese
Preis: €€ Pigott-Punkte: PPPP Meine Punkte: ___

Wickerer Nonngarten Riesling Auslese
Preis: €€€ Pigott-Punkte: PPPPP Meine Punkte: ___

Die energiegeladenen Nonnberg-Rieslinge mit natürlicher Traubensüße haben eine geniale mineralische Frische, die reine Freude spendet!

FR. **FRIEDRICH-KERN** – Wehlen/Mosel-Saar-Ruwer/D

Weingut Tel.: +49 (0)65 31/31 56, E-Mail: ffkern@aol.com

Wehlener Sonnenuhr Riesling Spätlese
Preis: € Pigott-Punkte: PP (Ausnahme 2003: PPP)
Meine Punkte: ___

Die florale Seite des Mosel-Weins verbunden mit großer Saftigkeit und erfrischender Säure im Nachgeschmack.

GEIL (Geil-Bierschenk) – Bechtheim/Rheinhessen/D

Weingut Tel.: +49 (0)62 42/15 46, E-Mail: info@weingut-geil.de

Bechtheimer Hasensprung Rieslaner Auslese
Preis: €€ Pigott-Punkte: PPPP Meine Punkte: ___
Bechtheimer Heiligenkreuz Huxelrebe Trockenbeerenauslese
Preis: €€€/halbe Flasche Pigott-Punkte: PPPPP
Meine Punkte: ___
Die Geil'schen Dessert-Weine bieten eine Saftigkeit und Nachhaltigkeit, die tatsächlich geil ist. Die Trockenbeerenauslesen sind dank ihrer wunderbaren Klarheit dicht und delikat statt dick und doof.

GONZALEZ-BYASS – Jerez de la Frontera/E
Wein & Vinos Tel.: +49 (0)30/31 50 60 80,
E-Mail: info@vinos.de
Oloroso »Methusalem«
Preis: €€€€€ Pigott-Punkte: PPPPP Meine Punkte: ___
Weihnachten im Glas! Dörrobst-, Nuss- und Gewürz-Aromen, üppig, wuchtig, geschmeidig, doch bei aller Dunkelheit auch wunderbar harmonisch und lebendig.

GUNDERLOCH – Nackenheim/Rheinhessen/D
Weingut Tel.: +49 (0)61 35/23 41, E-Mail: info@gunderloch.de
»Jean Baptiste« Riesling Kabinett
Preis: € Pigott-Punkte: PPP Meine Punkte: ___
Sensationell fröhlich und lecker, wenn man kein verbissener Trockenwein-Fanatiker ist, saftig und sehr lebendig; ein perfekter Wein zur Thai-Küche.
Nackenheim Rothenberg Riesling Auslese
Preis: €€€€ Pigott-Punkte: PPPPP Meine Punkte: ___
Nackenheim Rothenberg Riesling Auslese »Goldkapsel«
Preis: €€€€€ Pigott-Punkte: PPPPP! Meine Punkte: ___
Eigentlich zusammen mit der deutlich herberen Riesling Auslese *** ein Trio von Divas in weißen rückenfreien Abendkleidern mit tiefen Dekolletés auf rotem Teppich. Jede von ihnen verdient einen Oscar!

GYSLER – Alzey-Weinheim/Rheinhessen/D
Weingut Tel.: +49 (0)67 31/4 12 66,
E-Mail: alex.gysler@t-online.de
Weinheimer Hölle Huxelrebe Spätlese
Preis: € Pigott-Punkte: PPP Meine Punkte: ___
Weinheimer Hölle Huxelrebe Beerenauslese
Preis: €€/halbe Flasche Pigott-Punkte: PPPP Meine Punkte: ___
Obwohl aus der gleichen »Mega-Out«-Rebsorte Huxel sind diese Weine sehr unterschiedlich. Die Spätlesen sind pikant und aufregend, die Beerenauslesen dagegen cremig, geschmeidig und ideal zum »Chill-Out«.
Weinheimer Hölle Riesling Spätlese
Preis: € Pigott-Punkte: PPPP Meine Punkte: ___

Weinheimer Hölle Riesling Auslese
Preis: € Pigott-Punkte: PPP Meine Punkte: ___
So leichtfüßig und verspielt wie hochwertige Moselweine – Alex Gyslers Rieslinge mit natürlicher Traubensüße sind einmalig in Rheinhessen.

FRITZ **HAAG** – Brauneberg/Mosel-Saar-Ruwer/D
Weingut Tel.: +49 (0)65 34/4 10,
E-Mail: weingut-fritz-haag@t-online.de
Brauneberger Juffer-Sonnenuhr Riesling Kabinett
Preis: € Pigott-Punkte: PPP Meine Punkte: ___
Brauneberger Juffer-Sonnenuhr Riesling Spätlese
Preis: €€ Pigott-Punkte: PPP Meine Punkte: ___
Brauneberger Juffer-Sonnenuhr Riesling Auslese
Preis: €€€€ Pigott-Punkte: PPP–PPPP Meine Punkte: ___
Brauneberger Juffer-Sonnenuhr Riesling Auslese »Goldkapsel«
Preis: €€€€€ Pigott-Punkte: PPPP Meine Punkte: ___
Die Süße der Haag-Weine fällt in ihrer Jugend recht betont aus, wird aber mit zunehmendem Alter des Weins immer zarter, die Fruchtaromen immer feiner. Die Versteigerungs-Abfüllungen (€€€€€–€€€€€!) sind oft wahre Meisterwerke der Riesling-Eleganz (PPPPP–PPPPP!)

REINHOLD **HAART** – Piesport/Mosel-Saar-Ruwer/D
Weingut Tel.: +49 (0)64 34/20 15, E-Mail: info@haart.de
»Haart to Heart« Riesling
Preis: € Pigott-Punkte: PPP Meine Punkte: ___
Wer ein offenes Herz für den Riesling hat, wird viel übrig haben für diesen Wein, der Herbe und Süße, Leichtigkeit und Stärke in sich spielend vereint.
Piesporter Goldtröpfchen Riesling Kabinett
Preis: € Pigott-Punkte: PPPP Meine Punkte: ___
Piesporter Goldtröpfchen Riesling Spätlese
Preis: €€ Pigott-Punkte: PPPPP Meine Punkte: ___
Piesporter Goldtröpfchen Riesling Auslese
Preis: €€€€ Pigott-Punkte: PPPPP! Meine Punkte: ___
Überschwängliche, aber feine Aromatik zusammen mit viel Stoff und Energie eröffnen ein Barockfest des Mosel-Rieslings, aber erst nach einer gewissen Flaschenreife (mindestens 1 Jahr für Spätlesen und 1½ Jahre für Auslesen) entfalten die Weine sich richtig.

VON **HÖVEL** – Oberemmel/Mosel-Saar-Ruwer/D
Weingut Tel.: +49 (0)65 01/15 38,
E-Mail: weingutvonhoevel@t-online.de
Oberemmeler Hütte Riesling Spätlese
Preis: €€ Pigott-Punkte: PPPP Meine Punkte: ___
Oberemmeler Hütte Riesling Auslese *
Preis: €€€ Pigott-Punkte: PPPP Meine Punkte: ___

Vielleicht sind sie nicht die allerfeinsten Rieslinge Deutschlands, aber diese wahren Saftbomben bieten enorm viel Wein für moderates Geld an und sind trotzdem verspielt anstatt bombastisch.

Kanzemer Hörecker Riesling/Spätlese Auslese *
Preis: €€ Pigott-Punkte: PPPP Meine Punkte: ___
Eine Neuerscheinung im Gutsprogramm mit edelstein-hartem Kern umhüllt von schwereloser Riesling-Feinheit.

DOMAINE **HUËT** – Loire/F
Hardy Tel.: +49 (0)30/8 31 25 98,
E-Mail: feinwein@hardy-wein.de

Vouvray Le Mont demisec Chenin Blanc
Preis: €€€ Pigott-Punkte: PPP Meine Punkte: ___
Wer sagt, nur die Deutschen können Süßweine erzeugen, die belebend und erfrischend sind?

Vouvray Le Mont moëlleux Chenin Blanc
Preis: €€€€ Pigott-Punkte: PPPP Meine Punkte: ___

Vouvray Le Mont moëlleux »1ère Trie« Chenin Blanc
Preis: €€€€€ Pigott-Punkte: PPPPP Meine Punkte: ___
Ausnahme-Süßweine von der Loire, die honigbetont, geschmeidig und subtil anstatt (wie sonst oft) schwer und plump wirken.

ISOLE E OLENA – Toskana/I
Garibaldi Tel.: +49 (0)89/35 63 61 16,
E-Mail: bestellung@garibaldi-wein.de

Vin Santo
Preis: €€€€€/halbe Flasche Pigott-Punkte: PPPPP
Meine Punkte: ___
Paolo di Marchis Süßwein schmeckt, als ob die Uhr zurückgedreht worden sei und wir das im Glas hätten, wovon Vergil schwärmte!

JOHANNISHOF – Johannisberg/Rheingau/D
Weingut Tel.: +49 (0)67 22/82 16,
E-Mail: weingut.johannishof@t-online.de

Johannisberger Klaus Riesling Spätlese
Preis: €€ Pigott-Punkte: PPPP Meine Punkte: ___

Rüdesheimer Berg Rottland Riesling Spätlese
Preis: €€ Pigott-Punkte: PPPP Meine Punkte: ___

Rüdesheimer Berg Rottland Riesling Auslese
Preis: €€/halbe Flasche Pigott-Punkte: PPPP Meine Punkte: ___
Viele scharfe Kurven sorgen für ein heißes Rennen, trotzdem wirkt die hocharomatische Süße eher zart; die Größe des Rieslings in völlig unbeschwerter Form.

TONI **JOST** – Bacharach/Mittelrhein/D
Weingut Tel.: +49 (0)67 43/12 16,
E-Mail: tonijost@debitel.net

Bacharacher Hahn Riesling Spätlese
Preis: €€ Pigott-Punkte: PPP Meine Punkte: ___
Prall und satt, ohne drall oder sättigend zu wirken. Die hochreifen Pfirsiche lassen grüßen, und saftig sprießt es überall!

KARLSMÜHLE (Peter Geiben) – Mertesdorf/Mosel-Saar-Ruwer/D
Weingut Tel.: +49 (0)6 51/51 24,
E-Mail: anfrage@weingut-karlsmuehle.de
Lorenzhöfer Riesling Spätlese
Preis: € Pigott-Punkte: PPPP Meine Punkte: ___
Lorenzhöfer Riesling Auslese »Lange Goldkapsel«
Preis: €€€€ Pigott-Punkte: PPPPP Meine Punkte: ___
Weine mit pulsierenden Aromen und elektrisierendem Süße-Säure-Spiel; nichts für Harmoniesüchtige oder Weintrinker, denen es an Abenteuerlust mangelt. Die Karlsmühle-Rieslinge aus anderen Lagen sind kaum weniger berauschend!

KARTHÄUSERHOF (Christoph Tyrell) – Eitelsbach/Mosel-Saar-Ruwer/D
Weingut Tel.: +49 (0)6 51/51 21,
E-Mail: mail@karthaeuserhof.com
Eitelsbacher Karthäuserhof Riesling Kabinett
Preis: € Pigott-Punkte: PPP Meine Punkte: ___
Eitelsbacher Karthäuserhofberg Riesling Spätlese
Preis: €€ Pigott-Punkte: PPP Meine Punkte: ___
Eitelsbacher Karthäuserhofberg Riesling Auslese
Preis: €€€ Pigott-Punkte: PPPP Meine Punkte: ___
Obwohl bekannter für trockene Weine, sind auch die Süßweine dieses Gutes schlank, pikant und energiegeladen. Die Auslesen mit Fass-Nummer (ab 30 €) sind oft beeindruckend filigran.

RANDOLF **KAUER** – Bacharach/Mittelrhein/D
Weingut Tel.: +49 (0)67 43/22 72,
E-Mail: weingut-dr-kauer@t-online.de
Oberdiebacher Fürstenberg Riesling Spätlese
Preis: €€ Pigott-Punkte: PPPP Meine Punkte: ___
Trotz viel Frucht und Substanz schmecken diese ökologisch-önologischen Wunder straff und diskret anstatt laut oder ausladend.

KELLER – Flörsheim-Dalsheim/Rheinhessen/D
Weingut Tel.: +49 (0)62 43/4 56, E-Mail: weingut_Keller@web.de
Dalsheimer Hubacker Riesling Auslese
Preis: €€€€ Pigott-Punkte: PPPP Meine Punkte: ___
Dalsheimer Hubacher Riesling Auslese »Goldkapsel«
Preis: €€€€€/halbe Flasche Pigott-Punkte: PPPPP
Meine Punkte: ___
Wer will die ultimative Saft-Bombe mittig auf der Zunge zünden?

Wer will so viele exotische Fruchtaromen auf einmal wie nur möglich?

REICHSGRAF VON **KESSELSTATT** – Morscheid/Mosel-Saar-Ruwer/D
Weingut Tel.: +49 (0)65 00/9 16 90,
E-Mail: weingut@kesselstatt.de
Scharzhofberger Riesling Spätlese
Preis: €€€ Pigott-Punkte: PPPP Meine Punkte: ___
Josephshöfer Riesling Spätlese
Preis: €€€ Pigott-Punkte: PPPPP Meine Punkte: ___
Schlank, hochelegant und makellos die Scharzhofberger, tief, ausdrucksstark und eigensinnig die genialen Josephshöfer. Die Bezeichnung »Spätlese« sagt nur, dass sie – glücklicherweise – nicht trocken sind.

KIRÁLYUDVAR – Tokaj/Ungarn
WeinArt Tel.: +49 (0)67 22/7 10 80,
E-Mail: info@weinart.de
Tokaji »Cuvée Ilona«
Preis: €€€€/0,5 l Pigott-Punkte: PPPP Meine Punkte: ___
Kein Gigant, aber ein ganz authentischer »Tokaji«; wahre »Honig«-Süße mit der ganzen Würze eines tollen Waldhonigs.

REINHARD **KNEBEL** – Winningen/Mosel-Saar-Ruwer/D
Weingut Tel.: +49 (0)26 06/26 31,
E-Mail: info@weingut-knebel.de
Winninger Röttgen Riesling Spätlese
Preis: €€ Pigott-Punkte: PPP Meine Punkte: ___
Winninger Röttgen Riesling Auslese
Preis: €€€ Pigott-Punkte: PPPP Meine Punkte: ___
Rund und frisch zugleich mit sehr viel jugendlichem Charme – Ausnahme-Süßweine aus einem Teil der Mosel, wo so etwas recht selten gelingt.

ALOIS **KRACHER** – Illmitz/Neusiedlersee/A
Thomas Späth Tel.: +49 (0)89/34 47 61,
E-Mail: office@thomasspaeth.de
Beerenauslese »Cuvée«
Preis: €/halbe Flasche Pigott-Punkte: PPP Meine Punkte: ___
Eiswein »Cuvée«
Preis: €/halbe Flasche Pigott-Punkte: PPP Meine Punkte: ___
Echte Dessert-Weine, die cremig, saftig-süß und kräftig genug sind, um alle Süßspeisen ohne Schoko zu packen.
»Grand Cuvée« – »Nouvelle Vague«
Preis: €€€€/halbe Flasche Pigott-Punkte: PPPPP
(Ausnahme 2000: PPP) Meine Punkte: ___
Hier geht es noch üppiger zu als bei den »Zwischen den Seen«-

Abfüllungen, mit ausgeprägter Vanillenote neben dem edlen Früchtekompott im Glas.

***Welschriesling* Trockenbeerenauslese »Zwischen den Seen«**
Preis: €€€€/halbe Flasche Pigott-Punkte: PPPPP!
(Ausnahme 2000: PPP) Meine Punkte: ___

***Scheurebe* Trockenbeerenauslese »Zwischen den Seen«**
Preis: €€€€/halbe Flasche Pigott-Punkte: PPPPP!
(Ausnahme 2000: PPPP) Meine Punkte: ___

In puncto Geschmacksdichte, Cremigkeit *und* Harmonie sind diese wahren Dessert-Weine kaum zu toppen. Als »Süßspeise-Ersatz« bereichern sie jedes Essen um einen tatsächlich krönenden Abschluss.

PETER JAKOB **KÜHN** – Oestrich/Rheingau/D
Weingut Tel.: +49 (0)67 23/22 99,
E-Mail: info@weingutpjkuehn.de

Oestricher Lenchen Riesling Spätlese
Preis: €€ Pigott-Punkte: PPPP Meine Punkte: ___

Oestricher Lenchen Riesling Auslese
Preis: €€€€/halbe Flasche Pigott-Punkte: PPPPP
Meine Punkte: ___

Mit einem dieser Früchtekörbe im Glas braucht man nicht ans Dessert zu denken und erhebt sich kalorienärmer und frischer vom Tisch.

LANGWERTH VON SIMMERN – Eltville/Rheingau/D
Weingut Tel.: +49 (0)61 23/9 21 10,
E-Mail: weingut-langwerth-von-simmern@t-online.de

Erbacher Marcobrunn Riesling Spätlese
Preis: €€€ Pigott-Punkte: PPP Meine Punkte: ___

Rauenthaler Baiken Riesling Spätlese
Preis: €€€ Pigott-Punkte: PPP Meine Punkte: ___

Durch Zartheit und Feinheit beeindrucken diese Weine – anstatt durch schiere Power, Wucht oder vordergründige Süße; ein Haus mit großer Tradition, das eine Qualitätsrenaissance erlebt.

LANIUS-KNAB – Oberwesel/Mittelrhein/D
Weingut Tel.: +49 (0)67 44/81 04,
E-Mail: Lanius.Knab@t-online.de

Engehöller Bernstein Riesling Spätlese
Preis: € Pigott-Punkte: PPP Meine Punkte: ___

Engehöller Bernstein Riesling Auslese
Preis: €€€ Pigott-Punkte: PPPP Meine Punkte: ___

Zeit und Geduld verlangen diese Edelsteine, aber dann entdeckt man eine Welt von kristalliner Reinheit und Geradlinigkeit. Die etwas runderen Weine aus der Lage Goldmund sind ähnlich gut.

JOSEF **LEITZ** – Rüdesheim/Rheingau/D
Weingut Tel.: +49 (0)67 22/4 87 11,
E-Mail: johannes.leitz@leitz-wein.de
Rüdesheimer Kirchenpfad Riesling Kabinett
Preis: € Pigott-Punkte: PPP Meine Punkte: ___
Rüdesheimer Berg Roseneck Riesling Spätlese
Preis: €€€ Pigott-Punkte: PPPP Meine Punkte: ___
Rüdesheimer Berg Schlossberg Riesling Spätlese
Preis: €€€ Pigott-Punkte: PPPP Meine Punkte: ___
Johannes Leitz ist zwar eher für seine trockenen Weine bekannt, aber seine süßen Rieslinge sind nicht weniger erfrischend elegant und originell.

CARL **LOEWEN** – Leiwen/Mosel-Saar-Ruwer/D
Weingut Tel.: +49 (0)65 07/30 94,
E-Mail: mail@weingut-loewen.de
Leiwener Laurentiuslay Riesling Spätlese
Preis: €€ Pigott-Punkte: PPPP Meine Punkte
Leiwener Laurentiuslay Riesling Auslese
Preis: €€€ Pigott-Punkte: PPPP Meine Punkte: ___
Die »Laurentiuslay« steht für heitere, charmante und graziöse Mosel-Schönlinge; die Cary Grants des Rieslings!
Thörnicher Ritsch Riesling Spätlese
Preis: €€ Pigott-Punkte: PPPP Meine Punkte: ___
Thörnicher Ritsch Riesling Auslese
Preis: €€€ Pigott-Punkte: PPPPP Meine Punkte: ___
Mit ihrer mineralischen Stärke und Brillanz erinnern Karl-Josef Loewens »Ritsch«-Weine an Ingrid Bergman in Hitchcocks »Notorious« (wo sie den dunklen Kontrapunkt zu Cary Grant bildet).

DR. **LOOSEN** – Bernkastel/Mosel-Saar-Ruwer/D
Weingut Tel.: +49 (0)65 31/34 26, E-Mail: vertrieb@drloosen.de
Wehlener Sonnenuhr Riesling Kabinett
Preis: € Pigott-Punkte: PPPP Meine Punkte: ___
Wehlener Sonnenuhr Riesling Spätlese
Preis: €€ Pigott-Punkte: PPPP Meine Punkte: ___
Wehlener Sonnenuhr Riesling Auslese
Preis: €€€ Pigott-Punkte: PPPPP Meine Punkte: ___
Mit diesen Weinen im Glas fühlt man sich wie in einem Blumenparadies, und die Konsistenz auf der Zunge ist wie feinste Spitze. Nur eine kategorische Ablehnung des süßen Weins kann einem den Weg zu diesem Genuss verbauen.
Erdener Treppchen Riesling Spätlese
Preis: €€ Pigott-Punkte: PPPP Meine Punkte: ___
Windhund-Rasse verbindet sich mit Aniswürze und erzeugt eine neue Art der Weißwein-Hochspannung.
Ürziger Würzgarten Riesling Spätlese
Preis: €€€ Pigott-Punkte: PPPPP Meine Punkte: ___

Ürziger Würzgarten Riesling Auslese
Preis: €€€€€ Pigott-Punkte: PPPPP! Meine Punkte: ___
»Nomen est Omen« ist Programm bei den äußerst markanten Würzgarten-Weinen, deren Kompromisslosigkeit einen entweder gefangen nehmen oder abstoßen.

LUSTAU – Jerez de la Frontera/E
Wein & Vinos Tel.: +49 (0)30/31 50 60 80, E-Mail: info@vinos.de
Oloroso del Puerto »Lustau Almacenista«
Preis: €€€€ Pigott-Punkte: PPPP
Meine Punkte: ___
Wer zweifelt, dass süßer Sherry ein edler Wein sein kann, soll diesen hocheleganten, nussigen Verführer erleben. Offene Flaschen kann man im Kühlschrank maximal 10 Tage aufbewahren!

MACULAN – Veneto/I
Harald Bremer Tel.: +49 (0)5 31/23 73 60,
E-Mail: info@bremerwein.de
»Torcolato«
Preis: €€€ Pigott-Punkte: PPPP Meine Punkte: ___
Zugleich sanft und frisch, reichhaltig und zart ist dies der wahrscheinlich zuverlässigste italienische Dessertwein.

MARKUS **MOLITOR** – Zeltingen/Mosel-Saar-Ruwer/D
Weingut Tel.: +49 (0)65 32/39 39,
E-Mail: weingut.markus.molitor@t-online.de
Niedermenniger Herrenberg Riesling Kabinett
Preis: € Pigott-Punkte: PPP Meine Punkte: ___
Markus Molitor ist bekannt für opulente süße Rieslinge. Wenn man auf üppig und mächtig steht, wird man viel mehr dafür übrig haben als ich. Diese filigrane Miniatur sieht wie nichts aus gegen die Molitor-Auslese-Giganten, aber ich habe mehr Freude daran, weil sie auch Platz für den Trinker lässt.

MAXIMIN **GRÜNHAUS** – siehe C. VON **SCHUBERT**

MÜLLEN – Traben-Trarbach/Mosel-Saar-Ruwer/D
Weingut Tel.: +49 (0)65 41/94 70,
E-Mail: martinmuellen@t-online.de
Trarbacher Paradies Riesling Spätlese »Jippi«
Preis: €€ Pigott-Punkte: PPPP Meine Punkte: ___
Trarbacher Paradies Riesling Spätlese »Retsch«
Preis: €€ Pigott-Punkte: PPPPP
Meine Punkte: ___
Äußerst charakterstarke Weine mit enorm viel Ausdruck und gerade genug natürliche Süße. Wer Mut zur Eigenart hat, wird hier reichlich belohnt; Martin Müllen ist zweifelsohne ein neuer Star unter den Mosel-Winzern!

MÜLLER-CATOIR – Neustadt-Haardt/Pfalz/D
Weingut Tel.: +49 (0)63 21/28 15,
E-Mail: weingut@mueller-catoir.de
Haardter Herrenletten Riesling Spätlese
Preis: €€ Pigott-Punkte: PPPP Meine Punkte: ___
Kein anderes Weingut in der Pfalz schafft es, Rieslinge mit natürlicher Süße zu produzieren, die solch eine Leichtfüßigkeit und Eleganz aufweisen.
Haardter Bürgergarten Rieslaner Auslese
Preis: €€€€€ Pigott-Punkte: PPPPP Meine Punkte: ___
Haardter Bürgergarten Rieslaner Beerenauslese
Preis: €€€€€/halbe Flasche Pigott-Punkte: PPPPP!
Meine Punkte: ___
In puncto Brillanz sind die edelsüßen Rieslaner von »MC²« kaum zu übertreffen; aus Trauben-Materie wird hier reine Aromen-Energie!

MATTHIAS **MÜLLER** – Spay/Mittelrhein/D
Weingut Tel.: +49 (0)26 28/87 41,
E-Mail: weingut.matthias.mueller@t-online.de
Bopparder Hamm Riesling Hochgewächs
Preis: €! Pigott-Punkte: PP Meine Punkte: ___
Bopparder Hamm Feuerlay Riesling Spätlese
Preis: € Pigott-Punkte: PPP Meine Punkte: ___
Einfach lecker – Pfirsich über alles! – aber für diese Preisklassen auch richtig fein und originell.
Bopparder Hamm Feuerlay Riesling Auslese
Preis: €€€€ Pigott-Punkte: PPPP Meine Punkte: ___
Bopparder Hamm Feuerlay Riesling Eiswein
Preis: €€€€€ Pigott-Punkte: PPPPP Meine Punkte: ___
Wer den Aufpreis bei Müller bezahlt, bekommt edelsüße Weine, die diese Bezeichnung wahrhaft verdienen.

EGON **MÜLLER-SCHARZHOF** – Wiltingen/Mosel-Saar-Ruwer/D
Wein & Glas Tel.: +49 (0)30/2 35 15 20,
E-Mail: info@weinundglas.com
»Scharzhof« Riesling
Preis: €€ Pigott-Punkte: PPP Meine Punkte: ___
Ein Maulvoll Saar-Wein, unkompliziert und vielschichtig; gerade süß genug, um nicht in der trockenen Ecke zu landen.
Scharzhofberger Riesling Kabinett
Preis: €€€€ Pigott-Punkte: PPPP Meine Punkte: ___
Scharzhofberger Riesling Spätlese
Preis: €€€€€ Pigott-Punkte: PPPPP Meine Punkte: ___
Die hohe Kunst des klassischen deutschen Rieslings wird hier weiterhin mit begnadetem Perfektionismus praktiziert; subtile, noble Weine. Grundsätzlich kein Ab-Hof-Verkauf!

GRAFEN **NEIPPERG** – Schwaigern/Württemberg/D
Weingut Tel.: +49 (0)71 38/94 14 00,
E-Mail: neipperg@t-online.de
Neipperger Schlossberg Muskateller Spätlese
Preis: € Pigott-Punkte: PPPP Meine Punkte: ___
Neipperger Schlossberg Muskateller Auslese
Preis: €€€ Pigott-Punkte: PPPP Meine Punkte: ___
Neipperger Schlossberg Muskateller Beerenauslese
Preis: €€€€€/halbe Flasche Pigott-Punkte: PPPPP
Meine Punkte: ___
Ein atemberaubendes, hocharomatisches Trio, das genauso unterschiedlich wie Geige (Spätlese), Cello (Auslese) und Klavier (Beerenauslese) klingt. Sie spielen eine Barockmusik mit wunderbar heiterem Schwung.

VON **OTHEGRAVEN** – Kanzem/Mosel-Saar-Ruwer/D
Weingut Tel.: +49 (0)65 01/15 00 42,
E-Mail: von-othegraven@t-online.de
Kanzemer Altenberg Riesling Spätlese »Erste Lage«
Preis: €€ Pigott-Punkte: PPPP Meine Punkte: ___
Ein alter Klassiker steht wieder auf und gibt eine prächtige Figur ab in seiner flotten neuen Kleidung; nichts an dieser strahlenden Erscheinung ist auch nur andeutungsweise altmodisch!

PFEFFINGEN – Bad Dürkheim/Pfalz/D
Weingut Tel.: +49 (0)63 22/86 07,
E-Mail: Pfeffingen@t-online.de
Herrenberg Riesling Spätlese
Preis: € Pigott-Punkte: PPP Meine Punkte: ___
Scheurebe Spätlese
Preis: € Pigott-Punkte: PPP Meine Punkte: ___
So enorm saftig kann der deutsche Weißwein sein – ohne eine Spur kitschig oder vordergründig süß zu wirken!
Herrenberg Scheurebe Auslese
Preis: €€€€ Pigott-Punkte: PPPP Meine Punkte: ___
Noch dichter, cremiger, kräftiger und unwiderstehlicher . . .

JOH. JOS. **PRÜM** – Wehlen/Mosel-Saar-Ruwer/D
Wein & Glas Tel.: +49 (0)30/3 25 15 20,
E-Mail: info@weinundglas.com
Wehlener Riesling Kabinett
Preis: €€ Pigott-Punkte: PPP Meine Punkte: ___
Graacher Himmelreich Riesling Spätlese
Preis: €€€ Pigott-Punkte: PPPP Meine Punkte: ___
Zwei Vertreter der unübertrefflichen Leichtigkeit des deutschen Weins. Die pointierte Frische lässt die Traubensüße fast verschwinden. Gereifte Jahrgänge machen oft mehr Spaß als der jüngste Jahrgang.

Wehlener Sonnenuhr Riesling Spätlese
Preis: €€€€ Pigott-Punkte: PPPPP Meine Punkte: ___
Wehlener Sonnenuhr Riesling Auslese
Preis: €€€€ Pigott-Punkte: PPPPP! Meine Punkte: ___
Wesentlich reichhaltiger, aber kaum schwerer dank einer wunderbar heiteren Blumigkeit und einem äußerst filigranen Rückgrat. Während der ersten Jahre ihres langen Lebens können diese Weine neben ungeheurer Frische auch eine hefige Note aufweisen, was gewöhnungsbedürftig ist.

ÖKONOMIERAT **REBHOLZ** – Siebeldingen/Pfalz/D
Weingut Tel.: +49 (0)63 45/34 39,
E-Mail: wein@oekonomierat-rebholz.de
Gewürztraminer Spätlese
Preis: €€ Pigott-Punkte: PPPP Meine Punkte: ___
Albersweiler Latt Gewürztraminer Auslese
Preis: €€€€/halbe Flasche Pigott-Punkte: PPPPP
Meine Punkte: ___
Eine Kombination von Üppigkeit und Delikatesse, die auf Planet Wein nahezu einmalig ist. Wenn man vergessen hat, wie traumhaft Rosen duften können, soll man gleich danach greifen.
Godramsteiner Münzberg Muskateller Beerenauslese
Preis: €€€€€/halbe Flasche Pigott-Punkte: PPPPP!
Meine Punkte: ___
So rein und so fein, dass man gar nicht meint, es könne Alkohol darin sein; eine transzendentale Trauben-Essenz!

HORST **SAUER** – Escherndorf/Franken/D
Weingut Tel.: +49 (0)93 81/43 64,
E-Mail: Mail@weingut-horst-sauer.de
Escherndorfer Lump Silvaner Auslese
Preis: €€/0,5 l Pigott-Punkte: PPPP Meine Punkte: ___
Escherndorfer Lump Silvaner Beerenauslese
Preis: €€€€/0,5 l Pigott-Punkte: PPPPP Meine Punkte: ___
Die Rebsorte Silvaner will normalerweise keine eleganten Süßweine hervorbringen, aber Horst Sauer schafft es immer, ihr nicht nur herrliche exotische Fruchtnoten, sondern auch eine tolle Lebendigkeit zu entlocken.
Escherndorfer Lump Riesling Auslese
Preis: €€€/0,5 l Pigott-Punkte: PPPPP Meine Punkte: ___
Escherndorfer Lump Riesling Beerenauslese
Preis: €€€€/0,5 l Pigott-Punkte: PPPPP! Meine Punkte: ___
Dank ihres enormen Glanzes gehören diese Weine zum Feinsten, das Franken in Sachen Süßwein zu bieten hat; dicht und geschmeidig, aber auch tänzerisch und elegant.

WILLI **SCHAEFER** – Graach/Mosel-Saar-Ruwer/D
Weingut Tel.: +49 (0)65 31/80 41

Riesling
Preis: € Pigott-Punkte: PPP Meine Punkte: ___
Graacher Himmelreich Riesling Kabinett
Preis: € Pigott-Punkte: PPP Meine Punkte: ___
Das einzige Problem bei diesen wunderbar saftigen und erfrischenden Charmeuren liegt darin, sie zu ergattern; Schaefer ist ein Mini-Weingut.
Graacher Domprobst Riesling Kabinett
Preis: € Pigott-Punkte: PPPP Meine Punkte: ___
Graacher Domprobst Riesling Spätlese
Preis: €€ Pigott-Punkte: PPPPP Meine Punkte: ___
Graacher Domprobst Riesling Auslese
Preis: €€€€–€€€€€ Pigott-Punkte: PPPPP!
Meine Punkte: ___
Diese Mosel-Diamanten funkeln in tausend verschiedenen Farben, und genauso viele Facetten besitzen diese Meisterwerke der Finesse auch. Der neue Jahrgang ist immer sehr schnell (Spätfrühling) ab Hof (aber nicht im Handel) ausverkauft!

SCHÄFER-FRÖHLICH – Bockenau/Nahe/D
Weingut Tel.: +49 (0)67 58/65 21,
E-Mail: info@weingut-schaefer-froehlich.de
Bockenauer Felseneck Riesling Spätlese »Goldkapsel«
Preis: €€ Pigott-Punkte: PPPPP Meine Punkte: ___
Bockenauer Felseneck Riesling Auslese
Preis: €€€€/halbe Flasche Pigott-Punkte: PPPPP
Meine Punkte: ___
Der Reiter peitscht sein Pferd und springt mit scheinbarer Mühelosigkeit über die höchsten Hürden. Wer nicht mithalten kann, soll nicht aufsteigen!

PETER **SCHANDL** – Rust/Neusiedlersee-Hügelland/A
Weingut Tel.: +43 (0)26 85/2 65,
E-Mail: info@schandlwein.com
Ruster Ausbruch
Preis: €€€€/halbe Flasche Pigott-Punkte: PPPP
Meine Punkte: ___
Wuchtig und frisch zugleich, mit heiteren und melancholischen Noten. Er stammt von einem der seit Jahrzehnten zuverlässigsten Süßweinerzeugern Österreichs.

HEIDI **SCHRÖCK** – Rust/Neusiedlersee-Hügelland/A
Weingut Tel.: +43 (0)26 85/2 29,
E-Mail: heidi@heidi-schroeck.com
Ruster Ausbruch
Preis: €€€€/halbe Flasche Pigott-Punkte: PPPPP
Meine Punkte: ___
Die dunkle Seite des Süßweins, wo man von Würze, Schwarz-

brot- und Schokolade-Noten überrascht wird; Weine mit enormer Alterungsfähigkeit, die auch als Jungweine überzeugen.

C. VON **SCHUBERT** (Maximin Grünhaus) – Mertesdorf/ Mosel-Saar-Ruwer/D

Weingut Tel.: +49 (0)6 51/51 11, E-Mail: info@vonschubert.com

Maximin Grünhäuser Herrenberg Riesling Kabinett

Preis: € Pigott-Punkte: PPP Meine Punkte: ___

Maximin Grünhäuser Herrenberg Riesling Spätlese

Preis: €€ Pigott-Punkte: PPPP Meine Punkte: ___

Mit viel Energie, Charme und sanfter Frische sind dies besonders edle »Zechweine«, die sowohl jung als auch gereift sehr viel Freude machen.

Maximin Grünhäuser Abtsberg Riesling Kabinett

Preis: €€ Pigott-Punkte: PPPP Meine Punkte: ___

Maximin Grünhäuser Abtsberg Riesling Spätlese

Preis: €€ Pigott-Punkte: PPPP (Ausnahme 2003: PPPPP)
Meine Punkte: ___

Maximin Grünhäuser Abtsberg Riesling Auslese

Preis: €€€€ Pigott-Punkte: PPPPP Meine Punkte: ___

Zugleich sehr finessenreich und mit eisernem Kern ausgestattet besitzen die Weine des Abts Anmut und Tiefe (sowie eine enorme Lagerfähigkeit!).

SELBACH-OSTER – Zeltingen/Mosel-Saar-Ruwer/D

Weingut Tel.: +49 (0)65 32/20 81, E-Mail: info@selbach-oster.de

Zeltinger Sonnenuhr Riesling Spätlese

Preis: €€ Pigott-Punkte: PPPP Meine Punkte: ___

Zeltinger Sonnenuhr Riesling Auslese

Preis: €€ Pigott-Punkte: PPPP Meine Punkte: ___

Zeltinger Sonnenuhr Riesling Auslese*

Preis: €€€ Pigott-Punkte: PPPPP Meine Punkte: ___

Die sehr zurückhaltende Süße kann im ersten Moment ein Schock sein, aber die starken inneren Werte tragen diese Weine mühelos; Mosel-Rieslinge, die enorme Trinkfreude als junge Weine bereiten und auch alt werden können.

VON **SIMMERN** – siehe **LANGWERTH** VON SIMMERN

SANKT **URBANS-HOF** – Leiwen/Mosel-Saar-Ruwer/D

Weingut Tel.: +49 (0)65 07/9 37 70,
E-Mail: st.urbanshof@t-online.de

Diverse Lagennamen Riesling Spätlese

Preis: €€ Pigott-Punkte: PPP–PPPP Meine Punkte: ___

Diese Art der Erfrischung stellt eine neue Mode in Deutschland dar und das nicht ohne Grund – wie diese glasklaren perfekt balancierten Weine beweisen.

VELICH – Apetlon/Neusiedlersee/A
K & U (Die Weinhalle) Tel.: +49 (0)9 11/52 51 53,
E-Mail: info@weinhalle.de
Welschriesling Trockenbeerenauslese
Preis: €€€€€/halbe Flasche Pigott-Punkte: PPPPP!
Meine Punkte: ___
Seit dem 1995er Jahrgang strahlt dieser neue Süßweinstern am österreichischen Himmel. Leichtigkeit und Beschwingtheit lehnen diese Kraftpakete grundsätzlich ab, zugunsten von enormer Geschmacksdichte und Nachhaltigkeit; wahrer Göttertrank für starke Götter!

DANIEL **VOLLENWEIDER** – Traben-Trarbach/Mosel-Saar-Ruwer/D
Wildbad Wein Tel.: +49 (0)65 41/81 44 40,
E-Mail: info@wildbadwein.de
Wolfer Goldgrube Riesling Spätlese
Preis: €€ Pigott-Punkte: PPP Meine Punkte: ___
Wolfer Goldgrube Riesling Spätlese »Reiler« – »Portz«
Preis: €€€ Pigott-Punkte: PPPP Meine Punkte: ___
Wolfer Goldgrube Riesling Spätlese »Goldkapsel«
Preis: €€€ Pigott-Punkte: PPPPP Meine Punkte: ___
Die Weine dieses jungen Schweizers tragen die Handschrift eines Quereinsteigers, der sich alles neu erdacht hat. Noch charaktervoller als die normale Spätlese sind die »Reiler«- und »Portz«-Abfüllungen und richtig üppig-verführerisch die »Goldkapsel«. Grundsätzlich kein Ab-Hof-Verkauf!

WAGNER-STEMPEL – Siefersheim/Rheinhessen/D
Weingut Tel.: +49 (0)67 03/96 03 30,
E-Mail: info@wagner-stempel.de
Siefersheimer Heerkretz Riesling Spätlese
Preis: € Pigott-Punkte: PPP Meine Punkte: ___
Siefersheimer Heerkretz Riesling Spätlese »S«
Preis: €€ Pigott-Punkte: PPPP Meine Punkte: ___
Botschaften aus einer extrem fernen Steinzeit, die aber gar keine lebenden Fossilien sind, sondern sehr lebendige Frucht und florale Aromen besitzen.

ED. **WEEGMÜLLER** – Neustadt-Haardt/Pfalz/D
Weingut Tel.: +49 (0)63 21/8 37 72,
E-Mail: weegmueller-weine@t-online.de
Haadter Mandelring Scheurebe Auslese
Preis: €/halbe Flasche Pigott-Punkte: PPPP Meine Punkte: ___
Ein natürlicher Zitrus- und Tropicfruit-Cocktail, der die üblichen Bar-Angebote um Riesenschritte übertrifft.

ROBERT **WEIL** – Kiedrich/Rheingau/D
Weingut Tel.: +49 (0)61 23/23 08,
E-Mail: info@weingut-robert-weil.com
Kiedricher Gräfenberg Riesling Spätlese
Preis: €€€€ Pigott-Punkte: PPPP Meine Punkte: ___
In puncto Power und Spannung bringen diese Weine Höchstleistungen. Die günstigeren Rieslinge von Weil mit natürlicher Restsüße schmecken mir dagegen alle etwas einfach gestrickt und etwas vordergründig süß.

WEINGART – Spay/Mittelrhein/D
Weingut Tel.: +49 (0)26 28/87 35,
E-Mail: mail@weingut.weingart.de
Bopparder Hamm Feuerlay / Ohlenberg Riesling Spätlese
Preis: € Pigott-Punkte: PPP Meine Punkte: ___
Bopparder Hamm Feuerlay / Ohlenberg Riesling Auslese
Preis: €€ Pigott-Punkte: PPPP Meine Punkte: ___
Frucht, Frucht und noch mehr Frucht versprechen sie im Duft und halten dieses Versprechen im Geschmack. Wer damit keinen Spaß hat, der hat ein grundsätzliches Vorurteil gegen jegliche Süße im Wein!

WEINBACH (Faller) – Kaysersberg/Alsace/F
Sansibar Tel.: , +49 (0)4 65 19/6 46 56
E-Mail: info@sansibar.de
Pinot Gris »Cuvée Laurence«
Preis: €€€€€ Pigott-Punkte: PPPP Meine Punkte: ___
Pinot Gris Altenbourg »Cuvée Laurence«
Preis: €€€€€ Pigott-Punkte: PPPPP Meine Punkte: ___
Mit viel Alkohol, viel Schmelz und viel cremiger Süße schreien diese opulenten Schönheiten förmlich nach Gänsestopfleber oder anderen dekadenten Leckereien.
Gewürztraminer Altenbourg »Cuvée Laurence«
Preis: €€€€€ Pigott-Punkte: PPPPP Meine Punkte: ___
Ein mächtiger Gewürztraminer, der ausnahmsweise nicht an einen billig geschmückten Weihnachtsbaum erinnert. Wer türkisches Konfekt mag, wird hier nicht widerstehen können.

WEINRIEDER – Kleinhadersdorf/Weinviertel/A
Weingut Tel.: +43 (0)25 52/22 41,
E-Mail: weinrieder@netway.at
Schneiderberg Riesling Eiswein
Preis: €€€€/halbe Flasche Pigott-Punkte: PPPPP
Meine Punkte: ___
Wie ein Dragster-Rennwagen schießt der »Weinrieder« los, ohne Rücksicht auf Mitfahrer. Erst langsam gewöhnt man sich an dieses verrückte Spiel mit Eis und Feuer; Wahnsinn!

WINTER – Dittelsheim-Hessloch/Rheinhessen/D
Weingut Tel.: +49 (0)62 44/74 46,
E-Mail: info@weingut-winter.de
Dittelsheimer Leckerberg Riesling Auslese ***
Preis: €€/halbe Flasche Pigott-Punkte: PPPP Meine Punkte: ___
Dittelsheimer Leckerberg Riesling Trockenbeerenauslese
Preis: €€€€/halbe Flasche Pigott-Punkte: PPPPP
Meine Punkte: ___
Ein hochelegantes Süßwein-Debüt aus einer bisher völlig unbekannten Ecke Rheinhessens; dichte Dörrobstaromen, viel Frische und perfekte Balance.

WITTMANN – Westhofen/Rheinhessen/D
Weingut Tel.: +49 (0)62 44/90 50 36,
E-Mail: info@wittmannweingut.com
Westhofener Kirchspiel Riesling Auslese »S«
Preis: €€€/halbe Flasche Pigott-Punkte: PPPPP
Meine Punkte: ___
Westhofener Morstein Riesling Auslese »S«
Preis: €€€€/halbe Flasche Pigott-Punkte: PPPPP
Meine Punkte: ___
Spieglein, Spieglein an der Wand, wer ist die mineralischste Auslese im Land? Feine Honigsüße haben diese Weine auch – aber das ist nur der Rahmen um das farbenprächtige Bild.

ZILLIKEN – Saarburg/Mosel-Saar-Ruwer/D
Weingut Tel.: +49 (0)65 81/24 56, E-Mail: info@zilliken-vdp.de
Saarburger Rausch Riesling Kabinett
Preis: € Pigott-Punkte: PPPP
Meine Punkte: ___
Saarburger Rausch Riesling Spätlese
Preis: €€ Pigott-Punkte: PPPP Meine Punkte: ___
Saarburger Rausch Riesling Auslese
Preis: €€€€ Pigott-Punkte: PPPPP Meine Punkte: ___
Saarburger Rausch Riesling Auslese »Goldkapsel«
Preis: €€€€€/halbe Flasche Pigott-Punkte: PPPPP!
Meine Punkte: ___
Ein ganzes Spektrum an Düften vereinen diese schlanken Schönheiten in sich, die jeden Tisch in einen Laufsteg für Langbeinige verwandeln. Hier gibt es kein einziges Gramm Fett an der falschen Stelle; genial harmonisch!

Weiße Schaumweine

ALDI
»Veuve Durant« Champagne
Preis: €€ Pigott-Punkte: ?!?! Meine Punkte: ___
Beileibe kein Zaubertrank, wie manchmal behauptet wird, sondern ein unzuverlässiges Produkt, das zwischen derb-säuerlich (💣) und bestenfalls recht plump, aber fruchtig-saftig (PP) schwankt. Erst nach dem Kosten kaufen!

ANDRES & MUGLER – Maikammer/Pfalz/D
Kellerei Tel.: +49 (0)63 26/86 67,
E-Mail: michaelandres@t-online.de
Riesling Sekt Brut
Preis: €€ Pigott-Punkte: PP Meine Punkte: ___
Schlank, klar und rassig ist er, wenn auch nicht so aufregend wie die Spitzenprodukte der beiden Pfälzer.
Blanc de Noir Sekt Brut
Preis: €€ Pigott-Punkte: PPP Meine Punkte: ___
Selbstbewusst, voll und fein zugleich zeigt er sich direkt und ansprechend mit überzeugender Frische.
Chardonnay – Auxerrois Sekt Brut
Preis: €€ Pigott-Punkte: PPPP Meine Punkte: ___
Cremiger und zart-zitronig – eine ganz eigene Schaumwein-Persönlichkeit ohnegleichen – in welchem Land auch immer.
»Cuvée Elena« Sekt Brut
Preis: €€ Pigott-Punkte: PPPP Meine Punkte: ___
»Cuvée Louis« Sekt Brut
Preis: €€ Pigott-Punkte: PPPP Meine Punkte: ___
Vergiss Dom Perignon! Diese Sekt-Kreationen haben die Statur und die Eleganz, die man sich bei Top-Champagner vorstellt, aber selten findet.

BELLAVISTA – Lombardia/I
Weinland Mövenpick Tel.: +49 (0)2 31/9 65 15 60,
E-Mail: weinland.dortmund@moevenpick.com
Franciacorta Brut
Preis: €€€€ Pigott-Punkte: PPP Meine Punkte: ___
Ein sehr attraktiver, runder, cremiger italienischer Spumante, nicht anspruchsvoll, aber äußerst angenehm und zuverlässig.

FRANCESCO **BELLEI** – Emilia Romagna/I
Enoiteca Il Calice Tel.: +49 (0)30/3 24 23 08,
E-Mail: mail@enoiteca-il-calice.de
Spumante Brut »Extra Cuvée«
Preis: €€€ Pigott-Punkte: PPP Meine Punkte: ___
Von einem unbekannten Produzenten in einem Gebiet mit kei-

nem besonderen Ruf für Schaumweine kommt dieser feine, geschmeidige und filigrane Outsider.

BILLECART-SALMON – Champagne/F
N + M Tel.: +49 (0)21 61/18 13 15, E-Mail: info@nm-weine.de
Champagne Brut »Réserve«
Preis: €€€€ Pigott-Punkte: PPPP Meine Punkte: ___
Wunderbar duftig – reife kleine Beeren! – sowie richtig erfrischend ist das einer der zuverlässigsten »normalen« Champagner.
Champagne Blanc de Blancs Brut
Preis: €€€€€ Pigott-Punkte: PPPPP Meine Punkte: ___
Ein Klasse-Champagner, zugleich cremig, wunderbar ausgewogen und lebendig (zum Chaource-Käse finde ich ihn noch viel genialer als das Klischee Champagner und Kaviar).

ERIC **BORDELET** – Normandie/F
WeinArt Tel.: +49 (0)67 22/7 10 80, E-Mail: info@weinart.de
Sydre Brut »Tendre«
Preis: € Pigott-Punkte: PP Meine Punkte: ___
Sydre »Argelette«
Preis: €€ Pigott-Punkte: PPP Meine Punkte: ___
Wer bisher nur konventionellen Cidre erlebt hat, wird aus dem Staunen kaum herauskommen: welch feine Apfelaromen, welch elegante Harmonie.
Poiré »Authentique«
Preis: €€ Pigott-Punkte: PPP Meine Punkte: ___
Poiré »Granite«
Preis: €€ Pigott-Punkte: PPPP Meine Punkte: ___
Bordelets Birnenschaumweine sind noch saftiger, noch leckerer als seine Apfelkreationen, die »Granite«-Abfüllung ist dazu tiefgründig und raffiniert; ein großer Wurf!

BOUVET-LADUBAY – Saumur/Loire/F
Mövenpick Weinland Tel.: +49 (0)2 31/9 65 15 60,
E-Mail: weinland.dortmund@moevenpick.com
Saumur Brut »Saphir« (mit Jahrgang)
Preis: € Pigott-Punkte: PP Meine Punkte: ___
Saumur Brut »Trésor Blanc« (mit Jahrgang)
Preis: €€ Pigott-Punkte: PPP Meine Punkte: ___
Wer einen leichtgewichtigen, aber ausgewogenen Schaumwein mit der Qualität eines Champagners sucht, das Ganze aber zu moderaten Preisen, wird hier fündig.

BRÜNDLMAYER – Langenlois/Kamptal/A
Weingut Tel.: +43 (0)27 34/21 72,
E-Mail: weingut@bruendlmayer.at
Sekt Brut
Preis: €€€ Pigott-Punkte: PPPP Meine Punkte: ___

Ein Liebesbrief von Willi Bründlmayer an seine französische Frau Edwige, der erfreulicherweise von anderen auch empfangen werden kann; Fülle und Frische, richtig trocken, aber sehr ausgewogen.

CAVALLERI – Lombardia/I
Enoiteca Il Calice Tel.: +49 (0)30/3 24 23 08,
E-Mail: mail@enoiteca-il-calice.de
Franciacorta Brut
Preis: €€€ Pigott-Punkte: PPP Meine Punkte: ___
Franciacorta Brut »Collezione Esclusiva« (mit Jahrgang)
Preis: €€€€€ Pigott-Punkte: PPPP Meine Punkte: ___
Die »normale« Abfüllung bietet eine seltene gute Preis-Leistung beim hochwertigen italienischen Spumante, ist schwungvoll und feinduftig. Der »Collezione Esclusiva« ist von wesentlich größerem Format.

VEUVE **CLICQUOT** – siehe **VEUVE** CLICQUOT

DEUTZ – Champagne/F
FUB Feggers & Berts Tel.: +49 (0)2 11/13 33 41,
E-Mail: christian-frigge@fub-weine.de
Champagne Brut »Classic«
Preis: €€€€ Pigott-Punkte: PPP Meine Punkte: ___
Nicht großartig, aber sehr fein und elegant mit nachhaltiger Frische; alles andere als ein Sattmacher.

JOACHIM **DÖHNE** – Schauenburg-Breitenbach/Hessen/D
Apfelgut Tel.: +49 (0)56 01/44 86
Apfelschaumwein Brut (mit Jahrgang)
Preis: € Pigott-Punkte: PPP Meine Punkte: ___
Apfelschaumwein Trocken (mit Jahrgang)
Preis: € Pigott-Punkte: PPP Meine Punkte: ___
Überraschende revolutionäre Schaumweine aus der Gegend um Kassel, die feine Apfelaromen mit erstaunlichem Körper und Schliff besitzen. Die trockene Abfüllung ist saftiger, der Brut weiniger und herber. Im Vergleich mit diesen eleganten Apfelschäumern, die ab Gut ganze 7 € kosten, schmecken die ganzen Sekte im Supermarkt banal, kitschig und gekünstelt.

VEUVE **DURANT** – siehe **ALDI**

EGLY-OURIET – Champagne/F
Bernd Kreis Tel.: +49 (0)7 11/76 28 39,
E-Mail: b.kreis@wein-kreis.de
Brut Grand Cru »Tradition«
Preis: €€€€ Pigott-Punkte: PPPP Meine Punkte: ___

Brut Blanc de Noirs
Preis: €€€€€ Pigott-Punkte: PPPPP Meine Punkte: ___
Brut »Cuvée Spéciale«
Preis: €€€€€ Pigott-Punkte: PPPPP Meine Punkte: ___
Ein neuer Stern unter den kleinen Champagne-Häusern. Der »Tradition« ist kompromisslos trocken, straff und sehr charaktervoll – wo sind die Austern? – sehr reichhaltig, fast opulent dagegen, aber perfekt balanciert der »Blanc de Noirs«. Eigenwillig speckig, aber auch filigran und faszinierend wirkt der wahrhaft »Spéciale«!

NICOLAS **FEUILLATTE** – Champagne/F
Rindchens Weinkontor Tel.: +49 (0)40/5 56 20 20,
E-Mail: info@rindchen.de
Champagne 1er Cru Brut
Preis: €€€€ Pigott-Punkte: PPPP Meine Punkte: ___
Warum viele größere und bekanntere Champagne-Marken nicht so verführerisch duften oder solch eine geschmeidig-frische Eleganz zeigen, ist mir ein Rätsel.

GIOVANNI **GREGOLETTO** – Veneto/I
Viniculture Tel.: +49 (0)30/8 83 81 74,
E-Mail: bestellung@viniculture.de
Prosecco »Ombra«
Preis: € Pigott-Punkte: PPP Meine Punkte: ___
Durch konsequent qualitätsorientierte Arbeit im Weinberg und die Abfüllung mit einem Teil Gärhefe kommt eine zusätzliche Geschmacksdimension zustande, die den »Ombra« zu einer absoluten Ausnahme in der Flut an äußerst banalen, dumpfen und fragwürdigen Proseccos macht, die seit Jahren über Deutschland schwappt. Nur knapp über 5 € im Regal!

HUËT – Loire/F
Mövenpick Weinland Tel.: +49 (0)2 31/9 65 15 60,
E-Mail: weinland.dortmund@moevenpick.com
Vouvray Brut
Preis: €€ Pigott-Punkte: PPP Meine Punkte: ___
Trocken, fest, straff und sehr erfrischend, auch weniger sättigend als viele Champagner.

JACQUESSON ET FILS – Champagne/F
Brogsitter Tel.: +49 (0)1 80/5 25 09 50,
E-Mail: verkauf@brogsitts.de
Champagne Brut »178?«
Preis: €€€€ Pigott-Punkte: PPPP Meine Punkte: ___
Eine herrliche altmodische Vorstellung von Champagner-Eleganz, bei der Feinheit nicht auf die große Fahne geschrieben wird. Jede Abfüllung trägt eine eigene Nummer, die mit »178« anfängt.

JOHANNINGER – Biebelsheim/Rheinhessen/D
Weingut Tel.: +49 (0)67 01/83 21,
E-Mail: johanninger@t-online.de
Pinot Sekt Brut
Preis: € Pigott-Punkte: PP Meine Punkte: ___
Blanc de Blancs Sekt Brut
Preis: € Pigott-Punkte: PPP Meine Punkte: ___
Riesling »Reserve« Sekt Brut
Preis: € Pigott-Punkte: PPP Meine Punkte: ___
Sehr gekonnt gemachte Sekte mit einer wunderbaren Frische und Ausgewogenheit, der »Pinot Brut« etwas voller als der »Blanc de Blancs«, der »Riesling« schlank, aber ohne eine Spur der üblichen Riesling-Sekt-Bissigkeit.

JUVÉ Y CAMPS – Penedes/E
K & U (Die Weinhalle) Tel.: +49 (0)9 11/52 51 53,
E-Mail: info@weinhalle.de
Cava Brut »Reserva de la Familia« (mit Jahrgang)
Preis: €€€ Pigott-Punkte: PP Meine Punkte: ___
Cava Brut »Gran Juvé y Camps« (mit Jahrgang)
Preis: €€€€ Pigott-Punkte: PPPP Meine Punkte: ___
Dass sich erstklassige Schaumweine auch in größeren Mengen produzieren lassen, beweisen diese spanischen Weine. Die »normale« Abfüllung ist vollkommen trocken und recht säurebetont, besticht aber durch feine Blütenaromen. Der »Gran Juvé y Camps« ist dagegen viel gehaltvoller, runder und gesetzter.

LAURENT-PERRIER – Champagne/F
Hawesko Tel.: +49 (0)41 22/50 44 33,
E-Mail: bestellung@hawesko.de
Champagne Brut »L.P.«
Preis: €€€€ Pigott-Punkte: PPP Meine Punkte: ___
Viel Sex-Appeal und schöne Kurven, auf die Dauer aber ein wenig sättigend und eindimensional; die Madonna unter den Champagnern.

LEGRAS – Champagne/F
Franz Keller Tel.: +49 (0)76 62/9 33 00,
E-Mail: keller@franz-keller.de
Champagne Brut Blanc de Blancs
Preis: €€€ Pigott-Punkte: PPP Meine Punkte: ___
Champagne Brut »Saint Vincent« (mit Jahrgang)
Preis: €€€€ Pigott-Punkte: PPPP Meine Punkte: ___
Zurückhaltend, zart und weinig sind dies alles andere als Mode-Produkte, und sie entfalten sich eindeutig am besten zum guten Essen.

LINDENHOF – Windesheim/Nahe/D
Weingut Tel.: +49 (0)67 07/3 30,
E-Mail: weingut.lindenhof@t-online.de
***Weißburgunder* Sekt Brut (mit Jahrgang)**
Preis: €€€ Pigott-Punkte: PPPP Meine Punkte: ___
Ein großes Schaumwein-Geschmackserlebnis auf selbstbewusst deutsche Art mit feiner Cremigkeit, Kraft und schwungvoller Frische. Ab Gut für gerade 15 € zu bekommen!

FÜRST VON **METTERNICH** – Wiesbaden/Rheingau/D
ÜBERALL
Rheingau Riesling Sekt Trocken
Preis: € Pigott-Punkte: P Meine Punkte: ___
Rheingau Riesling Sekt Extra-Trocken
Preis: € Pigott-Punkte: PP Meine Punkte: ___
Rheingau Riesling Sekt Brut – mit Jahrgang
Preis: €€ Pigott-Punkte: PP Meine Punkte: ___
Erfreulich weit weg von dem ganzen Sekt-Kitsch ein Stück weiter im Supermarktregal schmeckt Fürst von Metternich überzeugend nach Rheingauer Riesling – zarte Pfirsichnote – und ist auch in der »trockenen« Variante recht gut balanciert.

MOËT & CHANDON – Champagne/F
ÜBERALL
Champagne Brut »Premier Cru«
Preis: €€€€ Pigott-Punkte: PPP Meine Punkte: ___
Etwas der Allerwelts-Champagner, aber mit schöner Harmonie und Frische; wesentlich besser als der »normale« Moët.

POL ROGER – Champagne/F
Weinland Mövenpick Tel.: +49 (0)2 31/9 65 15 60,
E-Mail: weinland.dortmund@moevenpick.com
Champagne Brut »White Foil«
Preis: €€€€ Pigott-Punkte: PPP Meine Punkte: ___
Brut mit Jahrgang
Preis: €€€€€ Pigott-Punkte: PPPP (Ausnahme 1996: PPPPP)
Meine Punkte: ___
Beide schlank, straff und lebendig mit einem festen Kern; der »Brut« ohne Jahrgang bereits sehr überzeugend, die Jahrgangs-Version noch fülliger und verführerischer.

LOUIS **ROEDERER** – Champagne/F
Hawesko Tel.: +49 (0)41 22/50 44 33,
E-Mail: bestellung@hawesko.de
Brut »Premier«
Preis: €€€€ Pigott-Punkte: PPP Meine Punkte: ___
Ausgesprochen duftig – Toast und Nüsse –, Reife und straffe Säure sorgen für Spannung.

MONTE **ROSSA** – Lombardia/I
Egianni
Nur Internetverkauf unter www.egianni.com
Franciacorta Brut »I Cuvée«
Preis: €€€ Pigott-Punkte: PPP Meine Punkte: ___
Franciacorta Brut »Satèn«
Preis: €€€ Pigott-Punkte: PPPP Meine Punkte: ___
Franciacorta Brut »Cabochon« (mit Jahrgang)
Preis: €€€€ Pigott-Punkte: PPPP Meine Punkte: ___
Wer beim Schäumenden nicht nur Erfrischung, sondern wunderschön abgerundeten, weinigen Charakter und gezügelte Lebendigkeit sucht – hier ist die Reinform; bizarr, dass heutzutage diese französische Vorstellung von Luxus in dieser moderaten Preisklasse am besten in Italien verwirklicht wird!

RUINART – Champagne/F
Bernd Kreis Tel.: +49 (0)7 11/76 28 39,
E-Mail: b.kreis@wein-kreis.de
Champagne Brut »R de Ruinart«
Preis: €€€€ Pigott-Punkte: PPP Meine Punkte: ___
Champagne Brut »R de Ruinart« (mit Jahrgang)
Preis: €€€€ Pigott-Punkte: PPPP Meine Punkte: ___
Ruinart macht Champagner statt Werbekampagnen, für die Produkte erfunden werden (die übliche Champagner-Masche); sehr elegante, beschwingte Schaumweine mit feinen süßlichen Aromen.

SEGURA VIUDAS – Cava (Penedes)/E
Die Weinquelle Tel.: +49 (0)65 07/70 14 20,
E-Mail: info@die-weinquelle.de
Cava Seco
Preis: € Pigott-Punkte: PP Meine Punkte: ___
Vergiss Rotkäppchen und Henkell! Wer beim Sekt gern »trocken« trinkt, bekommt hier ein wesentlich klareres, geradlinigeres Produkt mit schönen fruchtigen Aromen aus der Traube anstatt Kitsch aus der Retorte!
Cava Brut »Reserva«
Preis: € Pigott-Punkte: PP Meine Punkte: ___
Cava Brut Nature »ARIA«
Preis: €€ Pigott-Punkte: PPPP Meine Punkte: ___
Cava Brut (mit Jahrgang)
Preis: €€ Pigott-Punkte: PPP Meine Punkte: ___
Was man für um die 12 € als »ARIA« bekommt, ist ein erstaunlich eleganter, filigraner Schaumwein mit zarter Hefenote, der sensationell erfrischend ist. Sehr solid und ausgewogen ist der »Reserva« mit weinig-cremiger Art, der »Vintage« noch kräftiger, schmelziger (zum Essen noch besser als solo getrunken).

OBSTHOF AM **STEINBERG** (Andreas Schneider) – Nieder-Erlenbach/D
Obstgut Tel.: +49 (0)61 01/4 15 22
Schneiders Apfelperlwein
Preis: € Pigott-Punkte: PP–PPP Meine Punkte: ___
Schneiders Birnenperlwein
Preis: € Pigott-Punkte: PPP Meine Punkte: ___
Herrlich authentische Obstaromen mit viel Feinheit, saftig, aber alles andere als oberflächlich, mit festen Fundamenten, die sie erstaunlich lagerfähig machen.

MASIA **VALLFORMOSA** – Penedes/E
Rindchens Weinkontor Tel.: +49 (0)40/5 56 20 20,
E-Mail: info@rindchen.de
Cava Brut
Preis: € Pigott-Punkte: PP Meine Punkte: ___
Cava Brut (mit Jahrgang)
Preis: € Pigott-Punkte: PPP Meine Punkte: ___
Wunderbare »Bubbles« für den Alltag, die frisch, fruchtbetont, schlank und sanft schmecken. Der »Cava Brut« ohne Jahrgang kostet knappe 6 €!

SCHLOSS **VAUX** – Eltville/Rheingau/D
Mövenpick Weinland Tel.: +49 (0)2 31/9 65 15 60,
E-Mail: weinland.dortmund@moevenpick.com
Sekt Brut »Vaux Cuvée« (mit Jahrgang)
Preis: € Pigott-Punkte: PP Meine Punkte: ___
Die möglicherweise beste Preis-Leistung beim deutschen Sekt, zugleich cremig und frisch mit viel Schwung und überzeugender Harmonie; vergiss die ganzen Billig-Champagner! Sämtliche Sekte dieses Hauses sind ausdrücklich zu empfehlen.

COL **VETORAZ** – Veneto/I
Enoteca Blanck & Weber Tel.: +49 (0)30/88 67 99 60,
E-Mail: mail@enoteca-blanck.de
Prosecco Spumante Extra Dry
Preis: € Pigott-Punkte: PP Meine Punkte: ___
Prosecco Spumante Brut
Preis: € Pigott-Punkte: PPP Meine Punkte: ___
Prosecco mit einer gewissen Eleganz und (im Gegensatz zu den billigen Frizzante-Blah-Blah-Proseccos) mit einer belebenden Kohlensäure.

VEUVE CLICQUOT – Champagne/F
ÜBERALL
Champagne (mit Jahrgang)
Preis: €€€€€ Pigott-Punkte: PPPP (Ausnahme 1996: PPPPP)
Meine Punkte: ___

So sehr ich regelmäßig vom regulären »Veuve Clicquot« Brut enttäuscht bin – voll, aber grob und stumpf, €€€€/P – ist die Version mit Jahrgang oft (vor allem 1996!) ein prächtiger Champagner mit Schmelz und Grandeur.

VEUVE DURANT siehe **ALDI**

ZUCCHETTO – Veneto/I
Garibaldi Tel.: +49 (0)89/35 63 61 16,
E-Mail: bestellung@garibaldi-wein.de
Preis: € Pigott-Punkte: PPP Meine Punkte: ___
Ein eigenwilliger Prosecco mit Hefe in der Flasche (und dann im Glas), aber auch mit einer ganz originellen herben Frische.

Die angebliche Wein-Weltspitze: über 50 €
Trockene Rotweine

DOMAINE COMTE **ARMAND** – Bourgogne/F
WeinArt Tel.: +49 (0)67 22/7 10 80, E-Mail: info@weinart.de
Pommard Clos des Epeneaux Pinot Noir
Pigott-Punkte: PPPPP (Ausnahme 2002: PPPPP!)
Meine Punkte: ___
Ein roter Burgunder, bei dem die herbe Ausdrucksstärke und beachtliche Fülle keine Zweifel bezüglich seiner Größe offen lassen.

ARTADI – Rioja/E
Wein & Glas Tel.: +49 (0)30/2 35 15 20,
E-Mail: info@weinundglas.com
»Grandes Anades«
Pigott-Punkte: PPPPP Meine Punkte: ___
Ein sehr üppiger neuer spanischer Spitzenwein, der erfreulicherweise gar nicht marmeladig oder überwältigend ist (was leider häufig vorkommt).

CHÂTEAU **CHEVAL** BLANC – St. Émilion, Bordeaux/F
Unger Tel.: +49 (0)80 52/95 13 80,
E-Mail: unger@ungerweine.de
Château Cheval Blanc Cabernet Franc/Merlot
Pigott-Punkte: **!?!?** Top-Jahrgänge: ('85, '86, '89, '90, '93, '95, '98, '00) PPPPP! Andere Jahrgänge: PPPP (Ausnahme '96: PP)
Meine Punkte: ___
In den besten Jahrgängen zeigt »Cheval Blanc« eine unübertreffliche Feinheit und wirkt trotz beachtlicher Geschmacksdichte fast schwerelos, im falschen Jahrgang kann er hingegen etwas karg und grün ausfallen.

GIACOMO **CONTERNO** – Piemonte/I
Wein & Glas Tel.: +49 (0)30/2 35 15 20,
E-Mail: info@weinundglas.com
Barolo »Faletto di Serralunga« Nebbiolo
Pigott-Punkte: PPPPP Meine Punkte: ___
Barolo Riserva »Monfortino« Nebbiolo
Pigott-Punkte: PPPPP! Meine Punkte: ___
Manchmal recht hell in der Farbe, aber mit einem üppigen Körper und äußerst subtiler und origineller Aromatik.

CHÂTEAU **DUCRU-BEAUCAILLOU** – Bordeaux/F
Unger Tel.: +49 (0)80 52/95 13 80,
E-Mail: unger@ungerweine.de
Château Ducru-Beaucaillou Cabernet Sauvignon/Merlot u. a.
Pigott-Punkte: PPPPP Meine Punkte: ___

Ein großer roter Bordeaux, der nicht nur ungewöhnlich zuverlässig ist, sondern auch wunderbar eigenständig bzw. die Geschmacksmoden ganz stur ignoriert; ein Mittelgewicht, das durch aromatische Feinheit und herbe Eleganz besticht.

RUDOLF **FÜRST** – Bürgstadt/Franken/D
Weingut Tel.: +49 (0)93 71/86 42,
E-Mail: weingut-rudolf-fuerst@t-online.de
Bürgstadter Centgrafenberg – Frühburgunder »R«
Pigott-Punkte: PPPPP Meine Punkte: ___
Mit seiner rauchig-würzigen Art und satten Fülle ein Unikum unter den deutschen Rotweinen.

ANGELO **GAJA** – Piemonte/I
Franz Keller Tel.: +49 (0)76 62/93 30 93,
E-Mail: keller@franz-keller.de
Barbaresco Nebbiolo
Pigott-Punkte: PPPPP Meine Punkte: ___
»Costa Russi«/»Sori San Lorenzo«/»Sori Tildin« Nebbiolo
Pigott-Punkte: PPPPP! Meine Punkte: ___
Alleine die Düfte erinnern an einen großartigen orientalischen Teppich. Unter der extrem wohlschmeckenden Geschmeidigkeit liegt ein genauso fester Kern, der den Weinen enorme Lagerfähigkeit verleiht. Das Trio von Einzellagen-Weinen stammt aus Barbaresco.
»Sperss« Nebbiolo
Pigott-Punkte: PPPPP Meine Punkte: ___
Noch etwas mächtiger, fester und herber als die Barbarescos; aus Barolo.

BRUNO **GIACOSA** – Piemonte/I
Harald Bremer Tel.: +49 (0)5 31/23 73 60,
E-Mail: info@bremerwein.de
Barbaresco Asili/Santo Stefano Nebbiolo
Pigott-Punkte: PPPP Meine Punkte: ___
Barolo Falleto Nebbiolo
Pigott-Punkte: PPPPP Meine Punkte: ___
Barbaresco Santo Stefano Riserva (rotes Etikett) Nebbiolo
Pigott-Punkte: PPPPP! Meine Punkte: ___
Nicht gerade leicht zugänglich, vor allem in ihrer Jugend, doch diese gewagt strengen und eigenartigen Rotweine blühen mit den Jahren immer mehr auf.

HARLAN ESTATE – Napa Valley/California/USA
Unger Tel.: +49 (0)80 52/95 13 80,
E-Mail: unger@ungerweine.de
»The Maiden« Cabernet Sauvignon
Pigott-Punkte: PPPPP Meine Punkte: ___

Harlan Estate ***Cabernet Sauvignon***
Pigott-Punkte: PPPPP! Meine Punkte: ___
Die absoluten Cabernet-Sauvignon-Giganten aus Kalifornien, aber glücklicherweise nicht nur Giganten, was Power und Substanz betrifft, sondern auch in Sachen Tiefgründigkeit und Harmonie.

CHÂTEAU **HAUT-BRION** – Bordeaux/F
Unger Tel.: +49 (0)80 52/95 13 80, E-Mail: unger@ungerweine.de
Château Haut Brion ***Cabernet Sauvignon/Merlot u. a.***
Pigott-Punkte: PPPP (Ausnahme 2000: PPPPP!)
Meine Punkte: ___
Einer der zuverlässigsten unter den »großen« Bordeaux. Hier gibt es ganz selten einen Jahrgang mit unreifen Noten oder spürbarer Disharmonie. Stattdessen oftmals ein überzeugend dichter Geschmack, der an Bitterschokolade erinnert.

HENSCHKE – South Australia/AUS
FUB Fegers & Berts Tel.: +49 (0)2 11/13 33 41,
E-Mail: christian-frigge@fub-weine.de
»Abbots Prayer« ***Merlot/Cabernet Sauvignon***
Pigott-Punkte: PPPPP Meine Punkte: ___
Mt. Edelstone ***Shiraz***
Pigott-Punkte: PPPPP Meine Punkte: ___
Hill of Grace ***Shiraz***
Pigott-Punkte: PPPPP! Meine Punkte: ___
Grandiose australische Originale mit viel Kraft und Würze, die einen wunderbaren Schmelz besitzen, aber eher herb als süßlich enden; sehr große Lagerfähigkeit!

JASPER HILL – Victoria/AUS
N + M Tel.: +49 (0)21 61/18 13 16, E-Mail: info@nm-weine.de
Emily's Paddock ***Shiraz***
Pigott-Punkte: PPPPP! Meine Punkte: ___
Noch fester, tiefer und wahnsinniger als der günstigere »Georgia's Paddock Shiraz« aus dem gleichen Haus; ein toller Wein im ursprünglichen Sinne des Wortes.

CHÂTEAU **LAFITE** ROTHSCHILD – Bordeaux/F
Unger Tel.: +49 (0)80 52/95 13 80, E-Mail: unger@ungerweine.de
Château Lafite ***Cabernet Sauvignon/Merlot u. a.***
Pigott-Punkte: PPP (Ausnahme 2000: PPPPP!)
Meine Punkte: ___
Selten schafft es dieses weltberühmte Château, einen Wein zu produzieren, der an seinen Ruf herankommt. Bisher hat mich unter den jungen Jahrgängen der sehr dichte, gleichzeitig aber elegante 2000er vollkommen überzeugt.

CHÂTEAU **LATOUR** – Bordeaux/F
Unger Tel.: +49 (0)80 52/95 13 80,
E-Mail: unger@ungerweine.de
»Les Forts de Latour« Cabernet Sauvignon/Merlot u. a.
Pigott-Punkte: **!?!?** Top-Jahrgänge (wie unten) PPPP/andere Jahrgänge: (wie unten) PPP Meine Punkte: ___
Château Latour Cabernet Sauvignon/Merlot u. a.
Pigott-Punkte: **!?!?** Top-Jahrgänge ('95, '96, '00) PPPPP! Andere Jahrgänge: PPPP Meine Punkte: ___
Es ist nicht einfach, eine Legende ohne Vorurteile zu bewerten, aber wenn man diverse Jahrgänge dieser Legende intensiv kostet, stellt man fest, dass nicht jeder die feste Entschlossenheit und gezügelte Kraft eines großen Lords besitzt.

DOMAINE **LEROY** – Bourgogne/F
Steines Tel.: +49 (0)81 22/1 82 00,
E-Mail: info@steines-weine.com
Diverse Lagen 1er Cru/Clos Vougeot Grand Cru Pinot Noir
Pigott-Punkte: PPPPP Meine Punkte: ___
Vosne-Romanée aux Beaux Monts 1er Cru Pinot Noir
Nuits-St. Georges aux Boudots 1er Cru Pinot Noir
Diverse Lagen Grand Cru Pinot Noir
Pigott-Punkte: PPPPP! Meine Punkte: ___
Kaum einer der Spitzenproduzenten in Burgund kommt annähernd an diese Beständigkeit in der Qualität oder an diese Kombination von ungeheurer Lebendigkeit und enormer Ausdrucksstärke heran.

CHÂTEAU **LÉOVILLE** LAS CASES – Bordeaux/F
Unger Tel.: +49 (0)80 52/95 13 80,
E-Mail: unger@ungerweine.de
Grand Vin de Léoville Cabernet Sauvignon/Merlot u. a.
Pigott-Punkte: PPPPP! (Ausnahme 1997: PPPP)
Meine Punkte: ___
Der zuverlässigste unter den »Top-Châteaux« im Médoc erzeugt sehr konzentrierte, eisen-feste Weine mit der Rassigkeit von Top-Rennpferden; Weine, die im Keller sowie im Glas viel Geduld erfordern.

CHÂTEAU **MARGAUX** – Bordeaux/F
Unger Tel.: +49 (0)80 52/95 13 80, E-Mail: unger@ungerweine.de
»Pavillon Rouge du Château Margaux« Cabernet Sauvignon/Merlot u. a.
Pigott-Punkte: **!?!?** Top-Jahrgänge (wie unten) PPP/andere Jahrgänge: PP Meine Punkte: ___
Falls Sie sehr auf den Geschmack von Eiche in Ihrem Rotwein stehen und schmale herbe Weine vorziehen, werden Sie vielleicht mehr Spaß damit haben als ich.

***Château Margaux* Cabernet Sauvignon/Merlot u. a.**
Pigott-Punkte: !?!? Top-Jahrgänge ('86, '90, '96) PPPPP!/andere Jahrgänge: PPP–PPPP Meine Punkte: ___
Eine teure Achterbahnfahrt, deren Höhepunkte wohl strahlend sind – aber dann folgt der nächste (ebenso teure) Tiefpunkt . . . Auch der hochgelobte (aber etwas harte) Jahrgang 2000 hat mich nicht übermäßig begeistert.

CHÂTEAU **MONTELENA** – Napa Valley/California/USA
Alpina Tel.: +49 (0)82 41/5 00 51 46, E-Mail: wein@alpina.de
»Estate« Cabernet Sauvignon
Pigott-Punkte: PPPPP! Meine Punkte: ___
Ur-Kalifornier, die bei aller Power, Fülle und Tiefe eine wunderbare herbe Balance besitzen. Als junge Weine können sie oft ein wenig »wild« wirken, aber sie altern großartig.

MONTE VERTINE – Chianti Classico/Toskana/I
Harald Bremer Tel.: +49 (0)5 31/23 73 60,
E-Mail: info@bremerwein.de
»Le Pergole Torte« Sangiovese
Pigott-Punkte: PPPPP! Meine Punkte: ___
Bei aller Kraft und Fundamentalismus – der Gipfel der Chianti- und Sangiovese-Eleganz; ganz knapp über der 50-€-Schwelle.

CHÂTEAU **MOUTON**-ROTHSCHILD – Bordeaux/F
Unger Tel.: +49 (0)80 52/95 13 80, E-Mail: unger@ungerweine.de
***Château Mouton Rothschild* Cabernet Sauvignon u. a.**
Pigott-Punkte: PPPP (Ausnahmen: '86, '90, '00: PPPPP)
Meine Punkte: ___
Obwohl »Mouton« mich selten richtig vom Hocker reißt, weist er fast immer eine gute Harmonie auf . . . im Gegensatz zu so manchen anderen teuren Grands Crus Classés aus »normalen« Jahrgängen.

NIEBAUM-COPPOLA – Napa Valley/California/USA
California Wine Co. Tel.: +49 (0)61 03/28 02 45,
E-Mail: cwc.mundt@t-online.de
»Cask« Cabernet Sauvignon
Pigott-Punkte: PPPP Meine Punkte: ___
»Rubicon« Cabernet Sauvignon
Pigott-Punkte: PPPPP! Meine Punkte: ___
Unglaublich duftig und heiter für einen kalifornischen Rotwein (vorwiegend aus der Cabernet-Sauvignon-Traube) strahlt der »Rubicon« mit sensationeller Brillanz, wogegen der »Cask« eher den Ruhepol darstellt, jedoch mit kaum weniger Ausdruck.

NIEPOORT – Douro/P
Die Weinquelle Tel.: +49 (0)65 07/70 14 20,
E-Mail: info@die-weinquelle.de
»Batuta«
Pigott-Punkte: PPPPP! Meine Punkte: ___
Wer einen runden, gefälligen Wein sucht, ist hier beim Falschen gelandet. Ungemein fest und dicht mit einer tollen Würze und enormem Nachdruck. Ohne Fleisch oder Hartkäse auf dem Teller hat er es als junger Wein schwer – aber in dieser Kombination geht die Post ab!

ALVARO **PALACIOS** – Priorato/E
Die Weinquelle Tel.: +49 (0)65 07/70 14 20,
E-Mail: info@die-weinquelle.de
Finca Dofí
Pigott-Punkte: PPP Meine Punkte: ___
L'Ermita
Pigott-Punkte: PPPP (Ausnahme 2000: PPPPP)
Meine Punkte: ___
Mit 400 € entspricht der extrem üppige L'Ermita nicht gerade dem »Geiz-ist-geil-Trend« und bisher hat mich nur ein Jahrgang richtig überzeugt; satte Weine – die auch satt machen.

PENFOLDS – South Australia/AUS
Hawesko Tel.: +49 (0)41 22/50 44 33,
E-Mail: bestellung@hawesko.de
»Grange« Shiraz
Pigott-Punkte: PP Meine Punkte: ___
Jedes Mal, wenn ich denke, jetzt gibt es endlich einen Jahrgang, der mir besser gefällt, entwickelt sich der Wein wenig später in die gleiche einseitig tintig-massive Richtung (wer mag schon den Geschmack von gekautem Bleistift? Ich nicht!), und ich verliere wieder die Lust.

CHÂTEAU **PÉTRUS** – Bordeaux/F
Hawesko Tel.: +49 (0)41 22/50 44 33,
E-Mail: bestellung@hawesko.de
Château Pétrus Merlot
Pigott-Punkte: **!?!?** Top Jahrgänge ('85, '89, '90, '95, '98, '00) PPPPP/andere Jahrgänge: PP Meine Punkte: ___
Fast wie Mon-Chéri schmecken gute Jahrgänge von »Pétrus« in ihrer Jugend (wenn auch nicht ganz so süß), aber andere Jahrgänge neigen dazu, sehr herb und kantig auszufallen. Das Preisschild bleibt jedoch konstant rekordverdächtig.

LE **PIN** – Bordeaux/F
Unger Tel.: +49 (0)80 52/95 13 80,
E-Mail: unger@ungerweine.de

»Le Pin« Merlot
Pigott-Punkte: PPPPP–PPPPP! Meine Punkte: ___
Kein Château-Wein, aber ein wahrer Top-Bordeaux von ganz eigener, fast exotisch duftender, seidiger Art. Der komplette Verzicht auf die Vermarktung des 2003er Jahrgangs belegt das kompromisslose Qualitätsstreben – was bei diesem enorm hohen Preis nur richtig ist.

RIDGE – Santa Cruz Mountains/California/USA
Alpina Tel.: +49 (0)82 41/5 00 51 46, E-Mail: wein@alpina.de
Cabernet Sauvignon Monte Bello
Pigott-Punkte: PPPPP! Meine Punkte: ___
Ein »untypisch« schlanker, herber kalifornischer Cabernet Sauvignon, der seit 1990 eine (weltweit!) unübertroffene Beständigkeit in der Qualität zeigt.

DOMAINE DE LA **ROMANÉE CONTI** – Bourgogne/F
Ludwig von Kapff Tel.: +49 (0)4 21/3 99 43 17,
E-Mail: kapff@lvkweine.de
Diverse Lagen Grand Cru Pinot Noir
Pigott-Punkte: **!?!?** Meine Punkte: ___
Die letzte erlebte Flasche, der »Richebourg« aus dem Jahrgang 1997, war grün und völlig disharmonisch (💣); manche älteren Jahrgänge dagegen grandios (PPPPP). Diese Unbeständigkeit bei drei- bis vierstelligen Preisen erscheint mir äußerst fragwürdig.

LUCIANO **SANDRONE** – Piemonte/I
Gute Weine Tel.: +49 (0)4 21/70 56 66,
E-Mail: gute-weine@gute-weine.de
Barolo »la Vigna«/Canubi Boschis Nebbiolo
Pigott-Punkte: PPPPP! Meine Punkte: ___
Nicht nur die samtigsten Barolos, sondern mit die unverhohlen sinnlichsten Rotweine überhaupt; subtil und delikat!

SASSICAIA – Toscana/I
Garibaldi Tel.: +49 (0)89/35 63 61 16,
E-Mail: bestellung@garibaldi-wein.de
Sassicaia Cabernet Sauvignon/Merlot
Pigott-Punkte: 💣 Meine Punkte: ___
Das war mal ein toller Wein, der Geschichte geschrieben hat, aber heute ist er oft ein ziemlich grünlich wirkender schmaler Schatten seiner ehemaligen Größe.

SHAFER – Napa Valley/California/USA
Gute Weine Tel.: +49 (0)4 21/70 56 66,
E-Mail: gute-weine@gute-weine.de
Cabernet Sauvignon »Hillside Select«
Pigott-Punkte: PPPPP! Meine Punkte: ___

Traumhaft seidige Opulenz, auf der man in den Cabernet-Himmel aufsteigt; trotz seiner enormen Ausmaße hat der »Hillside Select« eine fabelhafte Harmonie.

STAGS LEAP WINE CELLARS – Napa Valley/California/USA
N + M Tel.: +49 (0)21 61/18 13 16,
E-Mail: info@nm-weine.de
***Fay* Cabernet Sauvignon / *SLV* Cabernet Sauvignon**
Pigott-Punkte: PPPPP Meine Punkte: ___
***»Cask 23«* Cabernet Sauvignon**
Pigott-Punkte: PPPPP! Meine Punkte: ___
Die filigransten Cabernet Sauvignons im Napa Valley, mit feinwürzigem Duft und erstaunlicher Zartheit für Weine mit soviel Stoff. Der »Cask 23« ist erst mit 6–7 Jahren in Bestform, die Lagenweine entfalten sich schon ab circa 5 Jahren.

STONYRIDGE – Waiheke Island/NZ
Martin Apell Tel.: +49 (0)5 61/3 16 07 17, E-Mail: mail@apell.de
***»Larose«* Cabernet Sauvignon/Merlot**
Pigott-Punkte: PPPPP Meine Punkte: ___
Im Gegensatz zu vielen groben oder kantigen Möchtegerns aus Neuseeland hat der »Larose« Reife, Kraft und Schliff, die sofort überzeugen.

TERTRE **ROTEBŒUF** – Bordeaux/F
K & U (Die Weinhalle) Tel.: +49 (0)9 11/52 51 53,
E-Mail: info@weinhalle.de
***Tertre Rotebœuf* Merlot/Cabernet Franc**
Pigott-Punkte: PPPPP! Meine Punkte: ___
Ein einmaliger Wein nicht nur im Kontext von Bordeaux; fundamentale Kraft, Würze und Eleganz, die dank seines großzügigen Körpers auch in jungen Jahren zugänglich sind.

VIADER – Napa Valley/California/USA
N + M Tel.: +49 (0)21 61/18 13 16, E-Mail: info@nm-weine.de
***Viader* Cabernet Sauvignon/Cabernet Franc**
Pigott-Punkte: PPPPP! Meine Punkte: ___
Seit dem Jahrgang 2001 ist »Viader« so verführerisch, wie ein kalifornischer Rotwein nur sein kann; üppig und satt, aber dabei ungemein seidig.

DOMAINE COMTES DE **VOGÜÉ** – Bourgogne/F
Wein & Glas Tel.: +49 (0)30/2 35 15 20,
E-Mail: info@weinundglas.com
***Chambolle-Musigny 1er Cru* Pinot Noir**
Pigott-Punkte: PPPPP Meine Punkte: ___
***Musigny Grand Cru »Vieilles Vignes«* Pinot Noir**
Pigott-Punkte: PPPPP! Meine Punkte: ___

Rote Burgunder von geradezu ätherischer Feinheit und höchster Eleganz, die manchem als zu leicht oder flüchtig vorkommen könnten (vor allem, wenn man auf Power steht).

WILLIAMS **SELYEM** – California/USA
Wein & Glas Tel.: +49 (0)30/2 35 15 20,
E-Mail: info@weinundglas.com
***Diverse Lagennamen* Pinot Noir**
Pigott-Punkte: PPPPP Meine Punkte: ___
***Rochioli Riverblock Vineyard* Pinot Noir**
Pigott-Punkte: PPPPP! Meine Punkte: ___
Wahre Pinot Noir-Helden aus einem äußerst bescheidenen Betrieb, in dem unnachgiebig an der Perfektionierung des eigenen Weinstils gearbeitet wird; reichhaltig bis üppig, aber trotzdem klar und subtil, freudevoll-überschwänglich und rätselhaft-würzig – ein Rosebud des kalifornischen Pinot Noirs.

Die angebliche Wein-Weltspitze: über 50 €
Süße Rotweine

DOW – Douro/P
Weingalerie Tel.: +49 (0)30/3 23 74 48
E-Mail: weingalerie@portugal.de
Vintage Port
Pigott-Punkte: PPPPP (Ausnahme 2000: PPPPP!)
Meine Punkte: ___
Traditionell deutlich herber als die anderen Vintage Ports englischer Häuser, besitzt Dow's Vintage Port auch sehr viel Festigkeit und Kraft.

FONSECA – Douro/P
Hawesko Tel.: +49 (0)41 22/50 44 33,
E-Mail: bestellung@hawesko.de
Vintage Port
Pigott-Punkte: PPPPP (Ausnahme 2000: PPPP)
Meine Punkte: ___
Bis in die 1970er-Jahre war dieser Vintage Port der Inbegriff von majestätischer Großzügigkeit und Reichhaltigkeit. Seitdem fällt er nicht mehr ganz so beeindruckend aus, bleibt aber seinem Stil treu.

GRAHAM – Douro/P
WeinArt Tel.: +49 (0)67 22/7 10 80, E-Mail: info@weinart.de
Vintage Port
Pigott-Punkte: PPPPP (Ausnahme 1994: PPPP)
Meine Punkte: ___
Außer dem etwas monolithisch geratenen 94er ist Grahams der Klassiker unter den Vintage Ports englischer Häuser; satt und üppig, aber auch mit einem sehr festen Kern, was ihm eine wunderbare Balance verleiht.

NIEEPORT – Douro/P
Die Weinquelle Tel.: +49 (0)65 07/70 14 20,
E-Mail: info@die-weinquelle.de
Colheita mit Jahrgang (vor 1988)
Pigott-Punkte: PPPPP–PPPPP! Meine Punkte: ___
Unter diesen lange im Holzfass gereiften Ports von Niepoort befinden sich einige wahre Juwelen, deren seidige Beschaffenheit und nussig-würzige Art Lichtjahre von den fruchtbetonten, mächtigen Vintage Ports entfernt liegen. Hier gilt ausnahmsweise die einfache Regel: je teurer, desto besser!
Vintage Port
Pigott-Punkte: PPPPP! Meine Punkte: ___
Seit dem 1997er Jahrgang sind Dirk van der Niepoorts Vintage

Ports das Nonplusultra an Ausdrucksstärke und Originalität. Sie verlangen viel Zeit und ein großes Glas, um sich richtig zu entfalten, aber dann braucht man keinerlei andere Drogen, um richtig high zu werden.

NOVAL – Douro/P
Weinland Mövenpick Tel.: +49 (0)2 31/9 65 15 60,
E-Mail: weinland.dortmund@moevenpick.com
Vintage Port
Pigott-Punkte: PPPPP! Meine Punkte: ___
Neben enormem Reichtum besitzt dieser große Meister des Ports auch einen eisernen Willen, was enorme Tiefe und Lagerfähigkeit gewährleistet.

TAYLOR (FLADGATE & YEATMAN) – Douro/P
Wein Wolf
Tel.: +49 (0)2 28/4 49 60 Internet: www.weinwolf.de
Vintage Port
Pigott-Punkte: PPPPP Meine Punkte: ___
In England wurde Taylors Vintage Port traditionsgemäß als Primus inter Pares eingestuft. Doch auch wenn dieser zugleich reichhaltige und feste Wein während der letzten Jahrzehnte seine besondere Persönlichkeit bewahrt hätte, fehlt es ihm heute an der letzten Brillanz, um diese extrem hohe Wertung zu verdienen.

QUINTA DO **VESUVIO** – Douro/P
Weinland Mövenpick Tel.: +49 (0)2 31/9 65 15 60,
E-Mail: weinland.dortmund@moevenpick.com
Vintage Port
Pigott-Punkte: PPPPP Meine Punkte: ___
Sehr üppig und cremig, ein Vintage Port, den man bereits während seiner Jugend mit großem Genuss trinken kann. Weil 1991 der erste Jahrgang unter der heutigen Regie ist, bleibt die langfristige Lagerfähigkeit vorerst unbewiesen.

WARRE – Douro/P
Weinland Mövenpick Tel.: +49 (0)2 31/9 65 15 60,
E-Mail: weinland.dortmund@moevenpick.com
Vintage Port
Pigott-Punkte: PPPPP Meine Punkte: ___
Eine der festen Größen unter den Vintage Ports mit hoher Qualitätskonstanz. Kann auch als junger Wein aufgrund seiner Duftigkeit und beeindruckenden Ausgewogenheit sehr viel Spaß machen.

Die angebliche Wein-Weltspitze: über 50 €
Trockene Weißweine

BONNEAU DU MARTRAY – Bourgogne/F
N I M Tel.: +49 (0)21 61/18 13 16, E-Mail: info@nm-weine.de
Corton Charlemagne Grand Cru Chardonnay
Pigott-Punkte: PPPPP Meine Punkte: ___
Sehr feine, elegante Weine ohne eine Spur von Schwere, geben nie laute Töne von sich. Sie sollten mindestens 8 Jahre alt sein, um richtig Spaß zu machen, oder man trinkt den gerade ausgelieferten Jahrgang (2–3 Jahre alt).

PROBLEMFALL **BURGUND**: EINE WARNUNG!
Pigott-Punkte: Meine Punkte: ___
Traditionsgemäß werden die Weißweine des Burgunds für die edelsten trockenen Weißweine der Welt gehalten. Leider sind sie heutzutage allzu oft alkoholisch, übermäßig holzbetont, grob, flach, dünn oder viel zu einfach gestrickt für Preise jenseits der 50 €. Es ist eine Schande und führt zu einem stetigen Rückzug aus dem Markt. Es ist viel zu langweilig, die ganzen Sünder einzeln zu beschreiben. Unten und oben stehen einige positive Beispiele aus dem Burgund, die zeigen, was möglich ist.

DOMAINE DE **CHEVALIER** – Bordeaux/F
Wein & Glas Tel.: +49 (0)30/2 35 15 20,
E-Mail: info@weinundglas.com
Domaine de Chevalier blanc Sauvignon Blanc/Semillon
Pigott-Punkte: PPPP Meine Punkte: ___
Endlich hat es in den letzten Jahren einer der berühmten Weißweinproduzenten der Appellation Pessac-Léognan geschafft, Weine zu produzieren, die nicht nur mächtig und eichenbetont sind, sondern auch lebendig und frisch schmecken.

DIDIER **DAGUENEAU** – Loire/F
WeinArt Tel.: +49 (0)76 22/7 10 80, E-Mail: info@weinart.de
Pouilly Fumé »Silex« Sauvignon Blanc
Pigott-Punkte: PPPPP! Meine Punkte: ___
Wie eine Essenz aus allerfeinsten Kräutern; unglaublich tief und zart. Mir macht Dagueneaus extrem würziger, fast wilder »Buisson Renard« für 45 € aber genauso viel Spaß.

ANGELO **GAJA** – Piemonte/I
Franz Keller Tel.: +49 (0)76 62/9 33 00,
E-Mail: keller@franz-keller.de
»Gaia & Rey« Chardonnay
Pigott-Punkte: PPPP–PPPPP Meine Punkte: ___
Auch wenn die Qualität von einem Jahrgang zum nächsten recht

stark schwankt, ist »Gaia & Rey« ein italienischer Ausnahme-Chardonnay, der nicht bereits nach drei Jahren anfängt, müde zu schmecken, sondern Kraft und Frische lange bewahrt.

DOMAINES DES COMTES **LAFON** – Bourgogne/F
WeinArt Tel.: +49 (0)67 22/7 10 80, E-Mail: info@weinart.de
Meursault Chardonnay
Pigott-Punkte: PPPP Meine Punkte: ___
Meursault 1er Cru Diverse Lagennamen Chardonnay
Pigott-Punkte: PPPPP! Meine Punkte: ___
Ganz wenig Eichenton und ganz viel nussige Würze sind die typischen Merkmale dieser monumentalen Weine. Allerdings beziehen sich die Bewertungen auf die Jahrgänge ab 1997. Leider sind die Jahrgänge davor oft zu schnell gealtert und nicht immer empfehlenswert.

DOMAINF **LEFLAIVE** – Bourgogne/F
FUB Fegers und Berts Tel.: +49 (0)2 21/13 33 41,
E-Mail: christian-frigge@fub-weine.de
Puligny-Montrachet 1er Cru diverse Lagennamen Chardonnay
Pigott-Punkte: PPPPP! Meine Punkte: ___
Grand Cru diverse Lagennamen Chardonnay
Pigott-Punkte: PPPPP! Meine Punkte: ___
Solche Blumensträuße gibt es in der Wirklichkeit einfach nicht. Nur die Leflaive-Weine können solch eine aromatische Pracht und höchste Eleganz aufweisen. Trotzdem sind es keine Kraftprotze, die nur durch Muskelspiel beeindrucken. (Vorsicht! Die Weine von Olivier Leflaive besitzen selten auch nur annähernd die Ausdruckskraft der Domaine-Leflaive-Weine).

F.X. **PICHLER** – Oberloiben/Wachau/A
Weingut Tel.: +43 (0)27 32/8 53 75, E-Mail: winery@fx-pichler.at
Riesling »Unendlich«
Pigott-Punkte: PPPPP! Meine Punkte: ___
Grüner Veltliner »Unendlich«
Pigott-Punkte: PPPPP! Meine Punkte: ___
Nicht nur durch den förmlich nicht enden wollenden Nachgeschmack, sondern auch durch sehr hohen Alkoholgehalt fallen Pichlers »Unendlich« aus dem Rahmen. Möglichst nicht unter 3 Jahre alt trinken!

Die angebliche Wein-Weltspitze: über 50 €
Süße Weißweine

CLEMENS **BUSCH** – Pünderich/Mosel-Saar-Ruwer/D
Weingut Tel.: +49 (0)65 42/2 21 80,
E-Mail: weingut@clemens busch.de
Pündericher Marienburg Riesling Beerenauslese
Pigott-Punkte: PPPPP! Meine Punkte: ___
Pündericher Marienburg Riesling Trockenbeerenauslese
Pigott-Punkte: PPPPP! Meine Punkte: ___
Wer die äußerste Materiendichte des Universums schmecken möchte, ist hier richtig, wobei es sich keinesfalls um Bodybuilder-Weine handelt, sondern um Weine mit ungeheuren Tiefen, die nicht leicht zu erfassen sind; extrem rar.

JOH. JOS. **CHRISTOFFEL** – Ürzig/Mosel-Saar-Ruwer/D
Weingut Tel.: +49 (0)65 32/9 31 64,
E-Mail: moenchhof.eymael@t-online.de
Ürziger Würzgarten Riesling Eiswein
Pigott-Punkte: PPPPP Meine Punkte: ___
Dass Eiswein nicht immer laut, streng und bissig ist, beweisen diese Weine, die so filigran wie feinste Spitze anmuten.

CHÂTEAU **CLIMENS** – Bordeaux/F
Millesima Tel.: +33 (0)5 57/80 88 19
E-Mail: millesima@millesima.com
Château Climens Semillon/Sauvignon Blanc
Pigott-Punkte: PPPP–PPPPP! Meine Punkte: ___
Mehr Eleganz und Feinheit als der berühmte »Yquem«, aber ähnliche Üppigkeit und Dichte – der wahre Platzhirsch im Sauternes-Gebiet!

DÖNNHOFF – Oberhausen/Nahe/D
Weingut Tel.: +49 (0)67 55/2 63, E-Mail: weingut@doennhoff.com
Oberhäuser Brücke Riesling Eiswein
Pigott-Punkte: PPPPP! Meine Punkte: ___
Die feinsten exotischen Früchte stammen nicht aus den Tropen, sondern von diesem sanften Hang an der Luitpoldbrücke aus dem »anderen« Oberhausen.

EMRICH-SCHÖNLEBER – Monzingen/Nahe/D
Weingut Tel.: +49 (0)67 51/27 33,
E-Mail: weingut@emrich-schoenleber.com
Monzinger Halenberg Riesling Auslese ›Goldkapsel‹
Pigott-Punkte: PPPPP! Meine Punkte: ___
Monzinger Halenberg Riesling Eiswein
Pigott-Punkte: PPPPP! Meine Punkte: ___

Wie bekommt ein solch mächtiger Körper ohne Korsett solch eine schmale Silhouette? Die Wissenschaft versteht diese Nahe-Naturwunder nicht besser als der Weintrinker und ist angesichts dieser Brillanz ebenfalls fassungslos.

GUNDERLOCH – Nackenheim/Rheinhessen/D
Weingut Tel.: +49 (0)61 35/23 41, E-Mail: info@gunderloch.de
Nackenheimer Rothenberg Riesling Beerenauslese
Pigott-Punkte: PPPPP! (Ausnahme 2002: PPPP)
Meine Punkte: ___
Nackenheimer Rothenberg Riesling Trockenbeerenauslese
Pigott-Punkte: PPPPP! Meine Punkte: ___
Viele deutsche edelsüße Weine sind leider heutzutage etwas marktgerecht gemacht, während diese absolut urtümlichen Rieslinge sich nicht im Geringsten anpassen. Wenn diese Giganten unter fünf Jahre alt sind, geht es bei ihnen genauso wild zu wie im frühen Universum, danach entfaltet sich langsam ihre aromatische und mineralische Galaxis.

HEYMANN-LÖWENSTEIN – Winningen/Mosel-Saar-Ruwer/D
Weingut Tel.: +49 (0)26 06/19 19,
E-Mail: weingut@heymann-loewenstein.com
Diverse Lagennamen Riesling Trockenbeerenauslese
Pigott-Punkte: PPPPP! Meine Punkte: ___
Der Jahrgang 2002 weist eine Feinheit und Delikatesse auf, die sonst nur die Götter zu trinken bekommen. Der Jahrgang 2003 hingegen ist dicht wie ein Schwarzes Loch, wo sämtliche physikalischen Gesetze außer Kraft gesetzt werden.

KELLER – Flörsheim-Dalsheim/Rheinhessen/D
Weingut Tel.: +49 (0)62 43/4 56, E-Mail: weingut_Keller@web.de
Dalsheimer Hubacker Riesling Trockenbeerenauslese
Pigott-Punkte: PPPPP Meine Punkte: ___
Die Keller'schen Trockenbeerenauslesen sind hart am Rande des Wahnsinns, aber auch blitz-sauber und absolut geradlinig.

DR. **LOOSEN** – Bernkastel/Mosel-Saar-Ruwer/D
Weingut Tel.: +49 (0)65 31/34 26, E-Mail: vertrieb@drloosen.de
Erdener Prälat Riesling Auslese »Goldkapsel«
Pigott-Punkte: PPPPP! Meine Punkte: ___
Mit Mango- und Bittermandel-Aromen fallen die Loosen'schen Prälat-Auslesen komplett aus dem Mosel-Rahmen, aber neben dieser mutigen Eigenwilligkeit besitzen sie eine geradezu atemberaubende Tiefe.

EGON **MÜLLER-SCHARZHOF** – Wiltingen/Mosel-Saar-Ruwer/D
Wein & Glas Tel.: +49 (0)30/2 35 15 20,
E-Mail: info@weinundglas.com

Scharzhofberger Riesling Auslese
Pigott-Punkte: PPPPP! Meine Punkte: ___
Scharzhofberger Riesling Auslese »Goldkapsel«
Pigott-Punkte: PPPPP! Meine Punkte: ___
Edler als die Spitzenweine von Egon Müller kann deutscher Riesling nicht sein. So dicht und ausdrucksstark sie aber ausfallen, bestechen sie vor allem durch ihre Feinheit. Die Müller'schen Beerenauslesen, Trockenbeerenauslesen und Eisweine setzen dem noch eins drauf – aber dabei klettern die Preise mit Riesensprüngen in die Höhe! (Kein Ab-Hof-Verkauf).

JOH. JOS. **PRÜM** – Wehlen/Mosel-Saar-Ruwer/D
Wein & Glas Tel.: +49 (0)30/2 35 15 20,
E-Mail: info@weinundglas.com
Wehlener Sonnenuhr Riesling Auslese »Goldkapsel«
Pigott-Punkte: PPPPP! Meine Punkte: ___
Je älter sie sind, desto phänomenaler präsentieren sich diese absoluten Langläufer des Mosel-Rieslings. Dann tritt die natürliche Traubensüße immer weiter in den Hintergrund und die Pfirsich- und Blüten-Aromen werden außerordentlich zart. Ganz jung getrunken mag vielleicht ein heftiges Aroma etwas irritieren.

OEKONOMIERAT **REBHOLZ** – Siebeldingen/Pfalz/D
Weingut Tel.: +49 (0)63 45/34 39,
E-Mail: wein@oekonomierat-rebholz.de
Im Sonnenschein Riesling Trockenbeerenauslese
Pigott-Punkte: PPPPP! Meine Punkte: ___
Als ob man einen Kolonialwarenladen beträte, mit Gewürzdüften von außerordentlicher Intensität; extrem rar.

HORST **SAUER** – Escherndorf/Franken/D
Weingut Tel.: +49 (0)93 81/43 64,
E-Mail: mail@weingut-horst-sauer.de
Escherndorfer Lump Silvaner Trockenbeerenauslese
Pigott-Punkte: PPPPP Meine Punkte: ___
Escherndorfer Lump Riesling Trockenbeerenauslese
Pigott-Punkte: PPPPP! Meine Punkte: ___
Dicht wie Neutronen-Sterne pulsieren diese wahnsinnigen Essenzen der Traube mit feinsten Dörrobstaromen; in puncto Trockenbeerenauslese gibt es kaum bessere Preis-Leistung in der ganzen Republik.

SCHÄFER-FRÖHLICH – Bockenau/Nahe/D
Weingut Tel.: +49 (0)67 58/65 21,
E-Mail: info@weingut-schaefer-froehlich.de
Bockenauer Felseneck Riesling Eiswein
Pigott-Punkte: PPPPP! Meine Punkte: ___
Die Beeren des Hochsommers haben bei aller Reife noch eine

tolle nördliche Frische. Wenn man Pikanz über alles schätzt, ist man hier ganz richtig!

ISTVÁN **SZEPSY** – Tokaj/Ungarn
WeinArt Tel.: +49 (0)67 22/7 10 80, E-Mail: info@weinart.de
Tokaji Aszu 6 Puttonyos Furmint/Hareslevlu
Pigott-Punkte: PPPPP! Meine Punkte: ___
Es sind der aromatische Wahnsinn und die geschmackliche Brillanz, die diese Weine von anderen Tokajer unterscheiden, wie auch von den anderen beeindruckenden Süßweinen des ehemaligen österreichisch-ungarischen Reichs.

ROBERT **WEIL** – Kiedrich/Rheingau/D
Weingut Tel.: +49 (0)61 23/23 08,
E-Mail: info@weingut-robert-weil.com
Kiedricher Gräfenberg Riesling Beerenauslese
Pigott-Punkte: PPPPP! Meine Punkte: ___
Kiedricher Gräfenberg Riesling Trockenbeerenauslese
Pigott-Punkte: PPPPP! Meine Punkte: ___
Jahr für Jahr produziert das Weingut Weil edelsüße Rieslinge, deren satte Dörrobstaromen und Cremigkeit sie bereits als junge Weine sehr attraktiv machen.

WITTMANN – Westhofen/Rheinhessen/D
Weingut Tel.: +49 (0)62 44/90 50 36,
E-Mail: info@wittmannweingut.com
Westhofener Aulerde Riesling Trockenbeerenauslese
Pigott-Punkte: PPPPP Meine Punkte: ___
Westhofener Morstein Riesling Trockenbeerenauslese
Pigott-Punkte: PPPPP! Meine Punkte: ___
Die elegantesten Trockenbeerenauslesen Rheinhessens brauchen ein paar Jahre auf der Flasche, um ihre facettenreiche Traubigkeit in voller Pracht zu zeigen.

CHÂTEAU D'**YQUEM** – Bordeaux/F
WeinArt Tel.: +49 (0)67 22/7 10 80,
E-Mail: info@weinart.de
Château d'Yquem Semillon/Sauvignon Blanc
Pigott-Punkte: **!?!?** (Ausnahme 1996: 💣) Meine Punkte: ___
Bei »Yquem« muss man mindestens 10 Jahre nach der Lese abwarten, bis er seine volle Größe entfaltet, aber auch dann ist der Eichenfasston oft noch sehr spürbar und der gewaltige Körper des Weins fast erschlagend. Ab und zu gibt es einen Jahrgang wie 37 oder 67 mit perfekter Harmonie, aber dann wird der Preis schnell vierstellig! Der 1996er ist leicht fehlerhaft!

ZILLIKEN – Saarburg/Mosel-Saar-Ruwer/D
Weingut Tel.: +49 (0)65 81/24 56, E-Mail: info@zilliken-vdp.de

Saarburger Rausch Riesling Eiswein
Pigott-Punkte: PPPPP! Meine Punkte: ___
Saarburger Rausch Riesling Trockenbeerenauslese
Pigott-Punkte: PPPPP! Meine Punkte: ___
Ein aromatisches Feuerwerk von großer Brillanz bildet den Auftakt zu einer der feinsten Ausdrucksformen des Rieslings. Aus der Lage Rausch erzeugt Zilliken auch Eisweine von allerbester Qualität.

Die angebliche Wein-Weltspitze: über 50 € Schaumweine

BILLECART-SALMON – Champagne/F
N + M Tel.: +49 (0)21 61/18 13 16, E-Mail: info@nm-weine.de
Blanc de Blancs Brut mit Jahrgang
Pigott-Punkte: PPPPP! Meine Punkte: ___
»Cuvée N.F. Billecart« Brut mit Jahrgang
Pigott-Punkte: PPPPP! Meine Punkte: ___
»Cuvée Elizabeth Salmon« Brut rosé mit Jahrgang
Pigott-Punkte: PPPPP! Meine Punkte: ___
»Grande Cuvée« mit Jahrgang
Pigott-Punkte: PPPPP! Meine Punkte: ___
In puncto Eleganz und Feinheit sind die Spitzenchampagner von Billecart-Salmon einfach nicht zu toppen, der »Blanc de Blancs« hat dazu eine wunderbare zarte Cremigkeit (ohne spürbare Süße!), der »Cuvée N.F.« distinguierte Festigkeit und der Rosé eine zauberhafte Duftigkeit. Preislich sind sie für solche Qualität »moderat«; nur der sehr kraftvolle »Grande Cuvée« kostet weit über 50 € im Regal.

BOLLINGER – Champagne/F
WeinArt Tel.: +49 (0)67 22/7 10 80, E-Mail: info@weinart.de
»Grande Année« Brut mit Jahrgang
Pigott-Punkte: PPPP Meine Punkte: ___
»R.D.« Brut mit Jahrgang
Pigott-Punkte: PPPPP Meine Punkte: ___
Sehr fest, dunkel und kraftvoll sind die Jahrgangs-Champagner von Bollinger, daher schmecken sie oft beeindruckender zum Essen als solo getrunken. Der »R.D.« ist staubig trocken!

KRUG – Champagne/F
Millesima Tel. +33 (0)5 57/80 88 19
E-Mail: millesima@millesima.com
»Grande Cuvée« Brut
Pigott-Punkte: PPPPP Meine Punkte: ___
Brut rosé
Pigott-Punkte: PPPPP Meine Punkte: ___
Brut mit Jahrgang
Pigott-Punkte: PPPPP! Meine Punkte: ___
Clos du Mesnil Blanc de Blancs Brut mit Jahrgang
Pigott-Punkte: PPPPP! Meine Punkte: ___
Der wuchtige und sehr gereifte Stil von Krug trifft keinesfalls jedermanns Geschmack, aber für diejenigen, die auf diese Richtung stehen, ist es das Nonplusultra. Am feinsten ist der extrem teure und seltene »Clos du Mesnil«; sehr eigenwillig in der Farbe ist der fast orangefarbene »Brut rosé«.

LAURENT-PERRIER – Champagne/F
Grands Vins Tel. +49 (0)84 53/3 39 92 91
Internet: www.grandsvins.de
»Cuvée Grand Siècle Brut« mit Jahrgang
Pigott-Punkte: PPPP Meine Punkte: ___
»Cuvée Grand Siècle – Alexandra« rosé Brut mit Jahrgang
Pigott-Punkte: PPPPP! Meine Punkte: ___
Der großzügige, aber elegante »Grand Siècle« (manchmal ohne Jahrgang, aber dafür nicht schwächer in der Qualität) trinkt sich einfach sehr unkompliziert. Viel delikater ist der verführerische »Alexandra« rosé.

MOËT & CHANDON – Champagne/F
Hawesko Tel.: +49 (0)41 22/50 44 33,
E-Mail: bestellung@hawesko.de
»Cuvée Dom Pérignon« Brut
Pigott-Punkte: **!?!?** Meine Punkte: ___
Wenn die Gerüchte stimmen, nach denen die Jahresproduktion des berühmtesten »Prestige-Cuvée«-Champagners 3 Millionen Flaschen beträgt (und damit 1 % der gesamten Gebietsproduktion darstellt!), könnte das erklären, warum dieses Luxussymbol manchmal so langweilig schmeckt, dass ich ihn lediglich mit !?!? bewertet habe! »Dom Pérignon« ist Geschmacks-Lotto für Reiche und Angeber.

PHILIPPONNAT – Champagne/F
Hawesko Tel.: +49 (0)41 22/50 44 33,
E-Mail: bestellung@hawesko.de
Clos des Goisses mit Jahrgang
Pigott-Punkte: PPPP Meine Punkte: ___
Sehr eigenständiger, fester, kräftiger Champagner, der deutlich aus dem Luxusmarken-Rahmen fällt; wird als über 10 Jahre (positiv) gereifter Wein auf den Markt gebracht! Ein richtiger Essens-Champagner, der nach Fleisch schreit!

POL ROGER – Champagne/F
Hawesko Tel.: +49 (0)41 22/50 44 33,
E-Mail: bestellung@hawesko.de
»Cuvée Sir Winston Churchill« Brut mit Jahrgang
Pigott-Punkte: PPPPP Meine Punkte: ___
Groß ist der reichhaltige und noble »Sir Winston« in vielerlei Hinsicht, doch fehlt es ihm dabei keinesfalls an Lebendigkeit.

LOUIS **ROEDERER** – Champagne/F
FUB Fegers & Berts Tel.: +49 (0)2 11/13 33 41,
E-Mail: christian-frigge@fub-weine.de
Brut mit Jahrgang
Pigott-Punkte: PPPP Meine Punkte: ___

»Cristal« Brut mit Jahrgang
Pigott-Punkte: PPPPP! Meine Punkte: ___
Eine feste Säure, die nicht jedem gefallen wird, bildet das Felsen-Fundament dieser sehr anspruchsvollen Schaumweine. »Cristal« zeigt die muskulöse Kraft und graziösen Bewegungen einer Spitzenleichtathletin.

RUINART – Champagne/F
Bernd Kreis Tel.: +49 (0)7 11/76 28 39,
E-Mail: b.kreis@wein-kreis.de
»Dom Ruinart« Brut
Pigott-Punkte: PPPPP Meine Punkte: ___
»Dom Ruinart« Brut rosé
Pigott-Punkte: PPPPP! Meine Punkte: ___
Der sehr elegante, cremige weiße »Dom Ruinart« schmeckt wegen seiner perfekten Ausgewogenheit oft genauso gut zum Essen wie solo getrunken. Die Rosé-Version ist geschmacklich fast ein »roter« Champagner mit würzig-erdigen Duftnoten wie ein großer roter Burgunder; für mich perfekt zu Wildgeflügel.

TAITTINGER – Champagne/F
Hawesko Tel.: +49 (0)41 22/50 44 33,
E-Mail: bestellung@hawesko.de
»Comtes de Champagne Blanc de Blancs« Brut
Pigott-Punkte: PPPPP! Meine Punkte: ___
Egal ob jung oder gereift getrunken, brilliert dieser schlanke Spitzen-Champagner mit fabelhafter Harmonie und vielen zarten Duftnoten.

VEUVE CLICQUOT – Champagne/F
ÜBERALL
»La Grande Dame« Brut
Pigott-Punkte: PPPP Meine Punkte: ___
Im Gegensatz zu dem oft recht schwer und grob wirkenden normalen »Veuve Clicquot« schmeckt »La Grande Dame« großzügig und recht fein, was man aber bei diesem Preisniveau berechtigterweise erwarten darf.

Meine Lieblingsweinhändler in Deutschland

LES **AMIS DU VIN**

Oskar-Jäger-Straße 170, D-50825 Köln
Tel.: +49 (0)2 21/5 00 60 90
E-Mail: info@les-amis-du-vin.de
Internet: www.les-amis-du-vin.de
Vor allem sind die D und F Sortimente extrem umfangreich; freundliche Preise.

ENOTECA **BLANCK & WEBER**

Ludwigkirchstraße 11, D-10719 Berlin
Tel.: +49 (0)30/88 67 99 60
E-Mail: mail@enoteca-blanck.de
Internet: www.enoteca-blanck.de
Breite, originelle I und E Sortimente mit vielen Schnäppchen, plus gute D, A. Jürgen Weber und Werner Blanck sind die Entdeckungs-Meister des deutschen Weinhandels!

HARALD **BREMER**

Efeuweg 3, D-38104 Braunschweig
Tel.: +49 (0)5 31/23 73 60
E-Mail: info@bremerwein.de
Internet: www.bremerwein.de
Neben einem erstklassigen I Sortiment mit vielen Weinen abseits der Norm bieten Vater und Sohn Bremer einige gute südamerikanische Rotweine an.

BREMER RATSKELLER

3 Filialen in Bremen/D
Tel.: +49 (0)4 21/33 77 88
E-Mail: office@ratskeller.de
Internet: www.ratskeller.de
Enormes D Sortiment mit Weinen aus bekannten sowie unbekannten Häusern.

ENOITECA IL **CALICE**

Walter-Benjamin-Platz 4, D-10629 Berlin
Tel.: +49 (0)30/3 24 23 08
E-Mail: mail@enoiteca-il-calice.de
Internet: www.enoiteca-il-calice.de
Eigentlich das beste italienische Weinlokal (die Antipasti!) der Hauptstadt, aber auch ein exzellentes I Sortiment (neuerdings Slowenien) zum Mitnehmen. Michele Scarcella ist die Wein-Seele des Hauses.

FISCHER & TREZZA
Ulmer Straße 150, D-70188 Stuttgart
Tel.: +49 (0)7 11/4 60 67 00
E-Mail: info@fischer-trezza.de
Internet: www.fischer-trezza.de
Großes I Sortiment mit vielen guten Erzeugern.

FUB FEGERS & BERTS
Immermannstraße 11, D-40210 Düsseldorf
Tel.: +49 (0)2 11/13 33 41
E-Mail: christian.frigge@fub-weine.de
Internet: www.fub-weine.de
Ein gigantisches weltumspannendes Sortiment mit vielen Weinen, die sonst schwer aufzutreiben sind. Die besondere Stärke liegt im Preisbereich ab €€€. Auch in Köln (Heumarkt 55–57).

GARIBALDI
6 Filialen in München/D
Tel.: +49 (0)89/35 63 61 16
E-Mail: bestellung@garibaldi-wein.de
Internet: www.garibaldi-wein.de
Die Quelle für italienische Weine schlechthin (gute und tolle Qualität ab 5 €).

GUTE WEINE (LOBENBERG)
Tiefer Graben 10, D-28195 Bremen
Tel.: +49 (0)4 21/70 56 66
E-Mail: gute-weine@gute-weine.de
Internet: www.gute-weine.de
Sehr breites F, I und E Sortiment plus einige gut ausgewählte Überseeweine.

FEINKOST **JOHN**
Zeltinger Platz 5, D-13465 Berlin
Tel.: +49 (0)30/4 01 40 84
E-Mail: sandra.john@t-online.de
Internet: www.feinkost-john.de
Im Keller des (exzellenten) Feinkostladens gibt es ein Weinsortiment aus aller Welt, dessen Breite die engen Räume zu sprengen droht!

KAUFHOF
128 Filialen in D,
Tel.: +49 (0)18 05/17 25 17
Internet: www.galeria-kaufhof.de
Eindeutig das beste deutsche Kaufhaus für Wein. Ein sehr gutes, weitreichendes Sortiment mit fairen Preisen. Es fehlt nur die Beratung.

FRANZ KELLER
D-79235 Vogtsburg-Oberbergen
Tel.: +49 (0)76 62/93 30 93
E-Mail: keller@franz-keller.de
Internet: www.franz-keller.de
Sehr großes F Sortiment mit Schwerpunkt Bordeaux, gutes I Sortiment und eigene (erstklassige) badische Gutsweine.

BERND KREIS
2 Filialen in Stuttgart/D
Tel.: +49 (0)7 11/76 28 39
E-Mail: b.kreis@wein-kreis.de
Internet: www.wein-kreis.de
Hochinteressantes F Sortiment mit vielen tollen Überraschungen, auch gutes D Sortiment und erstklassige Beratung.

KLOOS & KLOOS
Rinderbach 19, D-55218 Ingelheim
Tel.: +49 (0)61 32/43 18 28
E-Mail: info@afrika-wein.de
Internet: www.afrika-wein.de
Bedeutender Spezialist für ZA Weine mit vielen guten Entdeckungen.

K & U (DIE WEINHALLE)
Nordostpark 78, D-90411 Nürnberg
Tel.: +49 (0)9 11/52 51 53
E-Mail: info@weinhalle.de
Internet: www.weinhalle.de
Einer der Spitzenweinhändler der Bundesrepublik mit »globalem« Sortiment, das eine sehr persönliche Handschrift trägt; exzellent in Service und Internet-Auftritt.

LINKE
Dorfstraße 19, D-85662 Hohenbrunn
Tel.: +49 (0)81 02/89 58 68
E-Mail: linke-weine@t-online.de
Internet: www.weinmacher-mit-profil.de
Spezialist für CH, auch interessantes F Sortiment.

MÖVENPICK WEINLAND
12 Filialen in Deutschland
Tel.: +49 (0)2 31/9 65 15 60 (Versand)
E-Mail: weinland.dortmund@moevenpick.com
Internet: www.moevenpick.com
Weinhallen mit sehr großem, weltumspannendem Sortiment und freundlichen Preisen. Besonders guter Service in Dortmund-Oespel (Stammhaus) und in Hamburg-Bahrenfeld.

N + M WEINE

Martinstraße 88, D-41063 Mönchengladbach
Tel.: +49 (0)21 61/18 13 16
E-Mail: info@nm-weine.de
Internet: www.nm-weine.de
Exzellentes F Sortiment, vor allem ab €€€, auch viele seltene AUS und CA Weine.

PAULSON RARE WINE

Postfach, D-94062 Waldkirchen
Tel.: +49 (0)85 81/91 01 45
E-Mail: paulson@rare-wine.com
Internet: www.rare-wine.com
Der führende Händler für gereifte F Weine mit ausgezeichnetem Internet-Auftritt.

PINARD DE PICARD

Fort Rauch 2, D-66740-Saarlouis
Tel.: +49 (0)68 31/12 27 29
E-Mail: info@pinard.de
Eine sehr originelle Auswahl aus D und ein beeindruckendes Sortiment aus Süd-F.

RINDCHENS WEINKONTOR

5 Filialen in Norddeutschland und Berlin
Tel.: +49 (0)5 56/20 20
E-Mail: info@rindchen.de
Internet: www.rindchen.de
Gerd Rindchen ist ein sehr origineller und umtriebiger Weinhändler, der viele Schnäppchen abseits der bekannten Namen auftreibt. Die ganze Art und Weise ist auch wunderbar entspannt!

WEINLADEN SCHMIDT

5 Filialen in Berlin
Tel.: +49 (0)30/7 89 07 30
E-Mail: info@weinladen.com
Internet: www.weinladen.com
Sehr interessante D, A und F Sortimente, vor allem stark im €–€€€ Bereich.

SELEZIONE VINI

Bahnhofstraße 13, D-85737 Ismaring
Tel.: +49 (0)89/65 11 59 73
E-Mail: info@selezionevini.de
Internet: www.selezionevini.de
Ein einfaches Konzept, nämlich ausschließlich Weine in der €-Preisklasse aus Europa und darunter sehr viele Schnäppchen.

THOMAS **SPÄTH**

Franz-Joseph-Straße 43, D-80801 München
Tel.: +49 (0)89/34 47 61
E-Mail: office@thomasspaeth.de Internet: www.thomasspaeth.de
Das wahrscheinlich beste A Sortiment der Republik und auch erstklassiger Service.

CARL **TESDORPF**

Mengstraße 64, D-23552 Lübeck
Tel.: +49 (0)4 51/79 92 70
E-Mail: bestellung@tesdorpf.de
Internet: www.tesdorpf.de
Ein traditionsreiches Haus (seit 1678), bei dem F und I »Klassiker« neben aufregenden Neuigkeiten aus Übersee zu finden sind.

UNGER

Narzissenweg 21, D-83229 Aschau
Tel.: +49 (0)80 52/95 13 80
E-Mail: unger@ungerweine.de
Internet: www.ungerweine.de
Manche sagen, die Unger-Brüder hätten nur teure Weine im Programm, aber sie haben auch viele grandiose Weine aus aller Welt.

VINALIA

Pestalozzistraße 85, D-10625 Berlin
Tel.: +49 (0)30/34 70 90 90
E-Mail: info@vinalia-berlin.de
Besticht durch eine Fülle an guten Weinen in der €!-Preisklasse, aber auch viele gute D, F, I, E Weine von € bis €€€.

VINICULTURE

Grolmanstraße 44–45, D-10623 Berlin
Tel.: +49 (0)30/8 83 81 74
E-Mail: bestellung@viniculture.de
Internet: www.viniculture.de
Starke D, I und F Sortimente und sehr freundliche Atmosphäre.

VINO GRANDE

Von-Schmoller-Straße 8, D-45128 Essen
Tel.: +49 (0)2 01/79 66 98
E-Mail: kierdorf@vino-grande.de
Internet: www.vino-grande.de
Sehr umfangreiche D und A Sortimente.

VINUM

Danckelmannstraße 29, D-14059 Berlin
Tel.: +49 (0)30/3 22 66 19

E-Mail: vinumberlin@gmx.de
Internet: www.vinumberlin.de
Enormes F Sortiment mit vielen Entdeckungen aus dem Neuen Süden des Landes.

WEINART

Winkeler Straße 93, D-65366 Geisenheim
Tel.: +49 (0)67 22/7 10 80
E-Mail: info@weinart.de
Spezialist für F und D ab **€€€**. Viele exzellente Weine, die sonst schwierig aufzutreiben sind.

WEINGALERIE

Pestalozzistraße 55, D-10627 Berlin
Tel.: +49 (0)30/3 23 74 48
E-Mail: weingalerie@portugal.de
Internet: www.weinausportugal.de
Ruth Lindenblatt und Karsten Kubin bieten ein äußerst breitgefächertes P Sortiment (inkl. Port und Madeira).

WEIN & GLAS

Prinzregentenstraße 2, D-10717 Berlin
Tel.: +49 (0)30/2 35 15 20
E-Mail: info@weinundglas.com
Internet: www.weinundglas.com
Große F, I, D Sortimente und exzellente ZA, AUS, USA Weine, dazu erstklassige Beratung (vor allem von Alice Beckmann).

WEINSTEIN

Lychener Straße 33, D-10437 Berlin
Tel.: +49 (0)30/44 05 06 55 (Büro)
Bei Berlins originellster Weinbar (täglich ab 17 Uhr) gibt es fast alle Weine auch zum Mitnehmen. Vor allem reife Gewächse aus D, A und E.

WEIN & VINOS

Knesebeckstraße 86–87, D-10623 Berlin
Tel.: +49 (0)30/31 50 60 81
E-Mail: info@vinos.de
Internet: www.vinos.de
Gigantisches E Sortiment (auch Mallorca!) mit vielen Raritäten und freundliche Preise.

Pigotts kleine geniale Weinführer-Antwortkarte

Wenn das »Geniale« im Titel dieses Weinführers nicht überheblich oder gar verfehlt ist, dann liegt das an dem originellen Ansatz dieses Buches. Sein Ziel liegt darin, möglichst jedem Leser den Weg zum Weingenuss aufzuzeigen, anstatt große Mengen an unnötigen oder wenig hilfreichen Informationen in diese wenigen Seiten zu quetschen oder gar zu beweisen, wie clever und wichtig der Autor selbst ist. Der Weinführer wird von mir jedes Jahr vollkommen überarbeitet, um alles möglichst aktuell zu halten und (hoffentlich) die Anzahl an guten bzw. stimmigen Empfehlungen weiter zu steigern. Aber um es tatsächlich noch genialer zu machen, brauche ich dringend Ihre Vorschläge und Kommentare. Vor allem möchte ich erfahren, was Ihnen nicht geholfen hat und was Ihnen gefehlt hat. Gerne können Sie mir lange Briefe mit Ihren Eindrücken schicken – aber die Leserkommentare, die mir in der Vergangenheit am meisten geholfen haben, waren stets kurz und bündig. Deswegen ist die nächste Seite dieses Buches ein Antwort-Coupon, den Sie ausschneiden, ausfüllen und zu meinen Händen an den Scherz Verlag schicken können. Wenn Ihre Kommentare sich auf das markierte Feld beschränken, haben Sie die Chance, eine von drei Weinkisten zu gewinnen. Der Kommentar, der mir am meisten hilft, die Genialität dieses Führers zu steigern, wird mit einer Sechser-Kiste mit Weinen belohnt, die von mir PPPPP- oder PPPPP!-Bewertungen bekommen haben, der zweitbeste Kommentar mit einer Sechser-Kiste mit PPPP-Weinen und der drittbeste schließlich mit drei Flaschen PPPP-Weinen.

Bitte
ausreichend
frankieren

Scherz Verlag
Frau Martina Seith-Karow
z. Hd. Herrn Stuart Pigott
Hedderichstraße 114

60569 Frankfurt

Um eine Chance zu haben, die Weinpreise zu gewinnen, müssen Ihre Kommentare innerhalb dieses Feldes bleiben.